Joshua Sobol

GHETTO

Schauspiel in drei Akten

Mit Dokumenten und Beiträgen
zur zeitgeschichtlichen
Auseinandersetzung sowie
Zeichnungen von Johannes Grützke

Herausgegeben von Harro Schweizer

Quadriga Verlag
J. Severin

Das den sieben Straßenzügen des Ghettos nachempfundene Symbol – von Künstlern des Ghettos entworfen

Wo liegt Wilna, das »Jerusalem Litauens«?

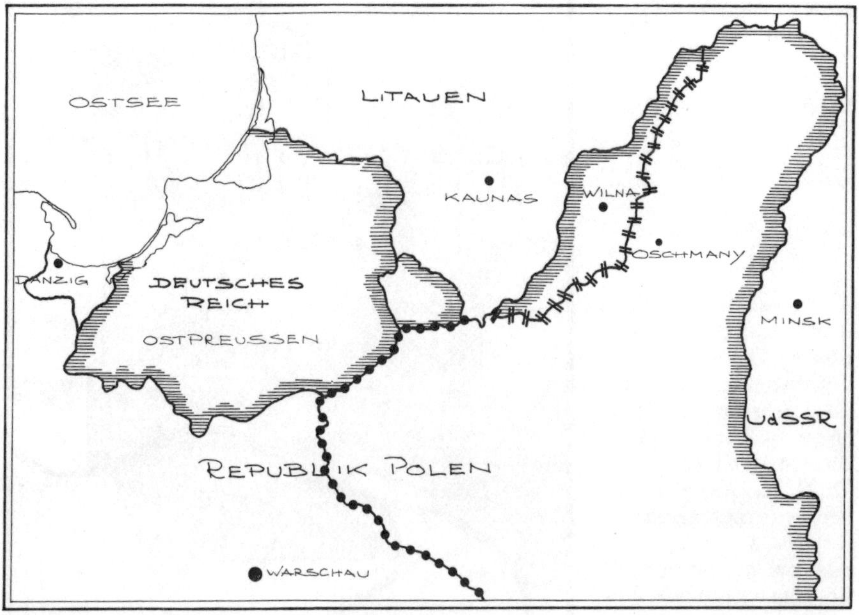

Wilna war für die Litauer die Landeshauptstadt. Für die Juden war es das litauische »Jerusalem«, das Jerusalem des Exils. Wilna war weithin berühmt: hier war der babylonische Talmud herausgegeben worden; hier sprach man das reinste Hebräisch; hierher kamen Juden aus Frankreich und Amerika, um bei den Rabbinern zu studieren. Als geistiges Zentrum hatte die litauische Hauptstadt in der ganzen jüdischen Welt einen Namen. Doch mochte sich Wilnas Ruf auch über die Meere verbreiten - in Wilna ging er über die Grenzen des jüdischen Viertels nicht hinaus.

Landesgrenzen von 1938

Deutsch-sowjetische Interessensgrenze nach dem deutsch-sowjetischen Nichtangriffspakt

Ostgrenze des Wilnagebiets

Die direkte Entfernung von Wilna nach Warschau beträgt 400 Kilometer, nach Moskau 800 Kilometer, nach Berlin 1000 Kilometer, nach Jerusalem 2800 Kilometer.

Wilna-Stadt bestand vor dem Kriege aus rund 580 Straßen. Das Wilnaer Ghetto umfaßte anfangs noch siebzehn, kurze Zeit später nur noch sieben Straßen, wohin über ein Drittel der Gesamtbevölkerung zwangsumgesiedelt wurde.
Abb. unten: Zeichnung des Ghettos von 1943, ausgeführt von einer Künstlergruppe im Ghetto

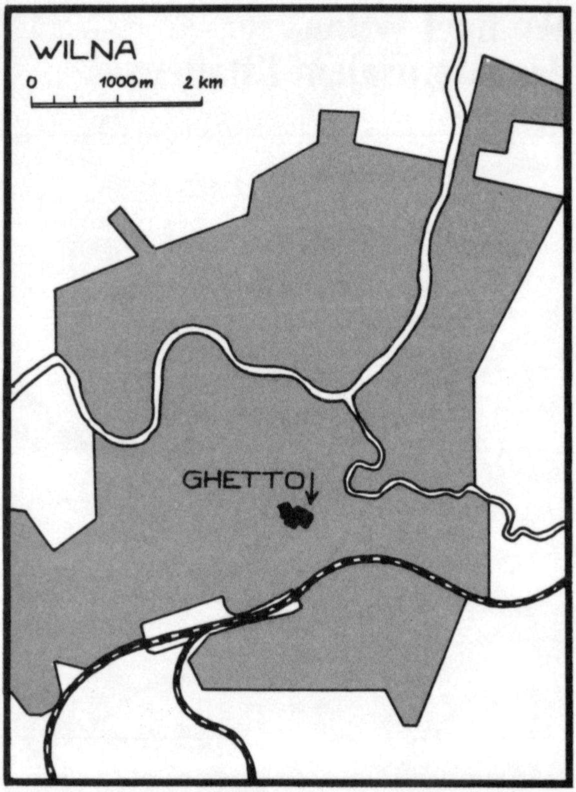

In Wilna lebten 1939 75000 Juden, für die am 6. September 1941 ein Ghetto gegründet wurde. Dieses ist am 23. September 1943 wieder aufgelöst worden. Etwa 3000 Wilnaer Juden haben Ghettozeit und Krieg überlebt. Im Ghetto selbst waren es nur etwa 800.

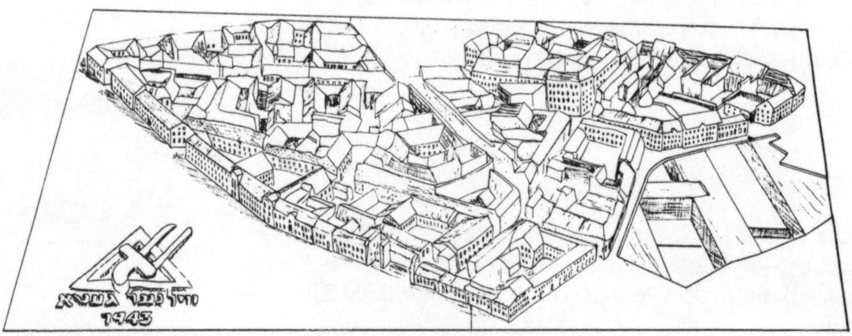

Blick ins litauische
Jerusalem, 1922

Chronik der Ereignisse um Wilna 1939–1943

1918		
November		Litauen wird Freistaat
1920		
Dezember		Wilna wird polnisch
1939		
September	19.	Sowjets besetzen Wilna als Folge des Deutsch-Sowjetischen Nichtangriffspakts (1. September: Einmarsch der Deutschen in Polen)
Oktober	28.	Litauer übernehmen Wilna von der Sowjetunion; Hunderte von Juden fliehen Richtung UdSSR. In den nächsten 5 Jahren dürfen nur noch 75000 Juden in Palästina einwandern, nachdem zwischen 1932 und 1939 insgesamt 256000 jüdische Flüchtlinge Palästina erreichten.
1940		Litauische Angaben zur Bevölkerungszahl in Wilna: Gesamtbevölkerung: 200000 Juden: 80000 Litauer: 60000 Polen u.a.: 60000
Februar	28.	Einwanderung für Juden in Palästina verboten.
Dezember		1600 Flüchtlinge werden in Haifa abgewiesen und nach Mauritius weiterverschifft.
1941		
Juni	22.	Überfall der Deutschen auf die UdSSR; Luftangriffe auf Wilna; mehrere tausend Juden verlassen die Stadt.
	24.	Einmarsch der deutschen Truppen in Wilna; die Mehrheit der fliehenden Juden wird getötet, viele werden zur Rückkehr in die Stadt gezwungen, weniger als 3000 gelingt die Flucht; Litauische Polizei wird eingesetzt, die Ausführung der deutschen Befehle zu überwachen.
Juli	2.	Einsatzkommando 9 (EK9) kommt in die Stadt.
	3.	Einführung des gelben Sterns für Juden in Wilna und Ausgehverbot von 18.00 bis 6.00 Uhr.

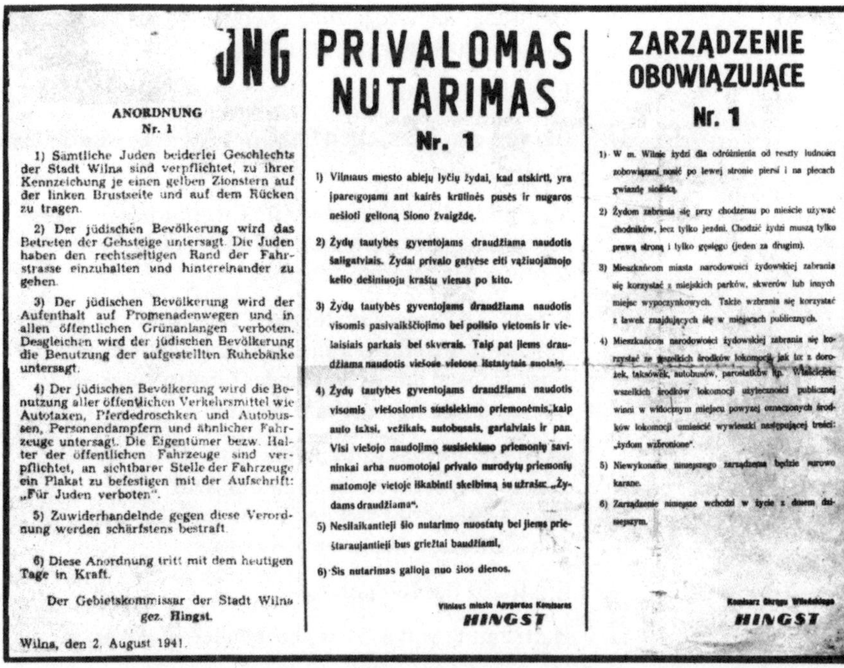

UNG

ANORDNUNG
Nr. 1

1) Sämtliche Juden beiderlei Geschlechts der Stadt Wilna sind verpflichtet, zu ihrer Kennzeichung je einen gelben Zionstern auf der linken Brustseite und auf dem Rücken zu tragen.

2) Der jüdischen Bevölkerung wird das Betreten der Gehsteige untersagt. Die Juden haben den rechtsseitigen Rand der Fahrstrasse einzuhalten und hintereinander zu gehen.

3) Der jüdischen Bevölkerung wird der Aufenthalt auf Promenadenwegen und in allen öffentlichen Grünanlagen verboten. Desgleichen wird der jüdischen Bevölkerung die Benutzung der aufgestellten Ruhebänke untersagt.

4) Der jüdischen Bevölkerung wird die Benutzung aller öffentlichen Verkehrsmittel wie Autotaxen, Pferdedroschken und Autobussen, Personendampfern und ähnlicher Fahrzeuge untersagt. Die Eigentümer bezw. Halter der öffentlichen Fahrzeuge sind verpflichtet, an sichtbarer Stelle der Fahrzeuge ein Plakat zu befestigen mit der Aufschrift: „Für Juden verboten".

5) Zuwiderhandelnde gegen diese Verordnung werden schärfstens bestraft.

6) Diese Anordnung tritt mit dem heutigen Tage in Kraft.

Der Gebietskommissar der Stadt Wilna
gez. Hingst.

Wilna, den 2. August 1941.

PRIVALOMAS NUTARIMAS
Nr. 1

1) Vilniaus miesto abiejų lyčių žydai, kad atskirti, yra įpareigojami ant kairės krūtinės pusės ir nugaros nešioti geltoną Siono žvaigždę.

2) Žydų tautybės gyventojams draudžiama naudotis šaligatviais. Žydai privalo gatvėse eiti važiuojamojo kelio dešiniuoju kraštu vienas po kito.

3) Žydų tautybės gyventojams draudžiama naudotis visomis pasivaikščiojimo bei poilsio vietomis ir viešaisiais parkais bei skverais. Taip pat jiems draudžiama naudotis viešose vietose ištatytais suolais.

4) Žydų tautybės gyventojams draudžiama naudotis visomis viešosiomis susisiekimo priemonėmis, kaip auto taksi, vežikais, autobusais, garlaiviais ir pan. Visi viešojo naudojimą susisiekimo priemonių savininkai arba nuomotojai privalo nurodytų priemonių matomoje vietoje iškabinti skelbimą su užrašu: „Žydams draudžiama".

5) Nesilaikantieji šio nutarimo nuostatų bei jiems prieštaraujantieji bus griežtai baudžiami.

6) Šis nutarimas galioja nuo šios dienos.

Vilniaus miesto Apygardos Komisaras
HINGST

ZARZĄDZENIE OBOWIĄZUJĄCE
Nr. 1

1) W m. Wilnie żydzi dla odróżnienia od reszty ludności zobowiązani nosić po lewej stronie piersi i na plecach gwiazdę siońską.

2) Żydom zabrania się przy chodzeniu po mieście używać chodników, lecz tylko jezdni. Chodzić żydzi muszą tylko prawą stroną i tylko gęsiego (jeden za drugim).

3) Mieszkańcom miasta narodowości żydowskiej zabrania się korzystać z miejskich parków, skwerów lub innych miejsc wypoczynkowych. Także wzbrania się korzystać z ławek znajdujących się w miejscach publicznych.

4) Mieszkańcom narodowości żydowskiej zabrania się korzystać ze wszelkich środków lokomocji jak to: z dorożek, taksówek, autobusów, parostatków itp. Właściciele wszelkich środków lokomocji użyteczności publicznej winni w widocznym miejscu powyżej oznaczonych środków lokomocji umieścić wywieszki następującej treści: „żydom wzbronione".

5) Niewykonanie niniejszego zarządzenia będzie surowo karane.

6) Zarządzenie niniejsze wchodzi w życie z dniem dzisiejszym.

Komisarz Okręgu Wileńskiego
HINGST

4. Gründung des Judenrats
»Die deutsche Militärregierung richtete eine repräsentative jüdische Organisation, den Judenrat, ein, der dazu bestimmt sein sollte, bei der Ausführung der anti-jüdischen Politik zu assistieren… Am Abend des 4. Juli versammelten sich einige Personen des öffentlichen Lebens in Wilna, um über die Besetzung des Judenrats zu beraten… Keiner wollte Mitglied … werden. Schließlich wurde beschlossen, daß keiner, der gewählt worden war, sich verweigern durfte.« (Arad, 58ff.)

4. bis 20. Ermordung von 5000 Juden durch EK9
»Die Organisation der Mordaktionen in Ponary beruhte auf der Verwendung mehrerer paralleler Schauplätze: aus dem Stadtgefängnis wurden die Opfer nach Ponary gebracht; in der Wartezone wurden sie vorbereitet; an den Gruben erschossen. Durch diese Methode konnte das EK9 die Zahl der Opfer auf täglich 500 steigern.« (Arad, 77)

8. Juden dürfen die Hauptstraße nicht mehr betreten.

August	1.	Deutsche Militärregierung übergibt die Macht an eine deutsche Zivilverwaltung.
	9.	EK3 löst EK9 ab.
	31.	Ein von den Deutschen fingiertes Attentat wird Juden zugeschrieben.
September	2.	»Die große Provokation«: Zur Vergeltung des angeblichen Attentats werden 3700 Juden erschossen, darunter der gesamte Judenrat.
	6.	Errichtung zweier Ghettos. Verantwortlich für sämtliche Belange des Ghettos einschließlich der Kontrolle des Ghetto-Tores war SS-Standartenführer Franz Maurer.
	7.	Aufstellung eines fünfköpfigen Judenrates für Ghetto (1. Vorsitzender: Anatol Fried). Jakob Gens wird Chef der Ghettopolizei, sein Vertreter wird Joseph Muschkat.
	8.	Eröffnung der Bibliothek.
	12.	Hinrichtung von 3334 Wilnaer Juden in Ponary.
	13.	Erste Umsiedlung von Ghetto 2 nach Ghetto 1.
	15.	Alle Juden ohne Arbeitsschein müssen nach Ghetto 2. Von 3000 kommen nur 600 dort an.
	17.	1271 dieser Juden werden in Ponary ermordet.

ARBEITSAMT WILNA

Wilna, den 27.IX 1941

Ausweis Nr. 465

Der Die Jüdin [illegible] [illegible]
(Nationalität) (Zuname) (Vorname)

[illegible] Ghetto I

ist bei der [illegible] L 07449 als [illegible]
(Einheit)

beschäftigt und darf ohne Einwilligung des Arbeitsamts nicht anderweitig verwendet werden.

Dieser Ausweis hat nur Gültigkeit in Verbindung mit dem Personalausweis und ist befristet bis 1.XII 41

Nach Ablauf ist der Ausweis der Beschäftigungsstelle zurückzugeben

FACHARBEITER
Ist im Facharbeitergruppe [illegible] unterzubringen

ARBEITSAMT WILNA

	30.	Versammlung von 20 Aktivisten der zionistischen Ha-Shomer ha-Za'ir Jugendbewegung.

Ende September — Der Judenrat erfährt von den Massenmorden in Ponary.

Oktober 1. »Yom Kippur Aktion«: 1700 Juden (mit und ohne Arbeitsschein) werden aus Ghetto 2 verschleppt, 2000 aus Ghetto 1.

3. bis 21. In drei Aktionen werden insgesamt 6496 Juden getötet.

13. Verordnung des Reichskommissariats Ostland: Konfiszierung allen jüdischen Eigentums bis auf das »existentiell allernotwendigste«.

24. Auflösung von Ghetto 2; 2000–3000 Juden werden in Ghetto 1 überführt.

Oktober — Ausgabe von 3000 gelben Arbeitsbescheinigungen durch das Arbeitsamt Wilna, davon 400 für den Judenrat.
»Gemäß der Richtlinien der Verwaltung garantierte der gelbe Arbeitsschein Immunität für den Inhaber und drei Mitglieder seiner Familie: die jeweiligen Ehegatten und zwei Kinder unter 16 Jahren...
Es begann eine Zusammenstellung fiktiver Familien. Jeder Inhaber eines Arbeitsscheins, männlich oder weiblich, vervollständigte seine Familie auf insgesamt vier Personen«. (Arad, 146f.)

ZERLEGEBETRIEB

Nr.

BESCHEINIGUNG

Der Jude Berkovi

wohnhaft in Wilna

ist in obg. Betriebe z. Zt. ständig beschäftigt und darf keinesfalls für andere Arbeiten verwendet werden.

Dieser Schein verliert seine Gültigkeit am

sofern er nicht verlängert wird.

Wilna, den 22./8 1941.

Oktober 24. bis Dezember 22. »Gelbe und rosa Arbeitsscheinaktionen«: Insgesamt 7110 Juden ohne Arbeitsschein werden erschossen.

November 27. Verordnung des Judenratsvorsitzenden Fried, die Kulturgüter des Ghettos zu schützen.

Dezember 16. 769 jüdischen Flüchtlingen wird die Landung in Istanbul nicht gestattet.

31. Bisher größte Versammlung der Widerstandsbewegung in Wilna, organisiert von der zionistischen He-Halutz Judenbewegung mit 150 Teilnehmern; in dem verabschiedeten Manifest heißt es: »Von 80000 Juden im ›Jerusalem Litauens‹ sind nur 20000 übriggeblieben. Unsere Eltern und Geschwister wurden uns vor unseren Augen entrissen. Wo sind die Hunderte von Männern, die zum Arbeiten verschleppt wurden... Keiner von denen, die durch die Ghetto-Tore mar-

schierten, kehrte zurück. Alle Wege der Gestapo führen nach Ponary. Und Ponary bedeutet Tod... Hitler will alle Juden Europas töten... Aber die einzige Antwort auf diese Morde ist: Greift zu den Waffen!« (Arad)

Joseph Muschkat, Chef des 1. Polizeireviers

ANKLAEGER
BEIM POLIZEIAMT
Nr. 36

Wilna-Ghetto, den 31.I.1942

An den Leiter des Arresthauses

Es ist strengstens darauf zu achten, dass KAPLAN Abram, REIMAN Chaim, HOLZ Efraim und GLESER Berka in keinem wie immer gearteten Kontakt mit der Aussenwelt kommen.

Anklaeger
beim Polizeiamt

1942

Januar

18. Gründung einer Künstlervereinigung im Ghetto. Erstes öffentliches Sinfoniekonzert.

20. Wannseekonferenz zur Endlösung der Judenfrage; Programm: u.a. Dezimierung der Juden durch Zwangsarbeit bei unzureichender Ernährung.

21. Gründung der F.P.O. (Fareinikter Partisaner Organizatzie); zunächst sind beteiligt: Ha-Shomer ha-Za'ir, Ha-No'ar Ziyyoni, Betar (Zionisten) und Kommunisten; später kommen die Bundisten hinzu. Zum Vorsitzenden wird der Kommunist Isaac Wittenberg gewählt. Es wurde u.a. beschlossen:
»Die Aufgabe der Organisation sollte die Vorbereitung des bewaffneten Widerstands sein für den Fall, daß das Ghetto liquidiert werden sollte. Verteidigung ist ein nationaler Akt, der Kampf des Volkes um seine Ehre.
Die Organisation beabsichtigt, Sabotageakte hinter der Frontlinie des Feindes auszuführen.
Die Kampfgruppe im Ghetto wird den Einheiten der kämpfenden Partisanen beistehen und die Rote Armee im allgemeinen Kampf unterstützen...
Diese Entscheidungen bildeten die ideologische Grundlage der F.P.O., die dazu bestimmt war, die Standpunkte der verschiedenen Richtungen innerhalb der F.P.O. zu integrieren und jüdisch-nationale und

kommunistische Zielvorstellungen zu verbinden.«
(Arad, 236f.)

Februar 5. Geburtenverbot für Juden im Ghetto.

10. Gründung einer Musikervereinigung.

24. Das in Istanbul abgewiesene Schiff sinkt vor der Küste: 767 Tote.

März 1. Gründung des Einsatzstabes Rosenberg zur Beschlagnahme von Kunstgegenständen und Büchern aus jüdischem Besitz.
Gens beruft eine Lehrerversammlung ein, um eine Erweiterung des Lehrplans für den nationalen Unterricht zu beraten.

Die Zeitung *Kinderheim,* herausgegeben vom Waisenhaus *Veladot*

8. Eröffnung eines Waisenhauses.

April 14. Alle Musikinstrumente im Ghetto müssen registriert sein (Polizeiverordnung).

26. Erste Premiere des Ghetto-Theaters.

29. Auseinandersetzung zwischen Gens und Fried; SS-Standartenführer Maurer erweitert die Kompetenzen von Gens.

Anfang Mai Auseinandersetzung zwischen Weißkopf und Gens
»An jedem Arbeitsplatz wurde eine Person von den jüdischen Arbeitern gewählt, die verantwortlich für die gesamte Gruppe dieser Arbeiter war. Diese Personen wurden ›Brigadiers‹ genannt... Weißkopf, von Beruf Schneider, war ›Brigadier‹ einer Schneiderstube... Gens betrachtete die Gruppe der Brigadiers mit Mißtrauen. Ihre Beziehungen zu den Deutschen am Arbeitsplatz und ihr Reichtum... gefährdeten, seiner Meinung nach, die Verwirklichung der Ideologie der Produktivität. Gens wartete auf den geeigneten Moment, um mit Weißkopf abzurechnen.«
(Arad, 298ff.)

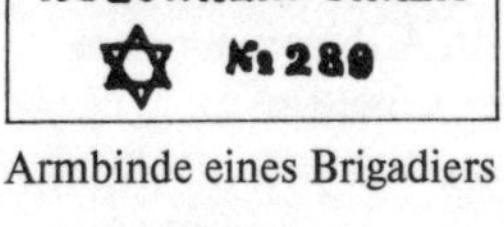

Armbinde eines Brigadiers

Mai	1.	Bundisten organisieren 1. Mai-Demonstration.
	2.	Beginn der deutschen Sommeroffensive in der Sowjetunion.
	15.	Gens eröffnet »Club« in seinem Haus: Vorträge etc.; Gäste aus allen politischen Richtungen.
	28.	Zweites Treffen im »Club« findet zum Thema »Juden und Judentum« statt.
Juni	3.	Joseph Gerstein wird von jugendlichen Juden ermordet. »Er war in Schwarzmarktgeschäfte im Ghetto verwickelt und hatte mit seinen Mördern Geschäfte gemacht. Nachdem sie ihn ermordet hatten, nahmen sie ihm sein Geld ab und vergruben seine Leiche in einem Keller.« (Arad, 292)
	4.	Die Mörder Gersteins werden verurteilt und hingerichtet.
Mitte Juni		Ein von Bundisten und Kommunisten gegründetes Komitee für Judenratsangestellte fordert von Fried eine Erhöhung der Essenszuteilung.
Juli	4.	Bundisten beschließen, sich nicht an öffentlichen Einrichtungen zu beteiligen und Gens zu boykottieren, weil dieser sich jede Einmischung in die Essenszuteilung verbittet.
	11.	Gens wird von Maurer zum Leiter des Ghettos ernannt; seine Stellvertreter: Anatol Fried (Verwaltung), Salk Dessler (Polizei).
	26.	»Alte Leute Aktion«: 84 ältere arbeitsunfähige Juden werden der litauischen Polizei übergeben. »Balberyszki berichtet, was Gens ihm nach der ›Alte Leute Aktion‹ erzählte: Ich habe mit der Säuberungsaktion gegen die Alten nichts zu tun. Es war eine alte Schuld, die der Judenrat bei den [Deutschen] hatte. Sie wollten eigentlich mehrere hundert Menschen, und es war schwierig, den Preis auf hundert Alte herunterzuhandeln...« (Arad, 340) Ein Literaturpreis für Stücke über das Ghetto wird ausgeschrieben.
September		Gens beauftragt eine Gruppe von Autoren mit dem Aufschreiben der Geschichte des Ghettos.

Oktober 10. Gens soll das Ghetto Oschmany (Wilna-Land) übernehmen.

23. »Oschmany-Aktion«: 406 alte und kranke Leute werden den Deutschen und Litauern übergeben. (Gens hält eine Rechtfertigungsrede am 27. Oktober; Abdruck im vorliegenden Band S. 43ff.

Oktober Die polnische Untergrundzeitung *Niepodleglosc* veröffentlicht Bevölkerungsstatistik für Wilna 1942: Polen: 97000, Litauer: 33000, Juden: 12000.
Gens organisiert eine »Winterhilfe« u.a. für Kleidung.

שבת דעם 28־טן נאָוועמבער 1942

פּרעמיערע

"דער מענטש אונטערן בריק"

קאָמעדיע אין 3 אַקטן (6 בילדער)

פון אָטאָ אינדיג
ייִדיש – ש. בינדער

שטעלונג און רעזשי – ישראל סעגאַל

דעקאָראַציעס־פּראָיעקטן – אומע אָלקעניצקי

אַנטיילנעמער:

פּראָפעסאָר יאַקאָב שאָלטעס	–	מרדכי שאַדאָווסקי
פרוי שאָלטעס	–	סאָניא אַמאַטינא
אַנגנעס זייער טאָכטער	–	דאָרא רובינא
בערנאַרד אַנגנעס חתן	–	פּימאַ שאַפּיראָ
ד"ר אַלעקסאַנדער	–	יקותיאל רוזענבערג
לעאָפּאָלד מאַנדעל	–	שבחי בליאַכער
מאַריאַנאַ	–	גניע שאַפּיראָ
פרוי טאַל	–	סאָניא מינץ
הער טאַל	–	הערמאַן גראַודענס
די דינסט	–	לילי גאָלדבערג
בראָדיאַגע	–	יעקב בערגאָלסקי
מוזיקאַלישע לייטונג	–	פאַניע קאָסטאַנסקאַ־עפּשטיין

בינע־אינספּעקטאָר: משה גורעוויטש
אינספּיציענט: דוד פערגאַמענט

דעקאָראַציעס אויסגעפירט:
סטאָליער – הירש גלעזער
מאָלער – שמואל עפּראָן

Besetzungszettel von *Der Mann unter der Brücke* von A. Indik; das Stück wurde im Ghetto 46 mal aufgeführt.

November Im Ghetto-Theater hat »Der Mann unter der Brücke« Premiere.

Dezember 13. Großes Fest anläßlich der Ausleihe des 100000. Buches aus der Bibliothek.

1943

Januar Die Sängerin Lyuba Levicka wird hingerichtet, nachdem sie beim Schmuggeln von zwei Pfund Hafer und ein wenig Butter entdeckt wurde.

	15.	Feier zum Ersten Jahrestag der Gründung des Ghetto-Theaters.
Februar	24.	Litauische Kommunisten gründen »Union zur Befreiung Litauens«.
März	25.	Fünf kleine Ghettos in Wilna-Land werden liquidiert.
	27.	Premiere im Ghetto-Theater: »Der Schatz« von David Pinski.
April	5.	4000 Juden aus den kleinen Ghettos werden in Ponary erschossen.
Mai	5.	Beginn einer Massenflucht aus dem Ghetto.
	8.	Gründung des »Wilnaer Antifaschistischen Komitees«; seine Mitglieder kommen aus der Union zur Befreiung Litauens, der Polnischen Widerstandsgruppe und der F.P.O.
	14.	Fast alle Ghetto-Tore werden zugemauert.
	15.	Gens hält Rede gegen Waffen im Ghetto.
Juni		Weißkopf wird erschossen. Premiere der Revue »Peshe fun Reshe«. Hans Kittel wird verantwortlicher Offizier der

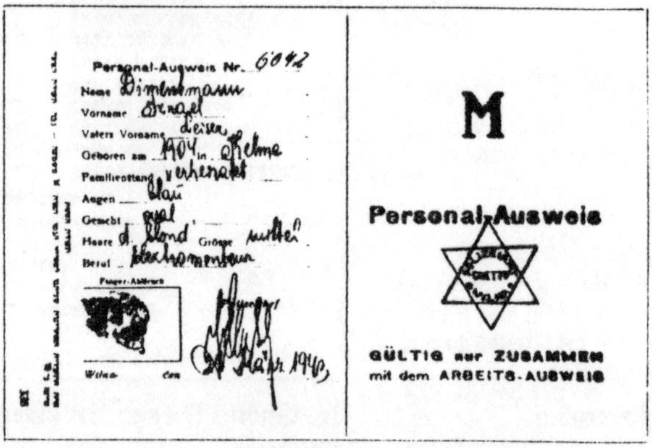

Personal-Ausweis Nr. 6042
Name
Vorname
Vaters Vorname
Geboren am 1904 in
Familienstand verheiratet
Augen blau
Gesicht oval
Haare d. blond Größe mittel
Beruf
Finger-Abdruck
Wilna den

M
Personal-Ausweis
GÜLTIG nur ZUSAMMEN
mit dem ARBEITS-AUSWEIS

		Sicherheitspolizei für jüdische Angelegenheiten in Wilna.
	10.	Premiere des ersten hebräischen Stückes im Ghetto: »Ha-yehudi Ha-Nitskhi« (»Der ewige Jude«) von David Pinski.
	12.	Gens erschießt am Ghetto-Tor einen Jungen, der beim

Versuch, das Ghetto zu verlassen, einen Polizisten erschossen hatte.

26. Aufstand gegen die Ghetto-Polizei.

27. Dessler entläßt 11 Polizisten, die Mitglieder bzw. Sympathisanten der F.P.O. sind.

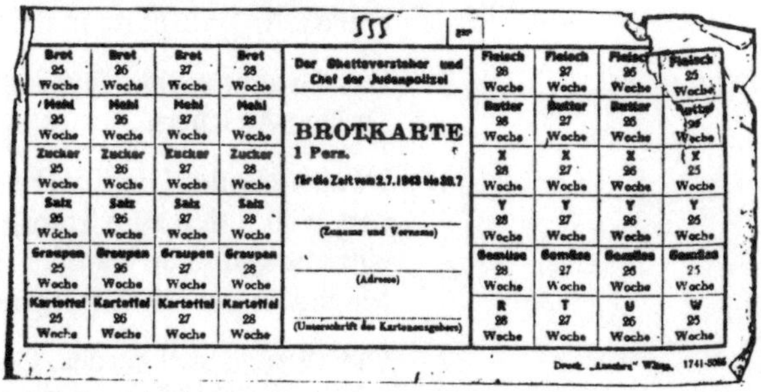

Brot 25 Woche	Brot 26 Woche	Brot 27 Woche	Brot 28 Woche	Der Ghettovorsteher und Chef der Judenpolizei	Fleisch 28 Woche	Fleisch 27 Woche	Fleisch 26 Woche	Fleisch 25 Woche
Mehl 25 Woche	Mehl 26 Woche	Mehl 27 Woche	Mehl 28 Woche	BROTKARTE 1 Pers. für die Zeit vom 2.7.1943 bis 28.7	Butter 28 Woche	Butter 27 Woche	Butter 26 Woche	Butter [illegible] Woche
Zucker 25 Woche	Zucker 26 Woche	Zucker 27 Woche	Zucker 28 Woche		X 28 Woche	X 27 Woche	X 26 Woche	X 25 Woche
Salz 25 Woche	Salz 26 Woche	Salz 27 Woche	Salz 28 Woche	(Zuname und Vorname)	Y 28 Woche	Y 27 Woche	Y 26 Woche	Y 25 Woche
Graupen 25 Woche	Graupen 26 Woche	Graupen 27 Woche	Graupen 28 Woche	(Adresse)	Gemüse 28 Woche	Gemüse 27 Woche	Gemüse 26 Woche	Gemüse 25 Woche
Kartoffel 25 Woche	Kartoffel 26 Woche	Kartoffel 27 Woche	Kartoffel 28 Woche	(Unterschrift des Kartenausgebers)	R 28 Woche	T 27 Woche	U 26 Woche	W 25 Woche

Juli

1. Maurer kommt an die Front.

8. Kittel verlangt die Auslieferung des Leiters der F.P.O., Wittenberg.

15. Dessler nimmt Wittenberg fest.
»Gens lud die Führer der F.P.O. am 15. Juli um 21.00 Uhr zu sich nach Hause ein. Die Einladung erregte keinen Verdacht. Kovner schreibt darüber: ›... Ein Bote kam und meldete, daß etwas passiert sei und Gens sich mit uns treffen wollte... Solche Treffen hatten mehrmals stattgefunden ... Das Treffen wurde verschoben und begann kurz vor Mitternacht. Dessler und litauische Sicherheitspolizisten kamen in Gens' Wohnung und verhafteten Wittenberg...‹« (Arad, 388)
Wittenberg kann fliehen.

Salek Dessler

Mitte Juli

Artikel in »Geto Yedies« Nr. 48:
»Wieder einmal haben wir schreckliche Tage hinter uns durch die Ereignisse im Bezirk Wilna... Aber gerade jetzt hat sich die Wahrheit wieder bestätigt, die zu wiederholen wir nicht aufhören werden. Nur eine Tatsache garantiert uns das Überleben: unsere Arbeit. Selbst in gefährlichen Augenblicken müssen wir unsere Arbeit ruhig fortsetzen und dürfen nicht in die Fangarme der Verzweiflung geraten. Wir müssen realistisch und vernünftig bleiben, vorsichtig in Wort und Tat. Wir dürfen niemandem die Gelegenheit zur Ver-

mutung geben, unser Ghetto könne zu einem schädlichen Element werden. Wir sind ein Arbeitsghetto...«
(Arad, 371)

Juli 16. Wittenberg stellt sich und begeht Selbstmord.

August Arbeiter, die außerhalb des Ghettos arbeiten, werden entlassen; Transporte in die KZs in Estland beginnen.

September Das Theater probt »Tewje, der Milchmann« von Sholem-Aleichem.

1. SS umstellt das Ghetto. Die deutsche Verwaltung fordert 5000 Juden zum Transport nach Estland. Infolge eines bewaffneten Kampfes im Ghetto werden viele Mitglieder der F.P.O. festgenommen.

2. Die SS zieht sich zurück. Gens stellt Hilfspolizei auf, selektiert 5000 Menschen und liefert sie aus.

7. F.P.O. zieht sich in die Wälder zurück.

14. Gens' Tod
»Während des Nachmittags wurde Gens mit Dessler zum Hauptquartier der Sicherheitspolizei gerufen. Er hatte bereits während des Morgens eine Warnung – von deutscher oder litauischer Seite – erhalten, daß die Sicherheitspolizei beabsichtige, ihn zu erschießen, und man hatte ihm zur Flucht geraten. Gens antwortete, daß seine Flucht bedeuten würde, das ganze Ghetto ins Unglück zu stürzen. Aus diesem Grund beschloß er, trotz der Gefahr im Hauptquartier der Sicherheitspolizei zu erscheinen... Gens und Dessler erreichten das Gebäude in der Miczkiewicza-Straße. Dessler wurde ins Ghetto zurückgeschickt, während Gens von Obersturmführer Neugebauer und von Weiss in das kleine Gefängnis in der Rossa-Straße geführt wurde. Im Hof des Gefängnisses war bereits ein Grab vorbereitet. Gens wurde in den Hof gebracht, man verband ihm die Augen und Neugebauer erschoß ihn. Er wurde sofort begraben.«
(Arad, 425)

September 15. Kittel ernennt Dessler zum Nachfolger von Gens.

18. Dessler flieht. Kittel ernennt neuen Polizeichef.

23. Ghetto Wilna wird liquidiert.
»Am Vorabend der endgültigen Liquidation am 23. September 1943 befanden sich ungefähr 10000

Juden im Ghetto. Ungefähr 8000 wurden in die Rossa-Straße gebracht, 2000 blieben in ihren Ghettoverstecken. 1600 bis 2000 der in der Rossa-Straße versammelten Männer wurden in die KZs von Estland deportiert, 1400 bis 1700 Frauen nach Lettland, insgesamt also 3000 bis 3700 Personen. Die anderen 4300 bis 5000 Frauen und Kinder wurden in die Gaskammern von Majdanek geschickt. Mehrere hundert Alte und Kranke wurden in Ponary erschossen.« (Arad, 432)
Das Ghetto wird vollständig zerstört.

1944
Juli 7. Die Sowjets erreichen Wilna.

Forward פארווערטס Forward

New York, Friday, July 14, 1944 — PRICE FOUR CENTS

ווילנע גענומען

רויטע ארמיי איז בלויז 23 מייל פון גרעניץ פון איסט פרייסען

נאצים געשלאגען אויפ׳ן גאנצען אינוואזיע-פראנט

Am 14. Juli 1944 verbreitet eine jüdische Zeitung in New York die Meldung von der Befreiung Wilnas durch die Rote Armee.

Quellen
Arad, Yitzhak. Ghetto in Flames. Jerusalem 1980.
Kruk, Hermann. Diary of the Vilna Ghetto. In: YIVO Annual of Jewish Social Science. Vol. 13. New York 1965.
Sachar, Howard M. A History of Israel. New York 1979.

BEKANNTMACHUNG

Am gestrigen Sonntag nachmittag wurde in der Stadt Wilna aus dem Hinterhalt auf deutsche Soldaten geschossen.

Zwei der feigen Banditen konnten festgestellt werden. Es waren Juden.

Die Taeter haben ihr Leben verwirkt. Sie wurden sofort erschossen.

Zur Verhuetung derartiger feindseliger Akte sind bereits weitere schaerfste Gegenmassnahmen getroffen. Die Vergeltung trifft die Gesamtheit der Juden.

Vorerst ist es darueberhinaus allen Juden beiderlei Geschlechts mit sofortiger Wirkung verboten, ihre Wohnungen in der Zeit von 15 Uhr nachmittags bis 10 Uhr vormittags zu verlassen. Ausgenommen hiervon sind nur diejenigen Juden und Juedinnen, die ausdruecklich zum Arbeitseinsatz befohlen sind.

Die getroffenen Anordnungen dienen der Sicherheit der Bevoelkerung und der Sicherstellung ihres Lebens. Pflicht jedes anständig denkenden Einwohners ist es, daran mitzuhelfen, dass Ruhe und Ordnung herrschen.

Der Gebietskommissar der Stadt Wilna

gez. HINGST

SKELBIMAS

Vakarykščio sekmadienio popietį buvo iš
šaudoma į vokiečių kareivius.

Du bailiųjų banditų buvo nustatyti, tai buvo

Piktadariai užsimokėjo gyvybe. Juos tuč-
sušaudė.

Kad ateity išvengus panašių piktadariškų
numatyta eilė naujų griežtų parėdymų.
mybė krenta visai žydų visuomenei.

Pirmiausia abiejų lyčių žydams yra uždrausta
tuojau vykdytina, išeiti iš jų gyvenamų butų
val. po pietų iki 10 val. ryto.

Išimtį sudaro tik tie žydai ir žydės, kurie
aiškų darbo įsakymą.

Išleisti potvarkymai užtikrina gyventojų saugumą
gyvybės saugumą.

Kiekvieno sąmoningai galvojančio
pinti ramybe ir tvarkos įgyvendinimo pareigą.

…as Apygardos …

HINGS…

OBWIESZCZENIE

Wczorajszej niedzieli po południu strzelano w Wilnie z ukrycia do niemieckich żołnierzy.

Dwuch z tchórzliwych bandytów rozpoznano. Byli to żydzi.

Sprawcy przypłacili czyn swój życiem. Zostali natychmiast rozstrzelani.

Aby zapobiec na przyszłość podobnym wrogim wystąpieniom, zarządzono nowe ostre środki zapobiegawcze. Odpowiedzialność spada na całe społeczeństwo żydowskie.

Przede wszystkim zostało wszystkim żydom płci obojga wzbronione z działaniem natychmiastowym opuszczanie mieszkań w czasie od godz. 15 po południu do 10 rano. Wyjątek stanowią tylko ci żydzi i te żydówki, które mają wyraźny rozkaz pracy.

Podjęte zarządzenia służą bezpieczeństwu ludności i zabezpieczeniu życia mieszkańców. Obowiązkiem każdego rozsądnie myślącego mieszkańca jest współpraca nad utrzymaniem spokoju i porządku.

Komisarz okręgu miasta Wilna

podpisano - **HINGST**

Wilno, [illegible]

Hingst, Gebietskommissar der Stadt Wilna

In einer früheren *Bekanntmachung für das besetzte Gebiet* vor der Einrichtung des Ghettos ließ er erklären: »... Das Grüßen seitens der Juden und Jüdinnen wird ausdrücklich verboten. Zuwiderhandlungen werden vom Ortskommandanten bestraft. ... Wer sich eine Bestätigung als Volksdeutscher durch unwahre Angaben erschleicht, wird von der nach seinem Wohnort zuständigen Feldkommandantur bestraft. Die versuchte Tat wird wie die vollendete bestraft.«

Abraham Sutzkewer

Exekution 1942

Ich grabe ein Loch, wie ich soll, wie's befohlen
und versuch', aus der Erde mir Trost zu holen.

Da trifft mein Spaten ein Würmchen klein.
Es krümmt sich, und mir zuckt das Herz voll Pein.

Mein Spaten teilt es, doch welch Wunder dabei!
Zerschnitten werden daraus zwei, werden drei.

Ein weiterer Stich macht aus dreien gar vier!
Ward denn all dies Leben geschaffen von mir?

Drum strahlt wieder Sonne in mein dunkles Gemüt.
Ich fühle mich stark, neuer Glaube mich durchzieht.

Selbst so ein kleiner Wurm übersteht ja den Stich!
Bin ich weniger als er? Warum dann nicht ich?

19.5.84

»Das Leben aber überwindet alles«

Auszüge aus dem Tagebuch des Hermann Kruk (1941–1943)

Hermann Kruk

Vor den Deutschen aus Warschau nach Wilna geflohen, entschloß sich der Bibliothekar Hermann Kruk (geb. 1896), ein Tagebuch über die Ereignisse im Wilnaer Ghetto zu führen. Im Mittelpunkt steht das kulturelle Leben des Ghettos. Mit dem 13. Juli 1943 endet das Tagebuch abrupt. Kruk wird nach Estland deportiert – zwei Monate später ist er tot.
Teile seiner in einer Blechbüchse versteckten Aufzeichnungen konnten nach dem Krieg zerfetzt und verstreut ausgegraben werden – aus einem Bunker, den Ghetto-Bewohner in einem letzten verzweifelten Widerstandsakt gegen die drohende Liquidierung gebaut hatten.

Mittwoch, 27. August 1941

Vor kurzem kamen Deutsche mit einem Lastwagen zum Judenrat und forderten fünf Juden. Sie fuhren mit den fünf Juden ab. Was geschah mit ihnen?
Man brachte sie in die Wälder bei Ponary und schlug sie fast zu Tode. Am nächsten Tag führten zwei Deutsche zwei Juden ab und brachten sie ein paar Stunden später zurück, halb tot. Im Hof des Judenrats prahlten die Deutschen, sie hätten es getan, weil sie wegen der »dreckigen Juden« den Krieg nicht zu Ende bringen könnten.

Sonnabend, 6. September 1941

Der historische Tag – Einzug im Ghetto
Es ist jetzt 5 Uhr morgens. Wir haben die ganze Nacht gewartet. Bislang ist nichts geschehen. Um halb acht müssen wir los zur Arbeit. Niemand weiß, was sich in der Nacht ereignet hat. Vielleicht kommt nach 6 Uhr eine Christin mit den ersten Nachrichten.
Eine furchtbare Nacht ist vorbei. Was werden uns die anderen Nächte bringen? Ich höre Lastwagen vorüberfahren – wohin fahren sie und warum?
In unserem Haus sind fast alle wach. Jetzt in der Mor-

gendämmerung sehe ich es: Gesichter tauchen immer wieder an den Fenstern auf, starren voller Schrecken in den Hof hinunter ... Der Hund bellt. Überall in den Fenstern Gesichter ... Der leiseste Laut erschreckt. Gestern, am 5. September, war es genau zwei Jahre her, seit ich meine Frau, mein Zuhause, meine Verwandten und das Kind, meinen Neffen Heniek verlassen habe.
Die jüngsten Ereignisse haben selbst mich aus dem Gleichgewicht gebracht. Ich habe vergessen, den tragischen Jahrestag besonders zu erwähnen. Meine Abreise aus Warschau habe ich noch nicht beschrieben. Jetzt ist nicht die Zeit, sich über diese Dinge auszulassen. Ein neues Ereignis ist auf der Tagesordnung - das Ghetto, vielleicht der letzte Weg in die Unendlichkeit. Ich möchte auf ein gutes Ende hoffen. Daß dies das Ende ist, mag ich nicht denken.
Meine Nachbarn haben es gut: wieder eine Nacht, die sie im eigenen Bett verbracht haben, im eigenen Haus, zusammen mit den Ihren.
Geld und Wertsachen müssen abgegeben werden. Die Möbel werden abgeholt. Gestern wurde die Wäsche aussortiert, und die kostbarsten Stücke wurden mitgenommen.
Vielleicht ist es gut, daß ich jetzt allein bin. Meine Nächsten sollen nicht Zeuge meiner Erniedrigung und Agonie sein. Vielleicht werde ich ihnen eines Tages berichten, und sie werden mir mit stockendem Atem zuhören - wenn ich sie wiedersehe. Vielleicht ...
6.30 Uhr morgens. Ghetto. Man hätte erwarten können, daß der Befehl zur Umsiedlung ins Ghetto als eine Verurteilung zur Gefangenschaft, als Schreckensbotschaft, aufgenommen werden würde, aber so war es nicht. Wilna hat die Anordnung ruhig und diszipliniert entgegengenommen.
Genau genommen wurde kein ausdrücklicher Befehl zur Übersiedlung ins Ghetto ausgegeben, so war es auch in anderen Städten. Das Verfahren war viel einfacher. Sie kamen heute früh und ließen uns eine halbe Stunde zum Packen. Der Sadismus war aufs feinste berechnet. Gestern war Befehl an alle Fuhrleute ergangen, heute morgen um 5 Uhr mit ihren Karren am Holzmarkt zu erscheinen. Der Gedanke war, auf diese Weise jegliche Art von Wagentransport zu verhindern ... Außerdem tauchte heute eine große

טאָגבוך פֿון ווילנער געטאָ

פֿון
הערמאַן קרוק

איינטייטשונגען און הערות
פֿון
מרדכי וו. בערנשטיין

ייִדישער וויסנשאַפֿטלעכער אינסטיטוט — ייִוואָ
ניו־יאָרק, 1961

Erste Seite der hebräischen Ausgabe von Kruks *Tagebuch aus dem Wilnaer Ghetto,* herausgegeben vom YIVO-Institut in New York.

Anzahl Lastwagen auf. Möbel wurden in Gegenwart ihrer Besitzer, die sich im Hof versammeln mußten, aus dem Haus geholt und abtransportiert.
7 Uhr. Sobald ich erfahren hatte, daß wir ins Ghetto gebracht würden, machte ich mich auf den Weg, meine Freunde aufzusuchen. Die Polizei hielt mich an. Unter verschiedenen Vorwänden schaffe ich es bis zur Kleinen-Stephan-Straße 23 zu kommen. Man verbietet mir, das Haus zu betreten. Alle Bewohner stehen im Hof versammelt, mit ihren Bündeln. Ich treffe Erna. Sie küßt mich unter Tränen in den Augen, ist aber dennoch guten Mutes. Wir wollen versuchen, uns im Ghetto zu treffen. Ein Soldat der Wache sagt mir, daß das Ghetto im ehemaligen Judenzentrum der Stadt sein wird. Ich erfahre, daß die Bewohner der Kleinen-Stephan-Straße in die Rudnicka-Straße umgesiedelt werden. Auch alle aus der Chopin-Straße sollen dorthin. Christliche Nachbarn kommen und bieten ihre Hilfe an, sind bereit, Sachen zu verstecken. Von weitem sehe ich, daß alle Bewohner des Diveltov-Platzes mit ihren Bündeln auf der Straße versammelt sind – zum Abmarsch bereit. Die Männer tragen zwei und drei Mäntel übereinander. Frauen tragen Überzieher. Ein paar Deutsche haben die Männer von der Arbeit zurückgebracht, damit sie den Frauen beim Umzug helfen. Es kommen sogar ein paar Deutsche mit Automobilen und transportieren Sachen ab. Jedermann bewundert ihre Menschenfreundlichkeit.
9 Uhr. Gruppen von Juden werden fortgeführt. Sie zerren und ziehen Sachen in Kinderwagen. Manche haben notdürftig Tragen aus Brettern zusammengefügt und transportieren ihre Sachen darauf. Karren werden geschoben. Ein Anblick, der das Herz zerreißen läßt.

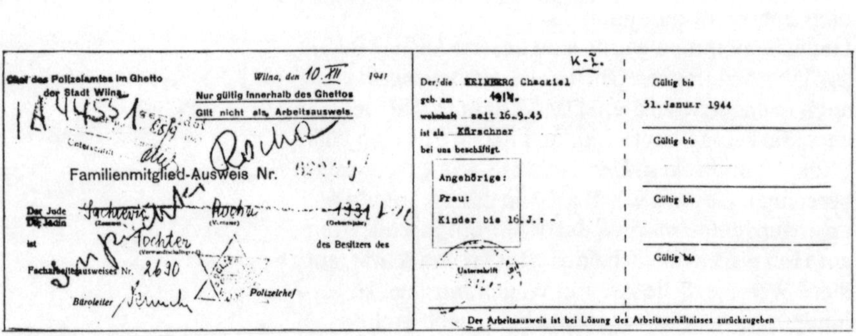
Chef des Polizeiamtes im Ghetto der Stadt Wilna
Wilna, den 10. XII 1941
Nur gültig innerhalb des Ghettos
Gilt nicht als Arbeitsausweis.
A 4551
Familienmitglied-Ausweis Nr. [illegible]
Der Jude / Die Jüdin Sachewicz Rocha 1931
(Zuname) (Vorname) (Geburtsjahr)
ist Tochter des Besitzers des
(Verwandtschaftsgrad)
Facharbeiterausweises Nr. 2630
Büroleiter Polizeichef

K-I.
Der/die [illegible] Chackiel
geb. am [illegible]
wohnhaft seit 16.9.43
ist als Kürschner
bei uns beschäftigt.
Angehörige:
Frau:
Kinder bis 16. J.: -
Unterschrift
Gültig bis
31. Januar 1944
Gültig bis
Gültig bis
Gültig bis
Der Arbeitsausweis ist bei Lösung des Arbeitsverhältnisses zurückzugeben

Christen kommen und bieten Hilfe an - Freunde, Nachbarn, Arbeitskollegen. Andere kommen, um zu kaufen - echte Gelegenheiten. Wiederum andere kommen wie die Hyänen und warten auf ihren Anteil an der Beute. Es kommt die Krankenschwester von früher, das Hausmädchen, der alte Freund.
Die Gruppen trotten dahin, schwitzen in ihren schweren Mänteln. Die Hunde bellen und heulen voller Zorn, als ob sie das Ungewöhnliche spürten. So verabschieden sie ihre Herren... Die Bewohner der Chopin-Straße wurden gerade abgeführt, tatsächlich in die Rudnicka-Straße.
2 Uhr nachmittags. Wir warten noch immer. Ein fieberhaftes Handeln greift um sich, alles wird für Pfennige verkauft. Ringsum drängen sich die Käufer...
Berichte von der Straße:
Den Leuten vom Bosaki-Platz ließ man fünf Minuten bis zum Abmarsch. Sie schleppen ihre Habseligkeiten in Bündeln aus Leintüchern über die Pflastersteine. Soldaten treiben sie an wie Vieh.

Eines von sechs geschlossenen Ghetto-Toren: Strashunstraße; gezeichnet im Ghetto von Z. Weiner.

Die Leute berichten: am Eingang zum Ghetto herrschen Schrecken und Hoffnungslosigkeit. Tausende stehen in langen Reihen. Menschen werden wie die Tiere in den Käfig getrieben. Erschöpft brechen sie

unter ihren Lasten zusammen. Ihr Schreien erhebt sich zum Himmel. Der leidvolle Zug zum Ghetto dauert Stunden.
In der Zwischenzeit hat unsere Vermieterin die Stühle verkauft. Heute nehmen wir die Mittagsmahlzeit auf unseren Bündeln sitzend ein (vielleicht die letzte). Die Wirtin drängt uns: eßt alles auf. Laßt nichts zurück...

20. Januar 1942

Die Vereinigung der Schriftsteller und Künstler

An diesem Sonntag wurde im Ghetto eine Vereinigung von Schriftstellern und Künstlern gegründet. Sie besteht im Augenblick aus 20 Schriftstellern, 16 Musikern und 6 Malern. Und sie besitzt eine Liste von 15 Familien von Schriftstellern, Künstlern und Intellektuellen, die deportiert wurden.
Ziel der Vereinigung: gegenseitige Hilfe und Anregung zu künstlerischem Schaffen; Erstellung einer Geschichte der jüdischen Schriftsteller, Künstler und Intellektuellen, die deportiert wurden; Suche nach den verlorengegangenen Werken dieser Menschen und Vorbereitung einer literarisch-künstlerischen Ghetto-Zeitschrift.

Plakat des Wilnaer jiddischen Marionetten-Theaters *Majdim,* das schon vor dem Krieg bestand.

5. Februar 1942

Geburten-Verbot

Heute wurden zwei Mitglieder des Judenrates zur Gestapo zitiert. Man teilte ihnen mit: keine jüdischen Kinder dürfen mehr geboren werden. Die Anordnung kam aus Berlin.
Die Auswirkung dieses Befehls auf das Ghetto läßt sich nicht in Worte fassen. Die Geschichte vom grausamen Pharao aus dem Buche Exodus, der die Geburt männlicher Kinder verboten hatte, ist in aller Munde. Der Pharao des 20. Jahrhunderts ist sehr viel grausamer. Überhaupt keine Geburten! Was soll mit den schwangeren Frauen geschehen? Das Kind von Frau Hela Tarakinska soll jeden Moment kommen... Es wurde beschlossen, sie in das Jüdische Krankenhaus zu bringen und den Geburtstermin ihres Kindes zwei Wochen zurückzudatieren.

8. März

Kulturelle Veranstaltungen
Das Leben aber überwindet alles. Das Leben im Ghetto von Wilna pulsiert mit neuer Kraft. Im Schatten von Ponary erwacht neues Leben und ringt um eine bessere Zukunft. Die Konzerte, die man früher boykottierte, finden immer mehr Zulauf. Die Säle sind überfüllt und bei den Abendveranstaltungen der Literarischen Vereinigung ist der Andrang so groß, daß nicht alle drinnen Platz finden.

9. März 1942

Wird der Frühling wirklich den Frühling bringen?
Alle bewegt dieselbe Frage. Alle ziehen Vergleiche und Schlußfolgerungen: wird der Frühling wirklich den Frühling bringen?
Was an den wichtigen Frontabschnitten geschieht, findet hier bei uns nicht immer das richtige Echo. Wir wissen in Wahrheit sehr wenig von dem, was vor sich geht. Eines jedoch ist klar. Der Frühling wird Veränderungen mit sich bringen. Es weht ein neuer Wind, und die neuen Vögel bringen neue Hoffnung ... Alle bereiten sich vor. Die Menschen leben voller Hoffnung und vertrauen fest darauf, daß die Rettung bald, sehr bald, kommt. Unsere arischen Nachbarn flüstern uns Ermutigung zu: die Zeit ist nah. Andere wiederum raten zur Flucht, denn der Frühling werde neues Leid über das Ghetto bringen.
Gestern wurde in der Stadt eine geheime Erklärung in Umlauf gebracht, ein Aufruf an die Menschen, durchzuhalten, denn der Tag der Befreiung sei nah. Christen kommen zu ihren Freunden ins Ghetto und suchen Unterschlupf ... Die jüdische Ghetto-Polizei, die sehr wohl weiß, daß der Frühling der anderen wenig Hoffnung für sie selbst bedeuten würde, richtet in der Stadt Bunker ein ...
Uns erreicht die absolut sichere Nachricht, daß gestern um 2 Uhr Wilejka bombardiert wurde. Es hat zwölf Tote gegeben. Wilna hatte Fliegeralarm.
Die deutschen Führungsstellen bleiben unnachgiebig. Der Leiter des Einsatzstabes Rosenberg beruhigt mich: ich werde Arbeit haben, denn das Sammeln

Humor der jüdischen Ghetto-Polizei: auf das Plakat am Ghetto-Tor schreiben sie: »Die Torwachen wünschen allen Juden ein gutes Jahr.«

jüdischer Bücher wird bis August dauern. Er hat Zeit. Manche äußern den Verdacht, daß er auf diese Weise seine Versetzung an die Front verhindern will. Eines ist klar. Der Frühling bringt neue Hoffnung. Möge sie Wirklichkeit werden.

31. März 1942

Eine Mutter berichtet: nachdem die jungen Mädchen im Keller erschossen worden waren, befahl der Deutsche den älteren Frauen, in den Keller hinunter zu gehen. Einem älteren Juden gab er den Befehl, diese Frauen zu schlagen, so wie er selbst es mit den Mädchen getan hatte. Danach prügelte der Deutsche den alten Mann, damit er »das nächste Mal wisse, wie man richtig zuschlägt«.

20. April 1942

Das Leben verläuft wieder in normaleren Bahnen – Kulturelle Aktivitäten der Gemeinde

Die Bewohner unseres Ghettos kommen wieder auf die Beine. Diese interessante Entwicklung geht wie bei einem Kind vor sich: langsam, allmählich, vorsichtig.

Nach der Vereinigung für Kunst und Literatur wurden noch einige andere Organisationen gegründet, alle mit mehr oder minder dem gleichen Ziel auf ihrem jeweiligen Gebiet. Die Ärzte haben sich zusammengeschlossen. Jeden Freitag findet eine Vorlesung über ein medizinisches Thema statt. Auch die Lehrer treffen sich freitags zu Vorträgen über wissenschaftliche und pädagogische Fragen.

In einem der Konventikel (der Yogikhes kloyz) werden Vorträge über jüdische Geschichte gehalten. Auch die Kurse der höheren Schulen, die sogenannten Nachmittags-Gruppen, finden wieder statt.

Die religiösen Zirkel richten eine Kheyder ein. Zwei Chöre gibt es im Ghetto, einen jiddischen und einen hebräischen.

Schach-Gruppen werden ebenfalls eingerichtet. Deshalb lautet eine Bekanntmachung: »Der neugegründete Schach-Zirkel kauft Schachbretter und Spiele, auch unvollständige. Melden nach 18 Uhr, Rudnicka-Straße 14, in der Küche.«

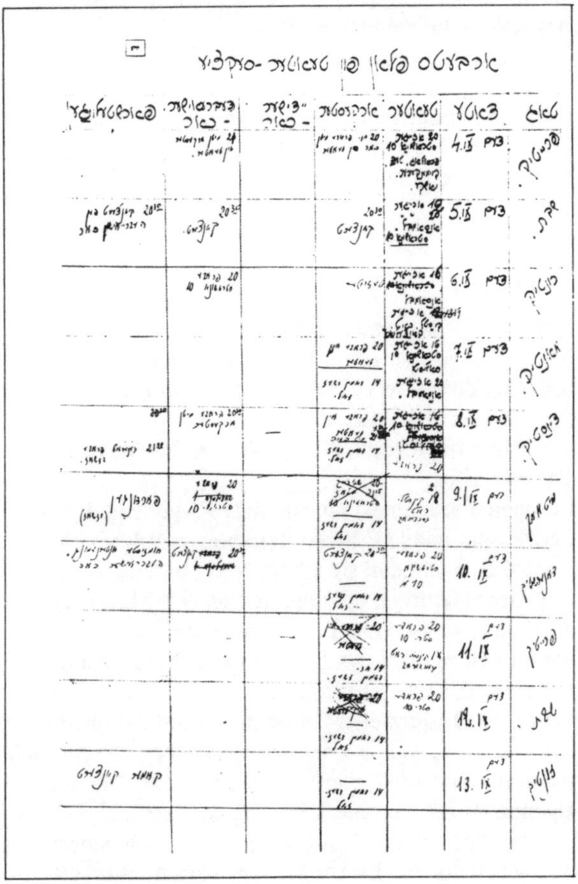

Im Theater in der Konska-Straße, dem Rückgebäude des Judenratsgebäudes, und im Kleinen Theater *Di Yogenish in Fas* in der Rudnickastraße wurden im ersten Jahr 119 Vorstellungen für über 35.000 Zuschauer gespielt.
Die Auflistung enthält die täglichen Programme – Revuen, Theaterstücke, Konzerte, Lesungen.
Abb. unten: Plakat für ein Sportfest im Ghetto-Theater am 15. Juli 1942

27. April 1942

Eröffnung des Ghetto-Theaters
Im Saal der ehemaligen Kleinen Stadthalle fand gestern abend die erste Vorstellung des Ghetto-Theaters statt.
Der Saal ist renoviert und macht einen guten Eindruck. Die Ausrüstungsgegenstände sind in Form und Art unterschiedlich. Ingenieur Guchmann, der Direk-

tor, hielt die Eröffnungsansprache. Dann folgten ein Konzert des Sinfonie-Orchesters unter der Leitung von Durmaschkin, ein Klavier-Vortrag und verschiedene Solo-Auftritte. Die Ausführung klappte reibungslos, die Programmauswahl war chaotisch, zeigte bestenfalls die mangelnde Planung.
Die Sitzordnung im Saal ist so arrangiert, daß in den vorderen Reihen die Elite Platz nimmt: der Judenrat, die Polizeibeauftragten, Abraham Seidenschnur, die Ingenieure, Mechaniker und dann ... Schriftsteller, Künstler und andere.

25. Juli 1942

Ponary – ein Augenzeuge berichtet
Alle reden von Ponary. Für manch eine Familie bedeutet dieses Wort Verlust und Hoffnung in einem. Spricht man von Ponary, so meint man gleichzeitig den Vater, die Mutter, die Schwester, den Verlobten und so weiter.
Für viele Familien ist die ständige Frage: sind sie am Leben oder nicht? Einigen Berichten zufolge besteht die Möglichkeit, daß sie leben. Nach anderen aber – und diese stammen im allgemeinen von Menschen, die anderswo ähnliche Erfahrungen durchgemacht haben – ist es offenkundig, daß sie nicht mehr am Leben sind. Keine Hoffnung...
Schon im Dezember 1941 und im Januar 1942 hatten ein paar junge Männer das Wagnis unternommen, sich auf den Weg nach Ponary zu machen, um alles mit eigenen Augen zu sehen. Es ging das Gerücht, Ponary sei von Wachen umstellt und jeder, der sich nähert, werde erschossen. Einige Männer hatten schon öfter Geschichten von nichtjüdischen Nachbarn gehört, die alles aus nächster Nähe gehört und gesehen hatten. Einige dieser Nachbarn waren sicher, daß niemand lebend entkommen war. Andere behaupteten, in Ponary werde selektiert. Manche würden mit dem Zug abtransportiert, nur ein Teil in den Wäldern erschossen.
Solche verzweifelten Schritte gehören längst der Vergangenheit an. Niemand spricht mehr darüber. Niemand mag sich selbst endgültig überzeugen, ob Ponary den Tod bedeutet oder... etwas anderes.

Und hier habe ich nun einen authentischen Bericht über Ponary – von einem Juden. Er war dort, war zwischen den Massengräbern umhergegangen, hatte alles sorgfältig untersucht. Dinge, die von diesem Ort zeugten, brachte er mit: eine Mitgliedskarte der Staatlichen Krankenversicherung mit der Nummer 5539, ausgestellt auf den Namen Jacob Levinson, und die Abschrift einer Geburtsurkunde des Rabbi Eliakim Landsman aus Nova Wilejka.

Dieser Jude war am 11. und 13. Juli 1942 in Ponary gewesen. Der Zweck seiner Besuche? Eher zufällig. Die deutsche Militärwerkstatt, in der er arbeitet, brauchte ungelöschten Kalk, und den gibt es in Ponary.

Wie kam der Kalk nach Ponary?

Die Bolschewiken hatten dort sechs unterirdische Tankstationen anlegen wollen. Diese Anlagen waren nicht fertig geworden. Eine Menge Baumaterial, auch die Kalkgruben, wurde zurückgelassen. Ein Militärlastwagen sollte Kalk abholen, zwei jüdische Arbeiter kamen mit, einer von ihnen war unser Informant.

Martin Weiß, der »Boss von Ponary«

An der Straße von Wilna nach Grodno, rechts an der Bahnlinie Warschau–Wilna, liegt ein etwa sechzehn Quadratkilometer großes Gebiet, das von einem Stacheldrahtzaun umgeben ist. Der Zaun ist etwa 1,80 Meter hoch. Hier sollte ehedem die Panzerstation sein. Jetzt befindet sich an dieser Stelle die Vernichtungsanlage für Tausende, möglicherweise Zehntausende.

Das Gebiet ist in drei Teile aufgeteilt, die durch Tore miteinander verbunden sind. In dem Teil, der an die Landstraße von Wilna nach Grodno angrenzt, fanden die Erschießungen statt. Dieser Teil hat mehrere Tore. Der Wald ist dort licht, der Erdboden von großen Gräben und Gruben durchzogen. Der Durchmesser der Gruben beträgt 30 bis 40 Meter bei einer Tiefe von etwa sechs Metern. Einige sind kleiner. Jedes Loch ist von einem Wall ausgegrabener Erde umgeben. Einige der Gruben sind halb gefüllt, andere ganz. Der stechende Geruch deutet auf ihren Inhalt hin. Auch die riesigen Krähenschwärme und die Spuren von Wolfspfoten legen beredtes Zeugnis ab. Und es gibt die Berichte der Bauern aus der Nachbarschaft... An manchen Stellen ist der Boden von den Wölfen und Krähen auf ihrer Suche nach menschlichem Aas freigelegt. Beim Näherkommen zeigt es sich noch deutlicher: dieses ist der Ort. Teile menschlicher Körper ragen hier und dort aus der Erde, manchmal ganze Körper. Dokumente, Geldbörsen, kleine Spiegel, zerrissenes Papiergeld, Patronen und Gewehrkugeln liegen zerstreut umher. Man tritt auf einen Schuh, ein Puderetui und andere kleine Dinge. Die Erde über den Gräbern ist locker. Man hat das Gefühl, als befände sich darunter etwas Weiches – die Körper von Menschen. Weich ist die Erde hier, wie ein Federbett. Hier ist der Ort, wo Menschen zu Hunderten erschossen wurden, wo die Erde nicht ausreichte, sie alle zu bedecken. Der Geruch ist äußerst scharf und unverkennbar.

10. September 1942

Im Dezember 1942 wird ein großes Fest anläßlich der Ausleihe des 100000. Buches aus der Ghetto-Bibliothek veranstaltet.

Lesesaal, Musikschule und Akademischer Zirkel

Der Lesesaal wird gut besucht. Im August sind 4364 Bücher ausgeliehen worden, 27 Prozent davon wissenschaftlichen Inhalts. Diese Zahl schließt Zeitschriften nicht ein.

Im Lesesaal ist eine extra Abteilung für belletristische Literatur in verschiedenen Sprachen eingerichtet worden. Sie ist täglich geöffnet.

Die Musikschule wird in die Strahun-Str. 10 verlegt. 95 Studierende haben sich eingetragen, davon 82 für das Fach Klavier. Neue Theoriekurse finden statt.

Wichtige und lebhafte Aktivität herrscht in den fünf Abteilungen des Akademischen Zirkels. Diese sind die Abteilungen für Mathematik und Physik, Chemie, Naturwissenschaften, für Linguistik, Philosophie und Sozialwissenschaften.

Bisher haben acht Vollversammlungen stattgefunden. Zusätzlich werden von jeder Abteilung eigene Vorträge gehalten. Die Gruppe Chemie hat ein Laboratorium eingerichtet, das organisatorisch zur Fabrik-Abteilung der Ghetto-Verwaltung gehört.

Am Samstag abend, 8 Uhr, führt die Abteilung Philosophie und Sozialwissenschaften in der Strashun-Straße 12 einen Ethnographie- und einen Folklore-Kursus durch.

13. Oktober 1942

Ein Jahr Freiküchen im Ghetto

Anfang Oktober war der erste Jahrestag der Gründung der Freiküchen. Die älteste in der Rudnicka-Straße 6 wurde am 6. Oktober 1941 eröffnet.

Im Laufe dieses Jahres haben die freien Küchen mehr als eine Million Mahlzeiten ausgeteilt. Zur Zeit geben die Freiküchen täglich rund 3500 Mittags- und Abendessen aus.

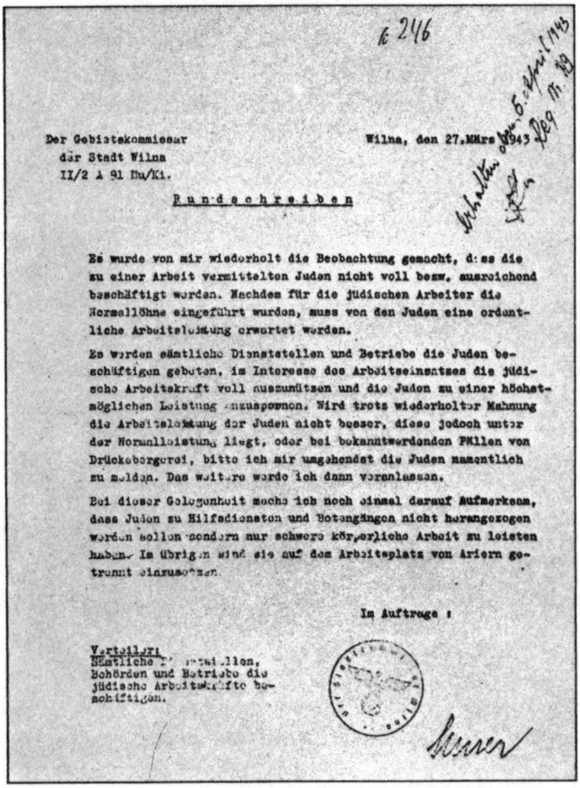

K 246

Erhalten am 6. April 1943 Reg. Nr. 89

Der Gebietskommissar
der Stadt Wilna
II/2 A 91 Mu/Ki.

Wilna, den 27. März 1943

<u>Rundschreiben</u>

Es wurde von mir wiederholt die Beobachtung gemacht, dass die zu einer Arbeit vermittelten Juden nicht voll bezw. ausreichend beschäftigt wurden. Nachdem für die jüdischen Arbeiter die Normallöhne eingeführt wurden, muss von den Juden eine ordentliche Arbeitsleistung erwartet werden.

Es werden sämtliche Dienststellen und Betriebe die Juden beschäftigen gebeten, im Interesse des Arbeitseinsatzes die jüdische Arbeitskraft voll auszunützen und die Juden zu einer höchstmöglichen Leistung anzuspornen. Wird trotz wiederholter Mahnung die Arbeitsleistung der Juden nicht besser, diese jedoch unter der Normalleistung liegt, oder bei bekanntwerdenden Fällen von Drückebergerei, bitte ich mir umgehendst die Juden namentlich zu melden. Das weitere werde ich dann veranlassen.

Bei dieser Gelegenheit mache ich noch einmal darauf aufmerksam, dass Juden zu Hilfsdiensten und Botengängen nicht herangezogen werden sollen sondern nur schwere körperliche Arbeit zu leisten haben. Im übrigen sind sie auf dem Arbeitsplatz von Ariern getrennt einzusetzen.

Im Auftrage :

<u>Verteiler:</u>
Sämtliche Dienststellen,
Behörden und Betriebe die
jüdische Arbeitskräfte beschäftigen.

Sofort-Hilfe für Ghetto-Arbeiter

Die Fürsorge-Abteilung der Ghetto-Verwaltung will die Ergebnisse der Winterhilfe-Aktion nicht abwarten. Die Abteilung hat eine Menge Säcke beschafft. Daraus wurden Hosen, Hemden und Overalls für die Leute geschneidert, die in den Wäldern arbeiten und dringend warme Kleidung brauchen. Ein Teil dieser Kleidung ist bereits verteilt worden. Diese Woche werden 70 Paar Schuhe mit Holzsohlen fertig. Diese Schuhe werden unter die Arbeiter verteilt, die in den Wäldern sowie in Palemon und Wierzbolowo arbeiten.

27. Februar 1943

Ghetto-Humor
1. Ein Deutscher bittet einen Juden um 20 Rubel. Der Jude öffnet seine Brieftasche und gibt ihm die gewünschte Summe. Der Deutsche ist erstaunt: »Wieso, du kennst mich gar nicht und traust mir?« – »Ich habe vollstes Vertrauen in die Deutschen«, sagt der Jude, »sie hatten Stalingrad genommen und zurückgegeben. Sie nahmen Charkov und gaben es zurück. Deshalb bin ich sicher, daß auch Sie mir meine 20 Rubel zurückgeben werden.«
2. Was ist der Unterschied zwischen den Deutschen und der Sonne? Die Sonne geht im Osten auf und im Westen unter. Die Deutschen stiegen im Westen auf und gehen im Osten unter.
3. Welches ist die längste Stadt der Welt? Stalingrad. Die Deutschen brauchten Monate für den Weg vom Stadtrand bis ins Zentrum.

31. März 1943

Nein, niemals werden wir uns wie die Schafe zur Schlachtbank führen lassen. Niemals!

5. April 1943

Über 4000 Menschen in 83 Bahnwaggons
Es ist Mittag. Während ich diese Zeilen niederschreibe, vermittelt das Ghetto den Eindruck, als stehe jeden Moment eine »Aktion« bevor. Wir spielen unsere letzte Karte aus. Jetzt ist es klar: die Züge von Oschmany und Swienciany fuhren nicht nach Kowno, sondern nach Ponary... In den 83 Waggons wurden mehr als 4000 jüdische Opfer abtransportiert.

Sie schießen!
Beim Schreiben dieser Zeilen wissen wir mit Gewißheit, daß in diesem Augenblick die Erschießungen

stattfinden. Die Waggons werden geöffnet, die Menschen in den Wald geführt. Einigen gelingt die Flucht. Überall in der näheren Umgebung sind die Schüsse zu hören. Bauern berichten von entkommenen Juden, die sich in ihren Häusern verstecken. Von ihnen hat man es erfahren.

Maurer im Ghetto
Als sei nichts geschehen, kam Maurer heute nachmittag um 3 Uhr ins Ghetto und ging in »seine« Läden. Den halbtoten, niedergeschlagenen Gens fragte er: »Nun, was gibt's Neues?« Gens antwortete, er kenne

Nr.

An den Leiter des Arresthauses.

Die Kinder Luba und Rachel Weiner sind heute, d. 24.6.43., der Deutschen Sicherheitspolizei zuzufuehren.

EINGEGANGEN
Am 24.VI um 9:30

die neuesten Nachrichten wahrscheinlich schon und fragte Maurer, was man mit dem Ghetto vorhabe. Ruhig, als sei nichts geschehen, antwortete Maurer: »Das Wilnaer Ghetto ist nicht in Frage gestellt.« Jüdisches Blut wurde vergossen, ist noch warm. Und schon gibt es Menschen im Ghetto, die sich von Maurers Worten trösten lassen: »Das Ghetto von Wilna ist nicht in Frage gestellt.«

Sechs sind entkommen
Jetzt, 7 Uhr abends, sind sechs Menschen, die aus Ponary entkamen, im Ghetto zurück. Unter ihnen eine verwundete Frau. Jetzt, um 8 Uhr, ist die Zahl der Entkommenen auf neun gestiegen, darunter Kinder zwischen 8 und 11 Jahren.

Der Zutritt für Juden Verboten
Żydams įeiti draudžiama

Juden war der Aufenthalt außerhalb des Ghettos verboten: Weil der SS-Mann Kittel die Mutter Zalkind mit ihrem Kind auf der »arischen Seite« verhaftet hatte, wurden Vater, Mutter und Kind hingerichtet (Zeichnung F. Segal, 1943).
unten: SS-Standartenführer Franz Maurer

12. Juni 1943

Eine hebräische Aufführung

Vor zwei Tagen fand die Premiere des Hebräischen Drama-Studios statt. Gespielt wurde »Ha-yehudi Ha-Nitskhi« von David Pinski. Die meisten Akteure waren Polizisten. Regie führte Bergolski, Musik - W. Durmaschkin, Tanz - Gina Gerstein, Bühnenbild des Künstlers Scher.

An den Bedingungen im Ghetto gemessen machte die Aufführung einen recht passablen Eindruck, besonders die Massenszene im ersten Akt. Bemerkenswert waren die schauspielerischen Leistungen des Polizisten Pesker und der Polizistin Bernstein. Im ganzen war die Aufführung gut.

10. Juli 1943

Die Luft wird dünner

Es scheint, wir sind am Ende unserer Reise angelangt. Wie oft zuvor erschien es uns schon so!

Die Luft wird immer dünner. Alle Ereignisse um uns deuten auf das Ende hin: die plötzliche Abberufung von Maurer und Meier, das plötzliche Erscheinen Kittels (Gestapo-Experte für jüdische Angelegenheiten), die Ereignisse in Biala Waka, Bedziany und Kiena, Kittels Hohn zu allem, was das Ghetto betrifft, das angebliche Gespräch zwischen Kittel und Weiß darüber, daß all dies nur Possenspielerei sei und er, Kittel, Ordnung schaffen werde - all das führt zu dem einen Schluß: wir nähern uns dem Ende.

Hans Kittel, Liquidator des Wilnaer Ghettos Mit seiner Leidenschaft, Saxophon zu spielen, stand er allerdings im Widerspruch zur herrschenden Musikauffassung, die in der Anwendung des Saxophons einen »weichlichen, qualligen, zuweilen ungesunden, schwülen Klang« beklagte. (*Musik im Kriege,* Aug./ Sept. 1943)

14. Juli 1943

Was hier vor sich geht, ist nicht nur erstaunlich, sondern wahrhaft unsinnig. Wir erwarten den Engel des Todes, und zur gleichen Zeit wetzen wir das Messer, das auf unsere Kehlen gerichtet ist. Während wir den Schlächter erwarten, erweitern wir unsere Industrie im Ghetto.

In den nächsten Tagen wird in der Rudnicka-Straße 19 ein Geschäft für die Herstellung von Spiegeln aufmachen. Vor kurzem wurde in der Rudnicka-Straße 6 eine Schleifstein-Firma eröffnet. Nebenan wird ein Kammproduzent seinen Laden öffnen.

Das Chemie-Labor wird erweitert. Die Buchbindereien sind vergrößert worden, ebenso die Töpferei. Die Schneiderei expandiert enorm.
Es ist so: wir haben den Dolch an der Kehle und erbauen »Pithom und Raamses«.

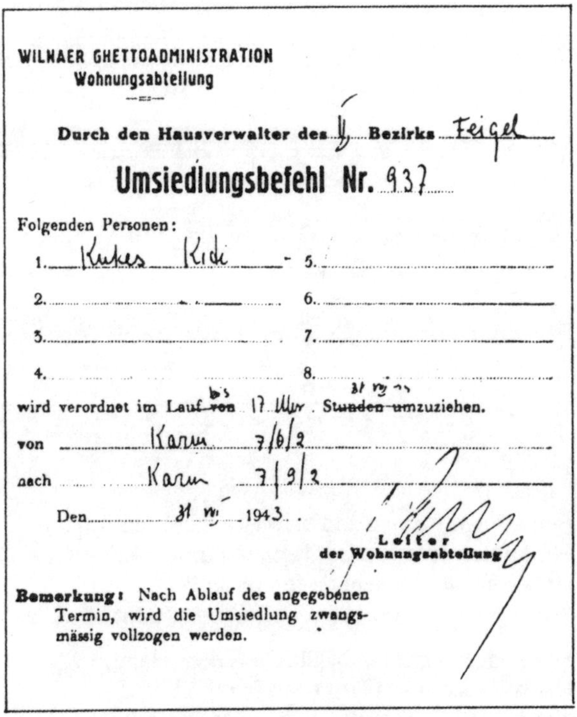

WILNAER GHETTOADMINISTRATION
Wohnungsabteilung

Durch den Hausverwalter des 4 Bezirks Feigel

Umsiedlungsbefehl Nr. 937

Folgenden Personen:

1. Kukes Kiki – 5.
2. 6.
3. 7.
4. 8.

wird verordnet im Lauf ~~von~~ bis 17 Uhr. ~~Stunden um~~zuziehen.

von Karm 7/6/2

nach Karm 7/9/2

Den 31 ... 1943.

Leiter
der Wohnungsabteilung

Bemerkung: Nach Ablauf des angegebenen Termin, wird die Umsiedlung zwangsmässig vollzogen werden.

Sog nit kejnmol

Fun grinem Palmenland bis wajtn Land fun Schnej,
Mir kumen on mit unser Pajn, mit unser Wej,
Un wu gefaln is a Schpriz fun unser Blut,
Schprozn wet dort unser G'wure, unser Mut.

Ss'wet di Morgensun bagildn uns dem Hajnt,
Un der Nechtn wet farschwindn mitn Fajnd.
Nor ojb farsamen wet di Sun un der Kajor,
Wi a Parol sol sajn doss Lid fun Dor zu Dor.

Dos Lid geschribn is mit Blut un nit mit Blaj,
Ss'is kejn Lid fun a Fojgl ojf der Fraj,
Doss hot a Folk zwischn falndike Went,
Doss Lid gesungen mit Naganess in de Hent.

To sog nit kejnmol, as du gejst dem leztn Weg,
Chotsch Himlen blajene farschteln bloje Teg.
Kumen wet noch unser ojssgebenkte Scho,
Ss'wet a Pojkton unser Trot: mir senen do!

Text und Melodie: Hirsch Glik
(Mitglied der Wilnaer Partisanengruppe)

Ghetto-Chef Gens – Retter oder falscher Messias?

Die Rede des Jacob Gens vom 27. Oktober 1942

Jacob Gens

Jacob Gens war ein Anhänger des zionistischen Revisionismus. Trotz seines jüdischen Nationalbewußtseins heiratete er eine Litauerin. Als Absolvent der litauischen Offiziersschule, später im Range eines Leutnants, wurde Gens von der deutschen Gestapo zum Chef der jüdischen Ghetto-Polizei von Wilna ernannt. Seine Befugnisse erstreckten sich bald auf alle Bereiche des Ghettos Wilna, schließlich auf weitere Ghettos. Neun Tage vor der Liquidierung Wilnas wird Gens von einem SS-Mann erschossen.
Am 23. Oktober 1942 hatte Gens den Befehl zur Liquidierung eines Teils des Ghettos Oschmany auszuführen. Vier Tage später rief er in Wilna bekannte jüdische Persönlichkeiten zusammen und hielt eine Rede über die »Aktion« von Oschmany.

Meine Freunde, ich habe Euch heute hierher gebeten, um von einer der furchtbarsten Tragödien im Leben der Juden zu berichten, der Tragödie, daß Juden Juden in den Tod führten. Ich will heute ganz offen sprechen. Vor einer Woche kam Weiß und gab uns im Namen des SD den Befehl, uns mit Oschmany zu befassen. Dort lebten etwa 4000 Juden im Ghetto und es sei nicht möglich, daß sie alle dort blieben, das Ghetto müsse reduziert werden. Menschen, die ohne Nutzen für die Deutschen sind, müßten selektiert und erschossen werden. Als erste kämen die Frauen in Betracht, deren Männer letztes Jahr entführt wurden, ebenso deren Kinder; dann Familien mit vielen Kindern. Als wir diese Anweisung erhielten, war unsere Antwort: zu Befehl.
Dessler und die jüdische Polizei fuhren nach Oschmany. Zwei oder drei Tage darauf informierte die jüdische Polizei den Gebietskommissar in Wilna, es sei nicht möglich, die Frauen der entführten Männer wegzuschicken, da sie arbeiteten. Außerdem gebe es keine Familien mit vier oder fünf Kindern. Ich vergaß zu sagen: wir hatten Befehl, mindestens 1500 Menschen

Armbinde der jüdischen Ghetto-Polizei

auszusuchen. Unsere Antwort war, daß wir diese Quote nicht erfüllen könnten. Es wurde verhandelt. Als Dessler mit dem Bericht aus Oschmany zurückkam, wurde die Zahl auf 800 heruntergesetzt. Nachdem ich selbst mit Weiß dort gewesen war, wurde die Zahl noch einmal reduziert, diesmal auf 600... Frauen und Kinder standen nicht mehr zur Debatte, es ging vielmehr nun um die Älteren. Die Wahrheit ist, daß 406 ältere Juden in Oschmany zusammengebracht und übergeben wurden.

Als Weiß das erste Mal kam und Frauen und Kinder forderte, sagte ich ihm, er solle statt dessen alte Menschen nehmen. Er antwortete: »Die Alten werden im Winter sowieso wegsterben, wir müssen die Ghettobevölkerung jetzt verringern.« Die jüdische Polizei rettete all diejenigen, die noch eine Chance zu leben hatten. Jene, deren Tage ohnehin dem Ende nahe waren, mußten gehen. Mögen uns diese alten Juden vergeben. Sie waren Opfer für unsere Juden und unsere Zukunft.

Ich will nicht davon sprechen, was unsere Juden aus Wilna in Oschmany durchgemacht haben. Ich bedaure heute nur, daß wir nicht dabei waren, als die Aktion in Kiemicliszki und Bystriza durchgeführt wurden. Dort wurden alle Juden, ohne Ausnahme, in der letzten Woche erschossen. Heute kamen zwei Juden aus Swienciany zu mir und baten mich, die Juden aus ihrem Ort, aus Vidzy und anderen Gemeinden in der näheren Umgebung zu retten. Wieder stelle ich mir heute die Frage: was wird geschehen, wenn wir ein zweites Mal eine solche Aktion durchführen müssen? Es ist meine Pflicht, Euch zu sagen: gute Juden, geht nach Hause. Ich will meine Hand nicht besudeln und meine Polizisten diese schmachvolle Arbeit verrichten lassen. Aber ich sage Euch heute: es ist meine Pflicht, meine Hände zu beschmutzen, denn das jüdische Volk geht jetzt durch eine schreckensreiche Zeit. Zu einer Zeit, in der fünf Millionen nicht mehr am Leben sind, ist uns die Pflicht auferlegt, alle die zu retten, die jung und stark sind – nicht nur an Jahren, sondern auch im Geiste. Unsere Gefühle müssen wir außer acht lassen.

Als der Rabbiner von Oschmany erfuhr, daß die geforderte Zahl noch nicht erreicht sei, und daß sich fünf ältere Juden in der Maline versteckt hielten, ließ er die Maline öffnen. Er ist ein Mann von starkem und jun-

Biblische und talmudische Vorlage

Und der HERR sprach: Es ist ein großes Geschrei über Sodom und Gomorra, daß ihre Sünden sehr schwer sind.
Und die Männer wandten ihr Angesicht und gingen nach Sodom. Aber Abraham blieb stehen vor dem HERRN und trat zu ihm und sprach: Willst du denn den Gerechten mit dem Gottlosen umbringen?
Es könnten vielleicht fünfzig Gerechte in der Stadt sein; wolltest du die umbringen und dem Ort nicht vergeben um fünfzig Gerechter willen, die darin wären?
Der HERR sprach: Finde ich fünfzig Gerechte zu Sodom in der Stadt, so will ich um ihretwillen dem ganzen Ort vergeben.
Abraham antwortete und sprach: Ach siehe, ich habe mich unterwunden, zu reden mit dem Herrn, wiewohl ich Erde und Asche bin.
Es könnten vielleicht fünf weniger als fünfzig Gerechte darin sein; wolltest du denn die ganze Stadt verderben um der fünf willen? Er sprach:

gem Geist. Ich weiß nicht, ob alle das verstehen und billigen, ob sie es auch dann noch gutheißen, wenn wir das Ghetto hinter uns lassen.
Dennoch vertritt unsere Polizei diesen Standpunkt: zu retten, was zu retten ist, ohne Rücksicht auf unseren guten Namen und unsere persönlichen Gefühle.
All das, was ich Euch gesagt habe, ist wahrlich keine Freude für unsere Herzen und unser Leben. Es ist nicht notwendig, daß die anderen all das erfahren. Ich habe Euch in ein furchtbares Geheimnis einbezogen - unsere Herzen müssen es bewahren.
Ich möchte Euch sagen, was der Polizist wirklich tat, als er diese schreckliche Arbeit ausführte, als er die Menschen voneinander trennte und sie einordnete: rechts - links. Wir stehen hier nicht vor einem Gericht.
Ich will, daß die Menschen wissen, was das Ghetto ist, von der anderen Seite gesehen; was eine Polizei ist und welches die Wege sind, die andere Juden beschreiten müssen...
Von Euch, meine Freunde, erwarte ich moralische Unterstützung. Wir alle wollen überleben und aus dem Ghetto herauskommen. Noch immer verstehen viele Juden nicht, in welche Gefahren uns unsere Arbeit bringt, wie oft wir jeden Tag nach Ponary geschickt werden können...
Was mich angeht, so hat mich mein Schicksal auf das Schlachtfeld geführt. Ich habe keine Angst gespürt, erst im nachhinein in der Erinnerung daran. So ist die Situation auch jetzt. Erst wenn wir das Ghetto hinter uns gelassen haben, werden wir die ganze Qual verspüren. Heute wollen wir stark sein. Die Gläubigen sollten sagen: Gott der Allmächtige wird uns beistehen. Der Nicht-Gläubige sollte sagen, der Gemeinschaftsgeist und der Patriotismus der Juden werde ihm helfen, all das zu ertragen und seine Menschlichkeit auch nach dem Ghetto zu bewahren, zum Segen für das jüdische Volk und seine große Zukunft.
Rosenberg hat vor kurzem gesagt, es sei die Pflicht der Deutschen, das europäische Judentum auszurotten. Ich weiß nicht, was er meint. Käme er in unser Ghetto, würde er uns fürchten. Menschen, die in den Malinen gejagt und in Ponary ermordet werden, die von ihren Familien getrennt sind, haben im Laufe eines Jahres ein neues Leben aufgebaut. Das ist viel mehr, als die

Finde ich darin fünfundvierzig, so will ich sie nicht verderben.
Und er fuhr fort mit ihm zu reden und sprach: Man könnte vielleicht vierzig darin finden. Er aber sprach: Ich will ihnen nichts tun um der vierzig willen.
Abraham sprach: Zürne nicht, Herr, daß ich noch mehr rede. Man könnte vielleicht dreißig darin finden. Er aber sprach: Finde ich dreißig darin, so will ich ihnen nichts tun.
Und er sprach: Ach siehe, ich habe mich unterwunden, mit dem Herrn zu reden. Man könnte vielleicht zwanzig darin finden. Er antwortete: Ich will sie nicht verderben um der zwanzig willen.
Und er sprach: Ach, zürne nicht, Herr, daß ich nur noch einmal rede. Man könnte vielleicht zehn darin finden. Er aber sprach: Ich will sie nicht verderben um der zehn willen.
Und der HERR ging weg, nachdem er aufgehört hatte, mit Abraham zu reden; und Abraham kehrte wieder um an seinen Ort.
1. Mose 18, Vers 20–33

»Arier« erreicht haben. Das ist das wahre Judentum, ein furchtloser Geist und ein immerwährender Glaube an das Leben. Und so werden wir auch jetzt kämpfen und Rosenbergs Worte zunichte machen. Der Krieg heiligt die Mittel, selbst wenn sie zuweilen die allerschrecklichsten sind. Zu unserem großen Bedauern müssen wir mit all unseren Mitteln kämpfen, um den Feind zu fassen zu bekommen. In 2000 Jahren sind viele Juden den Flammen zum Opfer gefallen, aber nie hat sich eine jüdische Hand zum Blutvergießen erhoben. Heute im Ghetto tun wir es.
Mit Wunden an Armen und Beinen sind Juden aus Ponary zurückgekommen. Im Krankenhaus lagen einmal fünf Frauen und ein Kind, die aus Ponary entkommen waren. Heute ist dem jüdischen Volk der Anblick von Blut nicht mehr fremd, und so gehen die Gefühle verloren.
Ich möchte Euch die Wirklichkeit unseres Lebens näherbringen, Euch erklären, wie der nackte Lebenskampf aussieht, denn Ihr habt mit der Polizei wenig zu tun. Aus diesem Grunde habe ich Euch hierher gebeten.

Darum nur ward ein einziger Mensch geschaffen in der Welt, zu lehren, daß, wenn einer schuldig sei am Tode einer einzigen Seele in dieser Welt, die Schrift es ihm anrechne, als sei er schuldig am Tode einer ganzen Welt; und daß, wenn er eine einzige Seele in dieser Welt errette, die Schrift es ihm anrechne, als habe er eine ganze Welt errettet.
Maimonides
(1135–1204, jüd. Philosoph, Talmudist u. Arzt)

Schtil, di Nacht is ojssgeschternt

Schtil, di Nacht is ojssgeschternt,
Un der Frosst hot schtark gebrent.
Zi gedenksstu wi ich hob dich gelernt
Haltn a Schpajer in di Hent?

A Mojd, a Pelzl un a Beret,
Un halt in Hand fest a Nagan.
A Mojd mit a sametenem Ponim,
Hit op dem ssojne'ss Karawan.

Gezilt, geschossn un getrofn!
Hot ir klejninker Pistojl.
An Oto, a fulinkn mit Wofn
Farhaltn hot si mit ejn Kojl!

Fartog, fun Wald arojssgekrochn,
Mit Schnejgirlandn ojf di Hor.
Gemutikt fun klejninkn Nizochn
Far unser najem, frajen Dor!

Text und Melodie: Hirsch Glik,
verfaßt während des ersten Aufstands
im Wilnaer Ghetto 1942

Eine Empfindungsorgel

»Ein Leben ohne Zukunft hatte angefangen«

In Berlin erinnert sich 1984 ein Überlebender an das Ghetto Wilna

Ich muß es erzählen – jiddischer Buchtitel von Mascha Rolniks Aufzeichnungen über das Ghetto.

Ich möchte vorausschicken: Es ist kaum mehr als ein Zufall, daß ich zu den wenigen Überlebenden von Wilna gehöre. Es wird unverständlich bleiben, was die wahnsinnige Maschinerie in Gang gesetzt hat – damals, als unser unschuldiges Volk liquidiert worden ist. Und mit ihm eine blühende jüdische Kultur. Die Menschen, die die Qualen des Lebens im Ghetto beschreiben könnten, sind tot. Und Dokumentationen können auch nicht annährend die grausame Realität zeigen.

Schon vor dem Überfall der Deutschen auf Rußland wohnte ich in Wilna. 1920 bin ich da geboren. Mein Vater war in einer Sägemühle angestellt. Wir – meine Eltern, die vier Brüder und meine Schwester – wohnten in einer schmalen Gasse in einem kleinen Holzhaus in vier Zimmern. Das Haus lag nicht direkt im Zentrum der Stadt, etwas abseits. Im Zentrum selber lag das historische Ghetto der Juden. Unsere Gasse führte direkt zum Eingang vom Gefängnis Lukischki, das dann später als Sammelplatz zum Abtransport verhafteter Juden benutzt wurde.

Ich bin auf eine jüdische Volksschule gegangen. Der Unterricht war jiddisch und polnisch. Mit 14 oder 15 kam ich aus der Schule und habe erst eine Zeitlang in einer Knopffabrik gearbeitet, einige Jahre lang. Und dann fing 1939 der Krieg an.

Wilna war eine sehr katholische Stadt, und es gab öfter Schlägereien zwischen Juden und Polen. Ich bin oft von den polnischen Nachbarskindern geschlagen und bin von ihnen beschimpft worden. So kurz vor dem Krieg, da gab es auch in Wilna immer mehr Anhänger von Hitler und den Nazis, das waren die »Falangisten«, die haben dann auch jüdische Geschäfte boykottiert. Der Antisemitismus wurde sehr brutal. Als dann 1939 die Russen kamen, da haben die Polen natürlich große Angst gekriegt. Denn die Russen stellten antisemitische Aktivitäten unter Strafe.

Als die Deutschen in Litauen einrückten, haben wir

Juden ganz große Angst bekommen und viele haben versucht, nach Rußland zu flüchten. Wohin denn auch sonst? Ich bin auch mit zwei von meinen Brüdern geflüchtet, ungefähr 80 Kilometer. Wir waren gar nicht mehr weit entfernt von der russischen Grenze. Es gab keine Eisenbahnen oder Busse oder so was. Wir sind zu Fuß gelaufen, ungefähr 30 Kilometer am Tag. Sehr viele Menschen waren unterwegs, die meisten Juden. Es war Sommer, sehr warm. Und dann kamen die Deutschen immer näher. Wir haben uns versteckt. Wenn der Mensch Angst kriegt, dann wird er wie ein Vogel Strauß. Er denkt, wenn er sich auf dem Boden versteckt, damit man ihn nicht findet, dann ist das schon ein Schutz für sein Leben. Aber nach ein paar Tagen haben uns dann abends die Deutschen mit ihren Tanks eingeholt. Wir waren in irgendeinem kleinen Dorf, einer kleinen Ortschaft. Da mußten sich dann alle Flüchtlinge vor einem Haus an die Wand stellen. Und dann ist Militär gekommen, ich weiß nicht, ob es die Wehrmacht oder die SS war, damals kannte ich noch nicht den Unterschied, ein Maschinengewehr wurde aufgefahren, man wollte uns erschießen. Ein Offizier hat gesagt, daß wir keine Juden wären, sondern russische Soldaten, die sich nur zivil verkleidet hätten, und daß man die Kommunisten erschießen müßte. Zum Glück war unter uns ein Jude in der Gruppe, der sprach perfekt Deutsch, wahrscheinlich war er aus Deutschland. Jedenfalls hat der mit dem Offizier gesprochen und hat ihm alles erklärt. Was, das konnte ich nicht verstehen, weil ich ja kein Deutsch verstand. Jedenfalls hat man uns dann gesagt, daß wir nach Wilna zurückgehen sollten und daß man uns nicht erschießt. Und dann sind wir zurückgegangen. Auf der rechten Seite der Straße marschierten die Deutschen, die Wehrmacht. Und die hatte nur ein Ziel, den direkten Weg nach Rußland. Alle Tanks und Lastwagen zogen in einer einzigen Kolonne nach Rußland. Und wir liefen auf der linken Seite wieder zurück nach Wilna. Na ja, und am Straßenrand da standen die Polen und haben uns ausgelacht. Sie waren zwar auch besiegt, aber uns gegenüber fühlten sie sich doch als so etwas wie Obermenschen. Das ist ja auch klar: Sie selber waren ja auch von den Deutschen besiegt, aber wenn es dann noch eine Minderheit gibt, der es noch schlechter geht, dann kommt eben Schadenfreude auf.

Anordnung Nr. 4
des Gebietskommissars der Stadt Wilna

ANMELDEPFLICHT DES JUEDISCHEN VERMOEGENS

1. Das gesamte Vermoegen der juedischen Bevolkerung is. bis 8.9. 1941 anzumelden.

2. Zur Anmeldung verpflichtet ist jeder, der juedisches Vermoegen in Besitz oder Gewarsam hat, und jeder, der ohne Eigentuemer, Besitzer oder Gewarsamsinhaber zu sein — rechtlich oder tatsaechlich ueber juedisches Vermoegen verfuegt oder verfuegen kann.

3. Die Anmeldepflicht trifft danach ,nicht nur den juedischen Rechtsinhaber, sondern z. B. auch jeden, der juediches Vermoegen verwaltet, zur Aufbewahrung uebernommen oder auf andere Weise erlangt hat.

4. Die Anmeldung des Vermoegens hat auf einen Vordruck zu geschehen welcher bei dem zustaendingen Polizeirevier husgegeben wird und nach erfolgter Eintragung des Vermoegens dort vieder abzugeben ist.

5. Wer wissentlich juedisches Vermoegen verschleiert, verschiebt oder nicht zur Anmeldung bringt, hat die schaerfsten Strafen zu erwarten.

6. Fuer die termingemaesse und vollstaendige Erfassung des juedischen Vermoegens sind mir die Chef's der einzelnen Polizeireviere persoenlich verantwortlich.

Der Gebietskommissar der Stadt Wilna
gez.
HINGST.

Wilna, den 1. September 1941.

Ja, und unser Rückweg hat, glaube ich, zwei Tage gedauert.
Bald wurde die Angst, daß man geschnappt wurde, immer größer. Man traute sich nicht mehr, zur Arbeit zu gehen oder tagsüber auf der Straße zu sein. Ich kann mich erinnern, ich wohnte damals nicht weit von einem Fluß. Tagsüber bin ich zu dem Fluß gegangen. Da kam kein Mensch hin. Da haben wir uns aufgehalten. Wir hatten irgendwas zum Essen mitgenommen, nicht viel, ein bißchen Brot vielleicht oder eine Gurke. Heutzutage weiß kein Mensch mehr, was Not ist, also wie man so gelebt hat. Nur in Notfällen sind wir auf die Straße gegangen, wenn man unbedingt einkaufen mußte. Und man konnte ja noch einkaufen, wie lange, ich weiß es auch nicht mehr genau. Ach ja, und dann kam der Befehl, daß man allen Schmuck abgeben mußte. Nur wir Juden. Und das haben wir auch getan. Wir hatten ja solche Angst, daß man etwas in unserer Wohnung finden würde. Die Verfolgung wurde immer stärker, immer stärker. Es hatte schon ein Leben ohne Zukunft angefangen. Man wußte nicht, was der nächste Morgen bringt.
Ja, und dann mußte man arbeiten, weil man ja Lebensmittel brauchte, sonst wäre man verhungert. Man ging dann zu den deutschen Wehrmachtseinheiten und hat da gearbeitet.
Ja, und dann wurden die Armbinden für Juden eingeführt. Dann der Judenstern, hinten und vorn. Die Juden durften nicht mehr auf den Bürgersteig, sie mußten auf der Straße gehen. Man durfte nicht mal nebeneinandergehen. Das haben wir den »Gänsegang« genannt, weil wir wie die Gänse immer hintereinander gingen. Da fing die Isolation der Juden von den christlichen und polnischen Mitbürgern an. Die bekamen dann auch immer mehr Angst, mit Juden zusammen zu sein. Natürlich hat es auch Leute gegeben, die haben geholfen, die haben uns Nahrung gegeben, oder die haben auch ihren Protest zeigen wollen. Auch wenn es gefährlich war. Noch immer wohnten in den Häusern Polen und Juden zusammen.
Und dann kam der Samstag, der 6. September 1941. Daran kann ich mich noch ganz genau erinnern, obwohl sonst mein Gedächtnis eigentlich schwächer geworden ist.
Ich kam gerade von der Arbeit. Mein Vater, meine

Mutter und meine zwei Brüder waren morgens auch zur Arbeit weggegangen. Wir kamen also zurück, und da war alles versiegelt, alle jüdischen Wohnungen. Das war ganz plötzlich geschehen, niemand hatte eine Ahnung davon. Und dann wurden alle Juden in die beiden Ghettos getrieben. Um die Ghettos war ein Zaun gebaut worden. Die Juden, die vorher in den Ghettos gewohnt haben, die waren schon vorher herausgeholt worden, man hatte sie schon irgendwohin gebracht - wir wußten auch nicht wohin. Das war alles geheim. Später habe ich dann erfahren, daß man diese Leute gleich umgebracht hatte. Im Ghetto habe ich dann irgendwie meinen Vater und meine Mutter wieder getroffen, auch meine beiden Brüder; der dritte war schon vorher weggebracht worden und der vierte an diesem Tag, an dem die Aktion durchgeführt wurde. Wir hatten nichts bei uns, gar nichts, nur was wir anhatten. Die Nachbarn hatten uns, als wir von der Arbeit kamen, erzählt, daß die Wohnungen versiegelt waren und wo der Sammelplatz war. Da mußten wir hingehen, und von dort ging es dann ins Ghetto. Wir hatten einfach Glück, daß wir in das »richtige« Ghetto kamen, weil das andere Ghetto dann gleich wieder liquidiert und alle umgebracht wurden - auch ein Bruder von mir.

Im Ghetto waren die Wohnungen auch versiegelt. Man kann sich das gar nicht vorstellen. Ich hab noch nie so ein Bild gesehen. Alles war voll. Auf den Treppen, auf den Straßen. Überall Menschen. Es gab keinen Platz mehr. Ich weiß nicht, wie viele Menschen es waren. Aber in beiden Ghettos bestimmt 50000 Menschen. Und vorher waren da nur ein paar tausend gewesen. Und niemand konnte in die Wohnungen. Niemand wußte, was los ist, alle waren so verzweifelt. Man hatte sein eigenes Dach verloren, es gab keinen Kontakt zur Außenwelt, es war hoffnungslos.

Ich war ja noch jung, erst 21. Aber für die anderen war es furchtbar. Ohne Beleuchtung, auf den Straßen hat man gelegen. Überall Menschen. Das dauerte ein paar Tage. Wir haben auf einer Treppe gesessen. Ich weiß nicht, ob sich jemand vorstellen kann, daß hundert Leute ein paar Tage lang auf einer Treppe sitzen, in Ungewißheit leben, nicht schlafen können. Und da habe ich ein Mädchen kennengelernt. Sie saß auf der gleichen Treppe. Also ich saß so auf der 10. Stufe von unten, und sie saß auf der 12. oder 13. Stufe. Dazwischen saßen noch viele Menschen. Sie sprach perfektes Deutsch mit jemandem. Sie konnte auch Polnisch. Jedenfalls hat sie irgendwann geklagt, daß es so kalt wäre, und sie hat gezittert, wahrscheinlich auch vor Angst. Da habe ich mein Sakko ausgezogen und es ihr gegeben. Ich hatte nur noch ein Hemd an. Ich habe natürlich auch gefroren. Tja, der Kampf ums Leben führt zwar oft zu Egoismus, aber auch zur Hilfe unter Menschen. Wir haben uns dadurch angefreundet. Sie wurde die große Liebe meines Lebens für die ganze Zeit, in der ich im Ghetto war. Bis zum Schluß. Später wurde sie lebendig verbrannt...

Irgendwie entstand dann bald eine jüdische Ghetto-Polizei. Die haben dann auch Verbindungen zu den Litauern und zur SS geschaffen. Sie gaben den Befehl, die versiegelten Wohnungen aufzubrechen, und wir haben dann darin gewohnt. Wir kamen also in fremde Wohnungen, schliefen in fremden Betten. Es gab kaum Bettwäsche, weil die vorherigen Bewohner diese mitgenommen hatten, als sie abtransportiert wurden. Die wußten ja nicht, wohin sie kamen – die Vorstellung, daß sie zu einem Marsch in den Tod gehen, haben die ja nicht gehabt. Man hatte ja immer noch Hoffnung.

Wir sind dann auch in eine solche Wohnung gekommen. Meine Familie, wir waren fünf, und dann kam die Familie von meiner Freundin, die von der Treppe, die waren auch fünf. Und dann waren da noch zwei Leute. Wir waren also zwölf Menschen in einem Zimmer. Ja, in einem Zimmer. Da schlief man auf dem Fußboden oder zu zweit in einem Bett. Das kann man sich heute gar nicht vorstellen. Ich meine, wie das war, wenn ein Mensch so tief herabsinkt, daß er kein Mensch mehr ist. Wenn das einzige, was noch ist, daß er sich satt essen kann. Man verliert alles, seine ganze Würde. Dem Hungertod entgehen war doch das wichtigste. Und wir haben alles gegessen, die gefrorenen Kartoffeln und die Schalen.

Irgendwann fing dann das normale Leben im Ghetto an. Mein Vater hat im Judenrat gearbeitet, meine Mutter ist zu Hause geblieben. Meine Brüder haben auch gearbeitet. Ich habe bei der Wehrmacht in einer großen Küche gearbeitet.

Bei den Arbeitsstellen versuchte jeder, ein paar

Deutsche Erinnerungen

Mein Mann war als deutscher Soldat in Wilna. Die Bevölkerung lebte normal mit den deutschen Solda-

Lebensmittel zu organisieren und versuchte dann, die Sachen ins Ghetto zu bringen. Wenn man allerdings damit am Tor erwischt wurde, bekam man Prügel, und die Lebensmittel waren weg. Vor dem Ghetto-Tor draußen stand litauische Polizei, und innen war die jüdische Polizei. Da gab es immer einzelne Soldaten oder Unteroffiziere, die nichts wegnahmen. Meine Freundin war eine gebürtige Deutsche, die mit ihren polnischen Eltern zuerst nach Polen und dann nach Litauen kam, und sie kannte einen Deutschen, der eine Art von Draufgänger war. Er begleitete sie ins Ghetto, sagte am Tor zu ihr »Geh!«, und so wurde ihr dann nichts abgenommen. Sie brachte dann auch Paraffin mit, was eigentlich nicht eßbar ist, wir haben aber damit Kartoffeln gebraten.
Ich habe dann Glück gehabt. Ich fand Arbeit in einer Klempnerwerkstatt im Ghetto. Aber wir haben immer außerhalb des Ghettos gearbeitet. Wir bekamen dann die Adressen, wo was zu reparieren war, und da gingen wir hin. Wir haben sogar für die Stadtverwaltung gearbeitet. Wir hatten einen Passierschein, mit dem konnten wir immer aus dem Ghetto rausgehen, aber natürlich nur mit Stern und konnten draußen frei herumgehen. Aber natürlich nur auf der Straße, nicht auf dem Bürgersteig. Ich war also nicht unter Bewachung, und man konnte mich auch nicht einfach schlagen. Aber Angst hat man natürlich immer gehabt, weil man ja nie gewußt hat, ob man nicht doch irgendwann einfach geschnappt wird, weil man nie wußte, was wohl passiert. Und dann haben wir uns Eimer gemacht für die Werkzeuge, unter die wir dann Lebensmittel, Kartoffeln und andere Sachen versteckt haben. Mit dem Werkzeug hat man uns durchgelassen. Die jüdische Polizei wußte aber, daß wir Lebensmittel geschmuggelt haben. Und bei der litauischen Polizei, da kannten wir dann immer den einen oder anderen, der uns nicht kontrolliert hat. Manchmal haben wir einen Ofen aus dem Ghetto raus- und reingebracht und haben dann in das Rohr Sachen getan und mit Lebensmitteln vollgestopft. Wenn man jung ist, hat man ja auch nicht so viel Angst und riskiert mehr. Vielleicht wird man dann auch seltener erwischt.
Von den Personen des Theaterstücks GHETTO habe ich viele gekannt. Den Jacob Gens kannte natürlich jeder. Er war der Präsident vom Ghetto, ein bekannter

ten, denen aber der Kontakt mit den Einwohnern verboten war. Aber Verbindungen bestanden dennoch, und man war den Soldaten freundlich gesonnen.
Mein Mann brachte zweimal reparaturbedürftige LKW's in das Lager. Bewachungspersonal hat er dort nicht gesehen. Die jüdischen Männer sahen nicht verhungert aus. Aber die Angst in ihren Augen, sie waren schüchtern und führten soldatische Ehrenbezeugungen aus.
Die primitive KFZ-Werkstatt des Lagers hatte vermutlich eine Schreibkraft, und eine jüdische, sehr hübsche Frau fragte meinen Mann, wie es wohl mit ihnen weiterginge. Die Stadt Wilna wurde später von deutschen Truppen, Polizei-Einheiten geräumt. Mein Mann hörte erzählen, daß bei Auflösung des Lagers durch SS-Angehörige die Insassen Widerstand leisteten und mit Knüppeln auf Fahrzeuge getrieben wurden. Jüdische Frauen sind aus dem Fenster in den Tod gesprungen. Wohin der Transport ging, wurde nicht bekannt. Die deutsche Wehrmacht war in der Gegend von Wilna bzw. im gesamten Kurland vom Nachschub abgeschnitten. Die deutschen Soldaten waren niedergeschlagen.
Brief einer Berlinerin im Mai 1984: »Betr.: Wilnaer Ghetto«.

Offizier in der Armee, seine Frau Arierin. Er war privilegiert, brauchte keinen Judenstern zu tragen und hatte immer eine Pistole bei sich. Und als Chef hat er sich selber natürlich nicht die Hände schmutzig gemacht.

An eine persönliche Begegnung mit Gens kann ich mich noch genau erinnern. Da ist er zu mir gekommen und hat mich angebrüllt: »Ich erschieße dich!« Das werde ich nie vergessen. Da war wieder einmal eine große Razzia: es sollten arbeitsfähige Juden nach Estland transportiert werden. Wir wurden alle zum Tor getrieben. Da stand schon die SS und hat mit den Lastern auf uns gewartet, auf die wir dann raufgeschmissen und dann weiter in Viehwaggons nach Estland gebracht werden sollten. Ich lebte doch mit der Freundin zusammen, und wir waren, wie sagt man, zwei Seelen und ein Herz. Und ich habe ihr nicht gesagt, daß auch ich nach Estland gebracht werden sollte. Aber sie hat mich gesehen. Und wie sie mich sieht, da schreit sie: »Ich gehe mit dir, wo du hingehst!« und ist zu mir hergestürzt und hat den jüdischen Polizisten weggeschubst, und ich, ich war ja noch jung, ich habe den auch weggeschubst, und da sind wir uns weinend in die Arme gefallen. In dem Moment ist der Gens gekommen mit der Pistole in der Hand und schrie: »Ich erschieße dich!« Es war alles so eng, viele Menschen waren da. Am Tor war eine Polizeistation, und da hat man mich hingeschleppt und mit dem Stock auf den Hintern geschlagen, aber so richtig, daß mein Hintern geschwollen war. Ich glaube, über eine Woche konnte ich mich nicht hinsetzen. Ich mußte sogar im Stehen austreten. Und dann hat man mich doch auf den Lastwagen geschmissen, und ich kam nach Estland. Meine Freundin hat sich dann freiwillig zum Transport gemeldet. Es wurden aber keine Frauen genommen. Da hat sie sich die Haare schneiden lassen, hat sich Männerkleidung angezogen und ist mit nach Estland gekommen. Sie ist aber nicht in mein Lager gekommen, sondern in ein anderes, wo man sie lebendig verbrannt hat.

Ich hab damals ein Gedicht geschrieben. Das hab ich immer noch.

Ich hob gehat a Fischele,
a gute Fischele wie Gold,
in mei Harz is geblieben a Risele
weil ich hob ihr asoi holt.

Wu binst Du klene Fischele
kum doch zu mir aher
sei doch bei mir chotsch a bisele
dos Leben one Dich is schwer.

Dos Fischele is awekgeschwumen
in dem Jam fun die mentschliche Treren
sie wet zu mir mer nit kumen
ich wel fun ihr nit mer heren.

Auch an Dessler kann ich mich erinnern. Das war der Stellvertreter von Gens. Ein dicker, großer Mann mit einer Glatze. Und Muschkat, das war ein Polizeioffizier aus Wilna. Bei dem kann ich mich auch an eine Geschichte erinnern. Das war kurz vor der Liquidierung des Ghettos und dem Abtransport nach Estland. Es wurde damals im Ghetto schon viel geflüstert von Vernichtung und Liquidierung und Abtransport. Man hat angefangen, daran zu denken, wie man sich retten kann. Vielleicht in die Wälder. Da haben wir angefangen, vom jüdischen Krankenhaus her einen Kanal zu graben. Wir waren zu dritt, mein Bruder, ich und noch einer. Das mußte man ja sehr geheimhalten, damit das nicht mehrere wissen und damit es nicht entdeckt wird. Wir haben das Krankenhaus gewählt, weil das alleine stand und viele Menschen ein- und ausgingen. Im Keller haben wir den Graben begonnen, richtig mit Schalbrettern. Das war eine sehr schwere Arbeit. Die haben wir immer nach der Arbeit gemacht. Der Gang war so groß, daß man da richtig durchgehen konnte. Und wir waren schon auf der anderen Seite des Ganges, kurz vor dem Anschluß an die Kanalisation der Stadt. Wir konnten schon hören, wie sich Litauer unterhalten haben, wie die patrouilliert und aufgepaßt haben. Und da hat der Muschkat doch noch unser Versteck entdeckt. Und noch andere waren bei ihm, mit Pistolen bewaffnet, als sie uns dann erwischten. So konnten wir nicht in die Wälder flüchten, sondern wurden eben nach Estland deportiert.

Ich erinnere mich, daß auch Gangster hingerichtet wurden. Das waren vier Leute, die haben ein paar Tage gehangen. Da konnte man sie hängen sehen. Sie hingen auf einem Hof, der hieß »Fleischerhof«. Ach ja, der Fleischerhof. Dort ist mir auch etwas passiert. In dem Hof war eine Art Abwassergrube. Das habe ich durch Zufall entdeckt. Da war ein Deckel, wenn man den hochgehoben hat, dann kam man in einen Keller und dann noch mal in einen Keller. Da habe ich mich auch einmal mit meiner Freundin versteckt. Das war ein großartiges Versteck. Da waren wir ein paarmal, wenn wieder eine »Aktion« war. Man wußte nie, wann die nächste Aktion kommt, wann wieder eine Razzia war und man wieder 100 oder 200 von uns abtransportierte oder erschoß. Man mußte immer aufpassen. Einmal, da war wieder eine Aktion, und ich kam von der Arbeit. Da hatte ich so große Angst, da habe ich den Judenstern abgemacht und bin einfach zu unserer alten Wohnung gegangen. Die Nachbarn haben mich gefragt: »Was tust du denn hier?« Da habe ich gesagt, man hat uns rausgelassen aus dem Ghetto; ich bin einfach in unsere Wohnung gegangen, die noch versiegelt war und habe da geschlafen... Morgens früh bin ich aufgestanden und wieder zurück ins Ghetto gegangen. Gut, das war mit sehr viel Mut verbunden. Wenn man mich geschnappt hätte, wäre ich sofort nach Ponary gekommen. Aber manchmal hat man in dieser Zeit sein Leben riskiert, ohne viel darüber nachzudenken. Den Kittel habe ich auch noch erlebt. Der kam erst ganz zum Schluß. Ich glaube, der war nicht von der SS, sondern von der Gestapo.
Von Estland ging es dann weiter, immer weiter, auch mit dem Schiff. Und es wurde immer weiter liquidiert. Dann ging es nach Reval, dann nach Stutthof ins KZ. Aber ich will das nicht alles erzählen. Ich habe einfach Glück gehabt. Es war alles Zufall. Es war kein normales Leben. Und im nicht normalen Leben, da kann man nur durch Zufall überleben. Es wäre noch viel zu erzählen. Ich habe das heute zum erstenmal erzählt, nicht einmal meiner Frau oder meinem Sohn habe ich das erzählt. Ich konnte das einfach nicht.

Dieser Text wurde nach einem Tonbandinterview mit Aron Alexander von Gottfried Greiffenhagen geschrieben.

Bekanntmachung

Gemäss einer Anordnung des Herrn Gebietskommissars Wilna-Stadt sind sämtliche Juden verpflichtet, im Ghetto zu wohnen.

Trotz dieser Anordnung kommt es immer wieder vor, dass Juden von ihrer Arbeitsstätte nicht zurückkehren, sondern bei dem Arbeitgeber übernachten.

Einzelne Personen der einheimischen Bevölkerung gehen zum Teil soweit, dass sie Juden geheim aufnehmen und verbergen.

Ich fordere daher alle Einwohner Wilna's auf, alle Juden und Halb-Juden, gleich ob getauft oder nicht getauft, welche sich noch ausserhalb des Ghettos befinden, bei dem zuständigen Polizeirevier zu melden.

Wird nach dem 30. 10. 1941 ein Jude ausserhalb des Ghettos in einer Wohnung angetroffen, so erfolgt strengste Bestrafung der Wohnungsinhaber.

Der Gebietskommissar der Stadt Wilna I. A. MURER

Schtiler, schtiler
(Ponary-Wig-Lid)

Schtiler, schtiler, lomir schwajgn,
K'worim wakssn do.
'Ss hobn sej farflanzt di Ssonim,
Grinen sej zum blo.
'Ss firn Wegn zu Ponary zu,
'Ss firt kejn Weg zurik,
Is der Tate wu farschwunden
Un mit im doss Glik.
Schtiler, Kind majns, wejn nit Ojzer,
'Ss helft nit kejn Gewejn,
Unser Unglik weln Ssonim
Saj wi nit farschtejn.
'Ss hobn Bregess ojch di Jamn,
'Ss hobn ojchet Tfissess zamn,
Nor zu unser Pajn
Kejn bissl Schajn,
Kejn bissl Schajn.

Friling ojfn Land gekumn,
Un uns Harbsst gebracht,
Is der Tog hajnt ful mit Blumn,
Uns set nor di Nacht.
Goldikt schojn der Harbst ojf Schtamn,
Blit in uns der Zar.
Blajbt farjossmt wu a Mame,
'Ss Kind gejt ojf Ponary.
Di Wilíe a geschmite
Hot' ojch gejacht in Pajn,
Jogn Kri'ess Ejs durch Lite
Izt in Jam arajn.
'Ss wert der Chojschech wu zerunen,
Fun der Finsster lojchtn Sunen,
Rajter kum geschwint,
Dich ruft dajn Kind.

Schtiler, schtiler, 'ss kweln Kwaln
Uns in Harz arum.
Bis der Tojer wet nit faln,
Musn mir sajn schtum.
Frej nit Kind sich, 'ss is dajn Schmejchl
Izt far uns farrat,
Sen dem Friling sol der Ssojne
Wi in Harbst a Blat.
Sol der Kwal sich ruig flissn,
Schtiler saj un hof.
Mit der Frajhajt kumt der Tate,

Schlof-she Kind majns, schlof.
Wi di Wilíe a bafrajte,
Wi di Bejmer grin banajte,
Lojcht schojn Frajhajtslicht
Ojf dajn Gesicht.

Text: Scholem Katscherginsky
Die Melodie schrieb ein elfjähriger Junge
im Ghetto Wilna 1943 anläßlich eines Wettbewerbs.

Titelseite des Buches *Lieder aus dem Wilnaer Ghetto* von Scholem Katscherginsky (Paris, 1947)

Jean-François Steiner

Linker oder rechter Weg?

Mit dem Troß der Wehrmacht waren die »Techniker« der Endlösung in Wilna eingetroffen.
Ohne Zeit zu verlieren, machten sie sich daran, den ersten Programmpunkt zu verwirklichen: die Überführung ins Ghetto. Da diese Maßnahme jedoch in Ruhe und Ordnung vor sich gehen sollte, hatten sie beschlossen, die Juden selber zur Mitarbeit zu gewinnen, und so gingen sie nun an das psychologische Präparieren.
Bisher waren kleine und große Pogrome die Folge eines gewissen volkstümlichen Aberglaubens gewesen und hatten sich in Chaos und völliger Anarchie abgespielt. Natürlich war man mit ganzem Herzen dabei, natürlich steckte man ein paar Häuser in Brand und hängte »ein paar Jidde« auf, dennoch war die Sache zur Routine geworden, und die Juden empörten sich kaum mehr darüber. Dem entfesselten Haß setzten sie grenzenlose Verachtung entgegen und warteten, daß es vorüberging.
Eine derart harmlose Anarchie war nichts für die »Techniker«. Sie sahen in Pogromen nicht einen Zweck, sondern ein Mittel, durch das in den Juden das Verlangen geweckt werden konnte, hinter den Mauern eines Ghettos Schutz zu suchen.
Als das Gerücht umlief, es werde ein Ghetto angelegt, dachten daher viele: »Im Ghetto werden wir arm sein, und es wird uns an Platz fehlen, aber man wird uns in Ruhe lassen, und sicher wird niemand mehr deportiert.«
Die Präparierung hatte zwei Monate gedauert. Sie war ohne eine Spur von Widerstand, ohne unnütze Rebellion verlaufen.
Die »Operation Ghetto« bereiteten die »Techniker« sorgfältig vor: Sieben Straßen, das heißt fünfhundert Häuser mit insgesamt zehntausend Räumen wurden für die sechzigtausend Juden der Stadt Wilna bestimmt. Sechs Personen pro Raum – also würden wegen des Durcheinanders die Familien nicht nach Verwandtschaft zusammenziehen, und damit mußte sich die Verstörung vergrößern. Die Namen der sieben Straßen und der Zeitpunkt der Operation wurden natürlich geheimgehalten. Doch ließ man falsche

Gerüchte kursieren, um die Spannung aufs höchste zu steigern. Schließlich beschlossen die »Techniker«, und das war das völlig Neue, bei der Überführung ins Ghetto den Juden das erste »Kopfzerbrechen« zu verursachen.
Die Technik des »Kopfzerbrechens«, die in der Folge so häufig angewandt wurde, beruht auf einer recht guten Kenntnis der eher spekulativen als praktischen Denkweise der Juden. Diese Technik besteht darin, ein unlösbares Problem in Form einer Alternative zu stellen. Einem schwierigen Problem gegenüber hat der Durchschnittsmensch die Neigung, wie Alexander mit dem Gordischen Knoten zu verfahren: das Schwert zu nehmen und ihn zu zerhauen; man löst ein Problem, indem man es negiert. Das jüdische Denken, vor allem das durch den Talmud geschulte, verfällt eher in den entgegengesetzten Fehler: »Nicht die Antworten interessieren mich«, sagt der Talmund, »denn ich kenne sie alle. Ich will wissen, zu welcher Frage welche Antwort gehört.« Die spekulative jüdische Denkweise, die manchmal den Kontakt mit dem Realen verliert, legt also auf die Formulierung des Problems größeren Wert als auf die Lösung.
Das »Kopfzerbrechen«, das sich die »Techniker« erdacht hatten, war einfach. Auf dem Marsch ins Ghetto teilte man den Zug an einer bestimmten Straßengabelung in zwei Kolonnen. Die eine Abzweigung führte zum Ghetto, von dem die Juden noch nicht genau wußten, wo es lag, und die andere ... Die Gabelung befand sich an einer Stelle, an der die bis dahin abfallende Straße wieder anzusteigen begann; daher konnten die Juden von weitem sehen, daß sich die Kolonne teilte, und hatten Zeit genug, sich die Frage zu stellen: »Nach links? Nach rechts? Zum Ghetto? Oder ins Unbekannte?«
Das Unbekannte hatte am 2. September, wenige Tage vor der Überführung ins Ghetto, einen Namen bekommen. An jenem Tage waren sechszehn Mitglieder des Judenrats weggeführt worden, und zum erstenmal erfuhr man in Wilna ihren Bestimmungsort: Ponary. Das war der Flurname eines Waldrandes sieben Kilometer vor der Stadt. Jetzt erinnerten sich die Juden plötzlich, daß Bauern erzählt hatten, sie hätten dort Schüsse gehört. Damals hatte man geglaubt, Ponary sei ein Truppenübungsplatz.

Als hätte der Zufall den »Technikern« zu Hilfe kommen wollen, hatte sich das Unbegreifliche völlig unbeabsichtigterweise noch verdichtet. Die Tochter eines der sechzehn Deportierten des Judenrats, Ruth Barstein, hatte den ganzen Tag versucht, zu erfahren, was aus ihrem Vater geworden war, und als sie das Gebäude des Judenrats verließ, war sie in Schluchzen ausgebrochen. Ein Soldat der Wehrmacht war auf sie zugetreten und hatte gehört: Ponary. Erschüttert hatte er versprochen, Herrn Barstein in Ponary aufzusuchen und am nächsten Tag wiederzukommen. Der Vorfall sprach sich rasch im Judenviertel herum, und am nächsten Tag, als der Soldat auf dem Platz vor dem Judenrat erschien, wartete dort eine Menschenmenge. Er schien verlegen, berichtete dann, daß er Ponary nicht habe betreten können, daß selbst die höheren Offiziere keinen Zutritt hätten. Seitdem bedeutete Ponary etwas Unbegreifliches, Schreckenerregendes. Die Überführung ins Ghetto war, wie die »Techniker« es sich vorgestellt hatten, in größter Ordnung verlaufen. Ein Drittel der Juden hatte man auf dem Umweg über ein kleines Durchgangsghetto nach Ponary gebracht, und die anderen dachten: »Wir sind noch einmal davongekommen.« Ohne es auszusprechen, hatten sie sich bereits an den Gedanken des Todes gewöhnt. Unmerklich hatten die »Techniker« sie dazu gebracht, sich diesen Gedanken zu eigen zu machen, ohne an Aufstand zu denken. Gewiß schien der Tod unausweichlich, aber der offensichtliche Wirrwarr der Ereignisse ließ jeden glauben, er könne sich retten und die Rettung hinge allein von ihm ab. Als sie gesehen hatten, wie sich die Menschenmenge vor ihnen in zwei Kolonnen teilte, hatte sich jeder gefragt, welches wohl die richtige Seite sei, und jeder hatte, sich auf vage Vernunftsgründe stützend, die mehr der Intuition als der Logik entsprangen, seine Entscheidung getroffen. Die, die sich für links entschieden hatten, hatten gewonnen, die anderen hatten verloren. Die, die gewonnen hatten, sagten sich: »Ich habe recht gehabt«, und sie glaubten, es werde genügen, bei jeder Wiederholung gut nachzudenken, um ins Finale zu kommen. Ihr Leben wurde ein Spiel: »Aufgeben oder verdoppeln.« Aber ein Spiel, dessen tragische Realität zu sehen sie sich weigerten, weil ein Leben in der Gewißheit des Todes unerträglich ist.

Mir lebn ejbig

Mir lebn ejbig! Ess brent a Welt...
Mir lebn ejbig on a Groschn Geld.
Un ojf zu pikeness di ale Ssonim
Woss wiln uns farschwarzn unser Ponim.
Mir lebn ejbig, mir sajnen do,
Mir lebn ejbig in jeder Scho!
Mir weln lebn un derlebn,
Schlechte Zejten ariberlebn.
Mir lebn ejbig! Mir sajnen do!

Dieses Lied gehörte zum Finale der Vorstellung eines jüdischen Kabaretts im Wilnaer Ghetto 1943.

Ghetto

Schauspiel in drei Akten von Joshua Sobol

**deutsch von Jürgen Landeck
in der Einrichtung von Peter Zadek
und Gottfried Greiffenhagen**

Personen

SRULIK (spielt auch den Erzähler)	- Puppenspieler, Sänger, ca. 30 Jahre alt
KITTEL (spielt auch den Dr. Paul)	- SS-Offizier, Saxophonspieler, ca. 26 Jahre alt
GENS	- Chef des Ghettos
WEISSKOPF	- Direktor der Schneiderwerkstatt, ca. 40 Jahre alt
CHAJA	- Sängerin, um die 20
KRUK	- Direktor der Bibliothek, ca. 40 Jahre alt

DIE SCHAUSPIELERTRUPPE:

CHASSID	- ein Handleser, ca. 30 Jahre alt
DR. WEINER	- ein junger Arzt
DR. GOTTLIEB	- ein alter Arzt
RICHTER	- ca. 40 Jahre alt
RABBI	- ca. 50 Jahre alt
LEIBELE	- ein junger Gangster
JANKEL	- ein junger Gangster
GEIWISCH	- ein junger Gangster
ELIA	- ein junger Gangster
DESSLER	- Chef der Ghettopolizei, ca. 35 Jahre alt
FRAU	- ca. 30 Jahre alt
MUSCHKAT	- Offizier der jüdischen Polizei

Drei jüdische PROSTITUIERTE, jüdische POLIZISTEN, GESTAPO-BEAMTE
Eine kleine JAZZ-COMBO

Das Stück spielt in der Erinnerung des Erzählers im Ghetto Wilna 1941–1943.

Erster Akt

1. Szene

Das Wohnzimmer eines Apartments in Tel Aviv. 1984. Vorbildlich ordentlich und sauber, bürgerlich. Ein einarmiger alter Mann sitzt in einem Sessel. Er trägt einen Bademantel. Er spricht zum Publikum wie zu einem unsichtbaren Interviewer. Er ist der »Erzähler« und spielt später die Rolle des Srulik (der hat zwei Arme).

ERZÄHLER Die letzte Vorstellung? Nein, weiß ich nicht mehr... Über die letzte Vorstellung wollen Sie etwas wissen? Moment. Das war... das war an dem Abend, bevor Kittel Gens ermordet hat. Gens war der Chef vom Ghetto. Ja, ja. Genau. Zehn Tage vor der Liquidierung des Ghettos. Da war die letzte Vorstellung. Ein volles Haus! Na klar. Der Saal war brechend voll. Bei allen Vorstellungen war er das. Ja. Das Publikum kam bis zu den letzten Tagen des Ghettos. Leute, die am nächsten Morgen in die Züge verladen und abtransportiert wurden, die zogen sich noch am Abend vorher ihr bestes Zeug an und kamen in unsere Theatervorstellungen. Ja, genau. Jetzt fällt es mir wieder ein. Die letzte Vorstellung. Am nächsten Morgen, als die Gestapo kam und Gens abholte, da hab ich nämlich in seinem Büro gesessen, im Gebäude des Judenrats. Wie bitte? Ich hab ein Theaterstück gelesen. Das war meine Aufgabe – als künstlerischer Leiter. Wir hatten einen Wettbewerb veranstaltet für ein Theaterstück über das Leben im Ghetto. Äh? Natürlich, natürlich. Wir kriegten viele Theaterstücke. Alle haben geschrieben: Katrielka Broide, Leibele Rosenthal, Hirshke Glick, Israel Diamantman. Alle haben geschrieben für uns. Wunderbare Stücke. Wie bitte? Nein, es gibt keins mehr, sie waren alle handgeschrieben. Es gibt keins mehr ... nur hier.
Er zeigt auf seinen Kopf.
Ich kann mich noch an einzelne Szenen erinnern. Szenen aus verschiedenen Stücken. Unser Theater sollte das Stück aufführen, das den ersten Preis erhielt, aber dazu kam es nicht mehr. Zehn Tage später wurde das Ghetto liquidiert. Moment mal... Ich hab in meiner Bibliothek noch ein paar Lieder für das Satirische Kabarett – das war unsere kleine Bühne: »Di Yogenish in Fas«. Verstehen Sie? Ein Wortspiel. Diogenes – Diejagdenesch. So wurde aus »Diogenes im Faß« – »Die Jagd im Faß«. Schließlich hat Diogenes nach der Gerechtigkeit gesucht – und bei uns? – gab es da Gerech-

tigkeit? Es gab nur die Jagd – die Menschenjagd im Faß. Ich guck mal in der Bibliothek nach, vielleicht liegen da irgendwo noch ein paar Texte.

Er steht auf, was ihm offensichtlich sehr schwer fällt. Plötzlich springt er nach vorn durch die Wand. Alle Wände des Wohnzimmers fallen zusammen. Nichts bleibt mehr stehen. Die Bühne ist völlig leer. Im Dunklen sieht man nur einen riesigen Kleiderberg. In einer Ecke der Bühne steht ein Gestell, das sich später als Bücherwand der Bibliothek herausstellt. Über einer Wand im Hintergrund hängt ein graues Tuch, unter dem die Heilige Lade steht (die Requisitenkiste der Theatertruppe). Die Lade ist 3 m hoch. Man kann auf sie nur mit einer Leiter hochsteigen. Hinten auf der Bühne ist ein großes eisernes Tor.

2. Szene

Man hört das Klicken von Schlössern, das Klirren von Ketten und das Knarren von Riegeln. Laut knarrend öffnet sich weit das Tor. Ein LKW kommt im Rückwärtsgang herangefahren, bremst, der Motor wird abgestellt. Von draußen hört man Wind und Sturm. Im Tor erkennt man die Silhouette eines Mannes. Er trägt die Uniform eines deutschen Offiziers, es ist Kittel. Er trägt einen langen Offiziersmantel, eine Schmeißer und einen länglichen, schmalen, schwarzen Koffer. Er macht seine Taschenlampe an.

KITTEL Tohowabohu!

Hinter Kittel tritt Weißkopf auf. Er trägt lumpige, schmutzige und verdreckte Sachen. Kittel richtet den Strahl seiner Taschenlampe auf den elektrischen Sicherungskasten.

(ruft) Licht!

Weißkopf gehorcht. Industrielampen gehen an, die die Bühne schwach beleuchten.

Mehr Licht!

Weißkopf gehorcht. Andere in Lumpen gekleidete Männer und Frauen kommen dazu.

SRULIK Ich war auch dabei. Wir hatten die Kleider zu verladen.

Srulik geht zu der Gruppe.

KITTEL Sortieren! Trockenes vom Nassen. Männerkleidung extra, Frauen extra, Kinder extra. Alles sortieren! Los! An die Arbeit!

Die Menschen teilen sich in zwei Gruppen. Die eine sortiert die

Wäsche, die andere holt aus dem LKW immer neue Sachen zu dem Kleiderhaufen. Auf der Bühne entsteht ein eifriges Hin und Her dieser Gruppe. Kittel steht in der Bühnenmitte und sieht sich das Treiben gleichgültig an.
Aus einer Ecke (vielleicht einem Bühnenauftritt) kommt Chaja. Sie hat um sich eine zerfetzte Decke gewickelt. Ihr Haar ist wirr durcheinander. Sie ist barfuß, ihre Füße sind schmutzig und mit Dreck verkrustet. Sie zittert vor Kälte. In einiger Entfernung von dem Deutschen bleibt sie stehen. Sie beobachtet diejenigen, die die Wäsche sortieren. Kittel bemerkt sie und leuchtet sie mit seiner Taschenlampe an.

CHAJA Ist es erlaubt, sich ein Paar Schuhe zu nehmen?

KITTEL Komm her.

Chaja geht zu ihm, bleibt aber in einiger Entfernung stehen.

Was willst du?

CHAJA Ein Paar Schuhe.

KITTEL Wenn du wüßtest, woher diese Schuhe kommen, würdest du sie nicht anrühren - selbst wenn sie aus purem Gold wären.

Eine Pause

Bitte, wenn du willst, nimm dir ein Paar Schuhe.

Chaja zögert. Dann geht sie zu dem Kleiderhaufen, setzt sich hin und probiert Schuhe an. Kittel beleuchtet sie mit dem Strahl seiner Taschenlampe. Die arbeitenden Leute beobachten die Szene. Chaja findet ein Paar Stiefel, zieht sie an, steht auf und läuft weg. Kurz vor dem Abgang ruft Kittel hinter ihr her.

KITTEL Hei! - Komm hierher!

Chaja geht zu ihm. Er zeigt auf die Decke, in die sie eingewickelt ist.

Zieh das aus!

Sie tut das. Unter der Decke trägt sie nur einen zerrissenen Unterrock.

Willst du ein Kleid?

Chaja schüttelt den Kopf. Kittel zeigt zu dem Kleiderhaufen.

Hol dir ein Kleid!

Chaja tut es.

Zieh es an!

Chaja tut es.

Nimm dir einen Mantel!

Chaja tut es.

Nimm dir einen Hut!

Chaja geht zu dem Haufen mit den Hüten. Sie nimmt sich ein französisches Barett, setzt es aber nicht auf.

Komm hierher.

Sie geht zu ihm, bleibt stehen.

Näher!

Er leuchtet ihr ins Gesicht.

Heb deinen Kopf hoch! Mach dir das Haar! Setz den Hut auf! Du bist hübsch. Wenn ihr hübsch seid, dann seid ihr Spitzenklasse. Dreh dich um!

Er sieht sie prüfend an. Er entdeckt eine Wölbung bei ihrem Bauch.

Aaah – ha! Was ist das?

Er deutet mit dem Lauf der Schmeißer auf ihren Bauch.

Schwanger? Schon mal davon gehört, daß es für Jüdinnen verboten ist, schwanger zu werden? Weißt du, was jetzt mit dir passieren wird?

Eine Pause.

Kannst du nicht sprechen? Komm her!

Chaja geht zu ihm. Er befühlt ihren Bauch.

Pack aus, was du da hast.

Chaja holt eine Papiertüte raus.

Gib das her!

Chaja tut es. Kittel dreht die Tüte um. Bohnen fallen heraus und werden über die ganze Bühne verstreut. Kittel liest den Zettel auf der Tüte.

KITTEL »Ein Kilogramm Bohnen«. Schwarzmarkt? Bei wem hast du es gekauft? Der Name!

Chaja schweigt.

Du hast es also nicht gekauft?

Chaja schüttelt den Kopf.

Du hast es gestohlen. Umdrehen! Geh rüber an die Mauer!

Kittel entsichert die Schmeißer. Srulik, der Wäsche zu dem Kleiderhaufen getragen hat, läuft zu ihm. Srulik war früher Puppenspieler im Puppentheater »Meidim«. In seiner Hand hält er eine Puppe, die aussieht wie Djigan (der bekannteste israelische Komiker). Die Puppe ist völlig außer sich und schreit, während Srulik ständig damit beschäftigt ist, die Puppe zum Schweigen zu bringen.

DIE PUPPE Stop! Halt! Arrêtez! Stoi! Um Gottes willen! Ejn Augenblick, bitte!

SRULIK *(zur Puppe)* Du Idiot! Für deine Frechheit zahl ich mit meinem Leben.

DIE PUPPE Schämst du dich nicht, du »Gurnischt«! Ist dies der Augenblick, Angst um dein lausiges Leben zu haben?

SRULIK Lausig oder nicht – ich hab nur eins.

DIE PUPPE Ein echter Ritter würde seinen Degen ziehen und sie mit der Waffe in der Hand schützen.

SRULIK Was für ein Ritter? Was für eine Waffe? Ich bin ein Jude.

DIE PUPPE Jetzt ist er auch noch stolz darauf!

SRULIK Wer ist hier stolz? Ich will am Leben bleiben. Sonst gar nichts.

KITTEL Komm her! Wer bist du?

DIE PUPPE Er hat ihr die Tüte gegeben.

KITTEL Hast du ihr die Bohnen gegeben?

SRULIK Glauben Sie ihm kein Wort. Er ist ein chronischer Lügner. Er will mich bloß loswerden.

DIE PUPPE Haaah! Seht ihn euch an - dies Häufchen Elend! Und der will uns etwas von Lügen erzählen! *(zu Kittel im Befehlston)* Schieß ihn tot! Und erlöse uns von diesem Ungeziefer!

KITTEL Jetzt reichts!

SRULIK *(zur Puppe)* Es reicht. Kapiert?

DIE PUPPE Er hat mit dir geredet.

SRULIK Nein, mit dir. *(zu Kittel)* Ich bin hilflos. Er ruiniert mein Leben. Überall verfolgt er mich, steckt seine Nase in alles, bringt mich andauernd in Schwierigkeiten. Helfen Sie mir!

DIE PUPPE Es ist genau wie er sagt, Herr Kittel - nur umgekehrt.

KITTEL *(zur Puppe)* Klappe! Sonst knall ich dir den Kopf ab! *(zu Srulik)* Hast du ihr die Bohnen gegeben?

SRULIK Wenn ich Bohnen hätte, würde ich die verschenken? Diese Frau handelt nicht auf dem Schwarzen Markt. Sie ist eine Künstlerin, eine große Künstlerin.

DIE PUPPE Nu - nu - so Durchschnitt.

SRULIK Eine sehr große Künstlerin.

DIE PUPPE Und wenn sie auch nur Durchschnitt ist, darf sie nicht trotzdem leben? Er ist in sie verknallt.

SRULIK Sie ist Sängerin. Vor dem Krieg war sie ein Star. Jetzt hat sie seit Monaten keine Arbeit. Sie wird vor Hunger sterben. Ich bin so vermessen und wende mich an Sie, weil Sie als Künstler...

DIE PUPPE Speichellecker! Kittel haßt Speichellecker!

KITTEL *(lacht sehr zufrieden)* Ha, ha, ha! Das stimmt.

Plötzlich wird er ernst und brüllt.

Alle herkommen!

Alle hören zu arbeiten auf und kommen her.

Du da! Hol eine Waage. Ihr habt genau eine Minute Zeit, um jede einzelne Bohne aufzuheben, die sie gestohlen hat.

Alle kriechen auf der Bühne rum und suchen die Bohnen und tun sie in die Tüte, die Kittel auf die Waage gelegt hat. Kittel sieht auf seine Uhr.

Halt!

Er sieht auf die Waage und verkündet:
940 Gramm. Sechzig Gramm fehlen. Ja, ja...
Er summt einige Takte eines Liedes.
Was willst du lieber haben: Dies *(zeigt auf die Schmeißer in seiner Hand)* – oder dies *(deutet auf den länglichen Kasten neben sich)*?

CHAJA *(zeigt auf den Kasten)* Das...

KITTEL Ja, ja...

Er lacht kurz auf, kniet sich neben den Kasten, macht ihn langsam auf und holt einen in ein Tuch gewickelten Gegenstand heraus. Vorsichtig packt er ihn aus. Es ist ein Saxophon. Er führt das Mundstück zum Mund und spielt ein paar Takte des Liedes »Es war mal ein König in Thule«. Er bricht ab.
Kennst du das?
Chaja nickt.
Dann sing's mal!
Kittel spielt. Chaja macht den Mund auf, bringt aber keinen Ton raus. Er hört auf zu spielen.

KITTEL Dieser Jude hat behauptet, du wärst eine Sängerin. Wenn er gelogen hat, dann kommt ihr morgen früh beide nach Ponary. Jetzt sing!

Sie öffnet wieder ihren Mund, kann wieder keinen Ton singen. Sie zeigt auf ihre Kehle.

CHAJA Trocken...

KITTEL Oh, warum hast du das nicht gleich gesagt?

Er zieht einen Flachmann raus und gibt ihn ihr. Sie nimmt einen Schluck und gibt die Flasche zurück.

CHAJA Danke. Ich werde eines von unsern Liedern singen.

KITTEL S'il vous plait, Madame!

Chaja singt »Das Ponary-Wiegenlied«.

CHAJA *(singt)*

Still, still, laßt uns schweigen,
Gräber wachsen dort.
Schimmernd von grün bis blau,
Die Feinde haben sie gepflanzt.
Es führen Wege nach Ponary,
Doch führt kein Weg zurück,
Und der Vater ist verschwunden
Und mit ihm das Glück.
Still, mein Kind, weine nicht, Schätzchen,
Es hilft ja kein Weinen,
Unser Unglück wollen die Feinde,

Man kann es nicht verstehn.
Es haben Ufer die Meere,
Auch die Gefängnisse haben Grenzen,
Nur zu unserm Leiden,
Kein Lichtstrahl zeigt sich.

Still, still, im Herzen
Springen Quellen auf.
Bis das Tor gefallen ist,
Müssen wir stumm sein.
Freu dich nicht, Kind, dein Lachen
Könnte uns verraten.
Der Feind soll den Frühling so wenig erleben
Wie ein Blatt den Herbst.
Laß die Quelle ruhig fließen,
Sei nur still und hoffe.
Mit der Freiheit kommt der Vater,
Schlafe, mein Kind, schlafe.
Wie die befreite Wilia,
Wie das frische Grün der Bäume
Leuchtet schon das Freiheitslicht
Auf dein Gesicht.

Text: Scholem Katscherginsky
(In der Berliner Aufführung sang
Chaja statt dessen das Lied
»Unter deinen weißen Sternen«)

KITTEL Du singst gut, Jüdin. Ich bin ganz gerührt, verdammt noch mal!
Er wischt eine Träne weg.
Aber das Lied war nicht mehr als 10 Gramm Bohnen wert. Wie willst du mir die restlichen 50 Gramm zurückzahlen, wenn du nicht in deinem Beruf arbeiten kannst? Ihr seid alle Künstler, stimmts?

DIE PUPPE Ja, ja! Alle Künstler!

KITTEL Ja, ja. Ich werde euch die Gelegenheit geben, mir zu beweisen, daß eure Kunst 50 Gramm Bohnen wert ist. Aber paßt auf. Ich laß mich nicht für dumm verkaufen.
Er dreht sich um und geht. Alle gehen ab außer Chaja, Srulik und natürlich der Puppe.

CHAJA *(zu Srulik)* Ich weiß nicht, wie ich dir danken soll.

DIE PUPPE Das weißt du ganz genau.

SRULIK Du brauchst mir nicht zu danken.

DIE PUPPE Huihh! So ein Heuchler!

SRULIK Die schönste Belohnung für mich ist, daß du noch lebst.

CHAJA Aber du hättest dabei draufgehen können.

SRULIK Was ist mein Leben schon wert?

DIE PUPPE Also - ohne dich...

SRULIK Wer bin ich und was bin ich denn? Ein Puppenspieler vom Meidim Theater. Ein lausiger Schauspieler.

CHAJA Mutig bist du.

DIE PUPPE Das ist das letzte! Der und mutig! Hast du nicht gesehen, wie er versucht hat, mich zurückzuhalten. Chajale! *Ich* hab dich gerettet.

CHAJA Du bist süß.

Sie streichelt der Puppe über den Kopf.

DIE PUPPE Huihhh... das ist schön! Hm, schööööon. Es ist schon lange her, daß mich jemand gestreichelt hat! ... Darf ich dich auch streicheln?

SRULIK Jetzt reichts! Schämst du dich nicht?

DIE PUPPE Jetzt reichts! Er ist eifersüchtig! Jetzt setzt du dich dahin!

SRULIK Wohin?

DIE PUPPE Dahin!

SRULIK Wohin?

DIE PUPPE Dahin! Und stör uns nicht! *(zu Chaja)* Du liebst mich doch, nicht?

CHAJA Dich muß man ja lieben, du Frechdachs.

DIE PUPPE Ich liebe dich auch! Gleich als ich dich sah. Ich wette, du hast Hunger, und ich rede und rede. *(zu Srulik)* Gib ihr doch was zu essen!

SRULIK Ich hab doch selber nichts zu essen.

DIE PUPPE Lügner! Was hast du denn in deiner Tasche?

SRULIK Ich? Gar nichts! Hier -, guck selber nach!

Er dreht die Tasche um. Sie ist leer.

DIE PUPPE In der andern, du Gauner.

SRULIK In der andern?

Er holt eine Karotte aus der Tasche.

Ach, hatt ich ganz vergessen. Da ist ja noch eine übrig.

DIE PUPPE Ha, ha, ha! Hatt er vergessen! Ha, ha. Du mieser Egoist! Und der will noch geliebt werden... geliebt!

SRULIK Da, nimm!

Er gibt ihr die Möhre.

CHAJA Und was hast du jetzt?

DIE PUPPE Keine Angst, er hat noch eine.

Srulik holt die zweite Möhre aus der Tasche. Beide essen.

Guten Appetit! Hast du eine Ecke zum Schlafen?

CHAJA Ja, ich schlaf unter 'ner Treppe.

DIE PUPPE Ach! Schlaf bei uns! Unsere Decke ist groß genug für drei.

SRULIK Was ist denn mit dir los? So was sagt man nicht!

DIE PUPPE Was ist denn mit dir los? Allein mit dir ist es in der Nacht scheußlich kalt. Chajale, es soll nur ein bißchen kuschelig sein. Ist das eine Sünde? *(zu Chaja)* Sag, ist das eine Sünde?

CHAJA Nein. Es ist keine Sünde, du kleiner Halunke. Mir ist nachts auch kalt. Und ich will es auch wärmer haben. Komm, gehen wir!

DIE PUPPE Leg deinen Arm um sie, Idiot.

Srulik legt seinen Arm um Chajas Schulter. Sie klettern auf die Bühne und singen vor einem bemalten Prospekt »Alle guten Dinge sind drei«.

Alle guten Dinge sind drei

CHAJA Sagt, ist das Bett auch breit genug?
PUPPE Wir werden aus Erfahrung klug.
SRULIK Es wird für uns schon reichen.
CHAJA Ihr bleibt doch hoffentlich auch brav...
SRULIK Er spricht nur manchmal laut im Schlaf
PUPPE Er schnarcht zum Steinerweichen

SRULIK Am besten schläfst du unterm Bett.
PUPPE Du hast wohl vor dem Kopf ein Brett.
CHAJA Hört auf zu streiten, bitte.
SRULIK Ich liege links.
PUPPE Wie's sich gehört.
CHAJA Dann lieg ich rechts, wenn's euch nicht stört.
PUPPE Und ich lieg in der Mitte!

ALLE Wir drei sind guter Dinge
Als ob so was nicht ginge
Uns kriegt man nicht entzwei, denn
Alle guten Dinge
Sind drei!

CHAJA Ach, das wird eine schöne Nacht
SRULIK Und wenn das Bett zusammenkracht?
PUPPE Wirst du es reparieren
Ich schlafe, im Vertrauen, nackt
SRULIK Dein Takt ist wohl nicht mehr in Takt
PUPPE Und doch werd ich nicht frieren
ALLE Wir drei sind guter Dinge
Als ob so was nicht ginge
Was ist denn schon dabei, denn
Alle guten Dinge
Sind drei

Text: Thomas Woitkewitsch
Musik: Peer Raben

Chaja kommt von der Bühne runter und geht ab. Srulik bleibt da und sieht sich auf der Bühne um.

3. Szene

Gens tritt auf und ruft schon von weitem.

GENS Na, was sagst du zu dem Ort?

SRULIK Tja, es ist ein Ort...

GENS Hast du die Plätze gezählt?

SRULIK Ich hab sie gezählt.

GENS 600 Plätze!

SRULIK Ja.

GENS Nu, und hast du die Bühne gesehen?

SRULIK Ja, hab ich gesehen.

GENS Ich gebe dir diesen Ort. Übernimm ihn und mach daraus das Ghetto-Theater. Es muß nicht nur ein Theater sein. Es kann ja auch ein Saal für Diskussionen, Vorträge, Kulturabende und Konzerte sein. Na? Was denkst du?

SRULIK Tja – warum nicht...

GENS Nimm dir ein Stück Papier und einen Bleistift, überleg dir genau, was noch fehlt, und dann mach mir eine Liste von allem, was du noch brauchst.

SRULIK Wann brauchst du die Liste?

GENS Was heißt hier »wann«? Sofort!

Während Srulik noch den Saal inspiziert, tritt ein Chassid auf, der Gens belästigt.

4. Szene

CHASSID Ehrwürdiger Herr Polizeikommandant! Ehrwürdiger Herr Polizeikommandant!

GENS Was willst du?

CHASSID Ich kann aus der Hand lesen. Wenn Euer Ehren die Güte haben würden, mir die Hand zu geben…

GENS Was redest du für Stuß? Geh arbeiten und treib dich hier nicht rum, du Faulenzer!

CHASSID Der kommende Sommer wird eine grundlegende Änderung in dein Leben bringen.

GENS Komm her! Woher weißt du das? Du hast dir ja noch nicht mal meine Hand angeguckt.

CHASSID Ich kann auch Ohren lesen. Allerdings ersehe ich weit mehr Einzelheiten aus der Hand.

GENS Nu, denn los! Aber schnell! Ich hab keine Zeit für solchen Stuß!

CHASSID *(nimmt die Hand von Gens)* Oho! – Was sehe ich da!

GENS Was siehst du?

CHASSID Hier zum Beispiel: Drei verwandelt sich in acht. Kannst du das erkennen?

GENS Nehmen wir mal an, daß ja, was soll es heißen?

CHASSID Drei ist der dritte Buchstabe Gimmel gleich G, acht ist Chet. In deinen Handlinien entsteht aus Gimmel ein Chet.

GENS Erkläre das.

CHASSID Gimmel ist gleich Germanen. Chet ist gleich Cheruth, was soviel wie Freiheit und Unabhängigkeit bedeutet. Aber vorher wird es eine große Revolution geben. Ja – hier. Du wirst die Herrschaft über das Ghetto an dich bringen. Du wirst also nicht nur Polizeikommandant sein – du wirst der Führer des Ghettos sein. Ein großer Führer, der sein Volk in die Freiheit führen wird.

GENS *(lacht)* Wann?

CHASSID Hier –

Er liest ihm aus der Hand.

in noch drei Zeitabschnitten.

GENS Was soll das »drei Zeitabschnitte«?

CHASSID Das könnte in drei Wochen, drei Monaten oder gar drei Jahren sein…

Gens lacht. Der Chassid streckt die Hand für seinen Lohn aus.

CHASSID Drei Mark bitte.

GENS Waaas?!

CHASSID Drei Mark, bitte schön!

GENS Hier nimm! Geh und such dir eine Arbeit. Von diesem Hokuspokus wirst du kaum leben können.

Der Chassid geht. Gens dreht sich zu Srulik um.

5. Szene

GENS Nu, paßt dir der Ort?

SRULIK Der Ort schon, aber nicht die Zeit.

Eine Pause

Jetzt ist nicht die Zeit Theater zu spielen.

Gens geht zu einer Tür an der Seite.

GENS Nicht die Zeit, äh?

SRULIK Vor drei Wochen war hier ein Massaker, genau hier... über 50000 Juden wurden in ein paar Wochen umgebracht. Das Blut ist noch nicht mal trocken. Wie können wir hier Theater spielen?

Gens öffnet die Tür an der Seite und ruft nach draußen.

GENS Kommt rein!

Männer und Frauen treten auf: das Ensemble. Alle sind in Lumpen gekleidet. Auf ein Zeichen von Gens nehmen einige von ihnen Musikinstrumente zur Hand, die in einer Ecke der Bühne gelegen haben. Das Orchester spielt einen Tango. Chaja singt. Das Ensemble tanzt dazu. Während des Liedes geht Srulik an den Schauspielern und Tänzern vorbei und stellt sie vor. Chaja singt.

CHAJA *(singt)*

Nach jeder dunklen Nacht beginnt ein neuer Tag
mit einer wohlvertrauten Melodie
Vorbei die Zeit zu weinen und zu klagen
jetzt kommt die Zeit zum Tanzen und Singen

Ich lache, wenn ich lustig bin und sing ein frohes Lied
ein Lied, das ein jeder gern hört
ein Lied von bunten Träumen, schönen Tagen
kommt alle her und singt, tanzt und lacht mit mir

CHOR

Wann kommt der große Tag, kommt die goldne Zeit?
Wenn sich alle Tore öffnen, dann ist es soweit.
Wir ziehen in das Land, wo die Mandelbäume blühn
Land, das uns verheißen
dahin woll'n wir zieh'n

Text: Peer Raben
Musik: Peer Raben (und eine jiddische Tanzmelodie)

SRULIK Lionek? *(geht weiter)* Uma?... Chaja-le *(geht zum Geiger)* Heikin? *(zum Publikum)* Das ist Heikin, der Konzertmeister.
Heikin schlägt seinen Mantel zurück. Er hat nur ein dreckiges Tuch um seine Hüften gewickelt, sonst ist er nackt.

SRULIK Keine Hosen... kein Hemd... Heikin, der erste Geiger, aufgedunsen vor Hunger und Kälte...

GENS Kannst du mir sagen, was all diese Menschen gemeinsam haben?
Alle sind in einer trostlosen Reihe angetreten. Der kurze Moment von Begeisterung während des Singens und Tanzens ist vorbei.

SRULIK Es sind alles Schauspieler... Tänzer, Musiker...
Gens schüttelt den Kopf und schnalzt mit der Zunge.

GENS Sie haben keine Arbeitsbescheinigungen und keine Lebensmittelkarten. Bei der nächsten Aktion sind sie die ersten, die dran sind. Willst du dafür die Verantwortung übernehmen?! *(er wird immer erregter)* Die richtige Zeit Theater zu spielen, die falsche Zeit Theater zu spielen. Ihr Intellektuellen! Ich kann über euch nur staunen! Wenn alles vorbei ist, geht ihr hier raus mit einem sauberen Gewissen - ich kann mir genau vorstellen, wie ihr es rausposaunt: »Obwohl der Polizeichef Jakob Gens mich dazu zwingen wollte, habe ich mich geweigert, Theater zu spielen - drei Wochen nach dem großen Massaker.« Ja? - Schau sie dir an! Schau ihnen in die Augen! Wenn du mit ihnen hier ein Theater gründest, kann ich euch Arbeitsbescheinigungen verschaffen - und Brot. Und Fett. Und Kartoffeln. - Und Seife! - Für jeden eine Sonderration!

ALLE *(flüstern staunend)* Für jeden eine Sonderration!

GENS Jawohl! Für jeden eine Sonderration!
Er marschiert vor ihnen auf und ab wie ein Offizier, der seiner Kompanie eine Standpauke hält.

GENS Und noch was! Gerade ihr jüdischen Schauspieler könnt in dieser furchtbaren Zeit mit eurer Kunst dabei helfen, daß wir alle unser schweres Los tragen können. Seht euch mal um! Die Menschen gehen mit gesenkten Köpfen rum. Sie haben jede Selbstachtung verloren. Ihr könntet ihre Moral stärken, ihnen Selbstgefühl geben, ihnen zeigen, daß sie Menschen sind, daß sie eine Sprache besitzen, Kultur und ein mächtiges Erbe verwalten. Vorwärts! Fangt mit den Proben an! Und wenn ihr fertig seid, will ich eine Vorstellung sehen!

SRULIK Was sollen wir denn probieren? Was für 'ne Art Theater sollen wir denn machen?

GENS Frag ich dich, wie ich das Ghetto leiten soll? Also frag du mich nicht, was für 'ne Art Theater du machen sollst! Irgendwas Gutes, etwas Lustiges! Was Kulturelles! Irgendwas – was die Menschen aufbaut! Ich verlaß mich auf euch! Los! An die Arbeit!

Das Ensemble und Srulik gehen ab. Gens und Weißkopf bleiben da. In der Bibliothek, auf der anderen Seite der Bühne, tritt Hermann Kruk auf.

6. Szene

WEISSKOPF Herr Gens! Herr Gens!...

GENS Warum bist du nicht mit den anderen gegangen?

WEISSKOPF Ich bin kein Schauspieler.

GENS Wer bist du denn?

Kruk diktiert einer unsichtbaren Sekretärin. Während er spricht, hört man immer das Klappern einer Schreibmaschine. Während Kruk diktiert, bleiben Gens und Weißkopf unbeweglich stehen.

KRUK Das ist Weißkopf. Noch vor ein paar Wochen ein kleiner Schneider. Wer hätte sich das ausmalen können, was der Krieg aus diesem Mann machen würde. In ein paar Wochen – der König vom Ghetto! Ein Mann, den man im Auge behalten muß...

WEISSKOPF Wenn Sie mir ein paar Minuten Zeit schenken, könnte vielleicht aus der Begegnung eine große Sache werden.

GENS Aha...

WEISSKOPF Wissen Sie, wieviel erstklassige Schneider es im Ghetto gibt?

GENS Schneider? – Nein...

WEISSKOPF ... und wieviel Nähmaschinen? Wissen Sie das?

GENS Nein. Warum?

WEISSKOPF Na, bitte.

Er zieht ein kleines Notizbuch raus.

Da, gucken Sie sich das an. Ich hab ein paar Erkundigungen angestellt.

Er hält Gens den Notizblock hin.

Schneider... Näherinnen... Nähmaschinen...

GENS Eine genaue Liste mit Namen und Adressen?

WEISSKOPF Jaah – hah. Ich bin von Zimmer zu Zimmer gegangen.

GENS Aber... wozu?

WEISSKOPF Darf ich mit einer Frage antworten: Haben Sie die Züge gesehen, die von der russischen Front nach Deutschland fahren?

GENS Ja und?

WEISSKOPF Wissen Sie, was diese Züge befördern?

GENS Was befördern sie?

WEISSKOPF Zerrissene Uniformstücke.

GENS Zerrissene Uniformen?

WEISSKOPF Zerrissene Wehrmachtsuniformen. Und warum werden die von der russischen Front nach Deutschland gebracht?

GENS Um sie zu reparieren?

WEISSKOPF Sehen Sie den springenden Punkt? Wir sind hier gar nicht weit von der russischen Front - Hunderte von Schneidern, Näherinnen und Nähmaschinen... Das ist doch meschugge!

GENS Und du meinst, wir sollten ihnen vorschlagen...

WEISSKOPF Sie werden uns sofort die Erlaubnis geben. Wir werden eine große Uniformreparaturwerkstatt errichten. Statt die ganzen Eisenbahnzüge nach Deutschland zu fahren, Kohle zu verbrennen, die Eisenbahngleise Hunderte von Kilometern mit Zügen zu verstopfen, werden sie die Uniformen hierher liefern und sehr viel Geld sparen. Das wird gut sein für uns.

GENS Jeder, der an den Uniformen arbeitet, wird unentbehrlich... Wie viele Menschen könntest du denn beschäftigen?

WEISSKOPF Wir könnten mit hundert anfangen und später auf hundertfünfzig erhöhen... Ich hab schon einen Ort im Auge.

GENS Das würde das Leben von noch 150 Familien sichern... Komm morgen früh in mein Büro.

WEISSKOPF Warum morgen? ...Lassen Sie uns keinen einzigen Tag verlieren. Warum fangen wir nicht gleich an - meinetwegen die ganze Nacht durch, und morgen früh können Sie den Deutschen das ganze Programm unterbreiten mit genauen Zahlenangaben - wie sie es so gerne haben.

GENS Du bist ein Bócher! Voll Energie und Tatkraft. Ich mag Leute wie dich. Was ist dein Name?

WEISSKOPF Weißkopf.

GENS Weißkopf, komm mit ins Büro - Herr Fabrikdirektor!

Sie gehen ab.

7. Szene

Kruk diktiert. Man hört das Klappern der Schreibmaschine. Kruk blättert zwischendurch in Dokumenten und Briefen.

KRUK Weißkopf. Den Namen sollte man sich merken! Ein interessantes Kapitel im Leben des Ghettos.

In der Berliner Aufführung sang hier Weißkopf das Lied »Zehn Brüder waren wir gewesen«.

WEISSKOPF *(singt)*

Zehn Brüder waren wir gewesen
Haben gehandelt mit Wein
Einer ist davon gestorben
Sind wir geblieben neun.
Ej Jidel mit dem Fidele,
Tevja mit dem Baß
Singe mir mal a Liedele
Müssen wir ins Gas
Ojoj alle neun
Ojoj alle neun
Singe mir mal a Liedele
Müssen wir ins Gas
(Jüdische Volksweise)

KRUK Was ist das hier?

Er zieht unter den Papieren einen Brief vor, liest ihn vor, während die Schreibmaschine klappert.

»17. Januar 1942. Am Sonntag, dem 18. Januar, wird die hiesige Theatertruppe im Theatersaal ihre erste Vorstellung geben. Auf dem Programm: Dramatische Szenen ... Lieder ... Musik ...!«

Er wendet sich an die unsichtbare Sekretärin.

Schreiben Sie bitte in großen Buchstaben: AUF DEM FRIEDHOF SPIELT MAN KEIN THEATER.

Aus allen Ecken der Bühne kommen Mitglieder der Widerstandsbewegung. Sie huschen herum und kleben Plakate an die Wände mit dem Aufruf: AUF DEM FRIEDHOF SPIELT MAN KEIN THEATER.

8. Szene

Gens kommt zu Kruk in die Bibliothek. Er wedelt mit einem Plakat, das er unterwegs von einer Mauer gerissen hat.

GENS Hermann Kruk! Ich weiß, von wem diese Parole

kommt. Ich weiß alles, was hier im Ghetto vor sich geht. Ich weiß alles. Warum hast du diese Parole geschrieben?

KRUK Warum hast du mir diese Einladung geschickt?

GENS Diese Einladung wurde an alle wichtigen Persönlichkeiten im Ghetto geschickt. Du hast sie als Leiter der Bibliothek gekriegt.

KRUK Und du hast geglaubt, daß ich zu einer Theatervorstellung kommen würde?

GENS Was hast du gegen Theater?

KRUK Diese Einladung empfinde ich als Beleidigung.

GENS Beleidigung?

KRUK Ja, eine persönliche Beleidigung.

Eine Pause

In jedem anderen Ghetto kann es vielleicht auch Unterhaltung geben, sogar Spaß. Solange es noch eine Möglichkeit gibt, so etwas wie Kunst zu machen, sollte man das tun. Aber hier innerhalb der tragischen Wirklichkeit des Ghettos Wilna, im Schatten von Ponary... von 76000 Wilnaer Juden haben nur 15000 überlebt...

GENS 16000.

KRUK Hier zu diesem Zeitpunkt! – Theaterspielen! Ich finde das schamlos!

GENS Hermann Kruk. Darf ich dich an ein paar Dinge erinnern? Am Samstag, dem 6. September 1941, fand die Deportation der Juden in das Ghetto statt. Es war eine höllische Nacht. Die Menschen wurden durch den Regen getrieben. Sie sind im Dreck und Matsch steckengeblieben. Und du hast nur die Bücher gesehen, die der Wind durch die Luft wirbelte und die die Menschen in den Dreck trampelten. In dieser schrecklichen Nacht, während die Menschen sich wie betäubt durch die Straßen wälzten, bist du, Hermann Kruk, herumgegangen und hast die Bücher aufgesammelt. Und am nächsten Morgen, am 7. September, da hast du schon diese Bücherei eröffnet. Dafür spreche ich, Jakob Gens, dir meine Hochachtung aus. Ich erwarte dasselbe nicht von dir. *Du* bist ein Sozialist, ein Bundist, ich bin ein Zionist, ein Revisionist. Uns trennen Welten. Ich, Jakob Gens, ich habe keine Bücher aus dem Schlamm gefischt. Ich gebe es zu. Ich, Jakob Gens, ich habe die Menschen aus dem Dreck gezogen. Ich habe ihnen Kleidung und Essen verschafft, und ich habe aus ihnen ein Orchester und eine Theatertruppe gemacht. Ich habe ihnen ihre alten Berufe zurückgegeben, und ich werde ihnen Arbeitsbescheinigungen besorgen.

Ich habe Heikim, den ersten Geiger, aus der Zwangsarbeit herausgeholt – mit seinen aufgerissenen und vor Kälte geschwollenen Händen – und habe ihm wieder seine Geige beschafft. Ist das ein Verbrechen? *(eine Pause)* Ich verlange von dir und deinen Freunden, den Führern der Arbeiterorganisation und der Bundisten, daß ihr zu der Vorstellung kommt.

KRUK Warum ist dir das so wichtig?

GENS Ich möchte jedem im Ghetto ein Gefühl von Solidarität geben, sie daran erinnern, daß sie alle zu demselben Volk gehören, zu einem großen tapferen Volk, mit einer Kultur und schöpferischer Kraft – auch unter den schwersten Bedingungen. Ich möchte, daß die Vertreter aller Strömungen im Ghetto bei der Vorstellung anwesend sind. Alle – ohne Ausnahme.

KRUK Und ausgerechnet wir werden dir da fehlen? Reichen dir nicht sämtliche jüdischen Polizeioffiziere, die Brigadiers und die Leiter der Arbeitskommandos? Vermutlich hast du zu diesem Konzert auch einige Gäste von außerhalb eingeladen? Den deutschen Offiziersstab? Ich höre, daß unsere berühmte Sängerin schon fieberhaft nach deutschen Liedern sucht, um sie in ihr Programm aufzunehmen, im Falle es den Deutschen – was der Himmel verhüten möge! – einfallen sollte, vielleicht ein paar Lieder aus der Heimat zu hören...

GENS Wir werden diese Diskussion am Tag nach der Vorstellung fortsetzen. Morgen werdet ihr erscheinen!

KRUK Ihr, die jüdische Polizei, der Judenrat und diese armen Künstler – ihr könnt gerne mit den Deutschen fraternisieren. Die Arbeiterorganisation hier im Ghetto hat beschlossen, auf die Einladung mit einem Boykott zu reagieren. Keiner von uns wird an diesem Konzert der Aasgeier teilnehmen.

GENS Dann teile ich dir jetzt mit: eure Arbeiterorganisation ist aufgelöst. Sie ist verboten.

KRUK Es ist die einzige jüdische Organisation im Ghetto, die demokratisch gewählt worden ist. Du willst ein Volk aufbauen? Du? Du willst ein Königreich aufbauen für dich! Und dieses Theater soll dein Versailles sein! An diesem revisionistischen Schwank werden wir nicht teilnehmen.

GENS Ihr denkt wohl, ihr könnt hier Parteipolitik machen. Ich sags dir: noch *ein* solches Plakat – und ihr findet euch in Ponary wieder!

KRUK *(diktiert in die Schreibmaschine)* Der Führer des Ghettos hat befohlen, die einzig demokratisch gewählte Organisation des Ghettos aufzulösen, die Arbeiterorganisation, weil sie Parteipolitik treibt. Und weil er schon mal dabei war, hat der Führer des

Ghettos diktatorisch verlautbaren lassen, daß, wenn in der Stadt noch mal Plakate erscheinen, er Kruk und seine Genossen nach Ponary schicken würde.

GENS Die Geschichte wird darüber entscheiden, wer von uns beiden in dieser schweren Stunde dem jüdischen Volk mehr geholfen hat: du oder ich! Aber schreib das alles ganz genau in dein Tagebuch! Alles!

Er geht ab.

KRUK Ich halte alles fest. Was kann man sonst tun? *(Er diktiert weiter)* Wir leben in einer so düsteren Zeit, daß die Menschen nicht in der Lage sind zu erkennen, was um sie herum passiert. Sie wollen es nicht sehen. Sie können es nicht sehen. Und ich sage euch: Solange wir hilflose Opfer des Faschismus sind, solange ist es unsere Pflicht, zur Feder zu greifen und Tagebuch zu führen. Mein Notizbuch soll alles sehen, alles hören und soll ein Mahnmal sein für die unbeschreibliche Katastrophe in dieser schrecklichen Zeit.

9. Szene

Während des Monologs von Kruk werden hinten auf der Bühne langsam die Schauspieler und Musiker sichtbar. Chaja singt »Oy Kinderlach«. Es ist eine Probe für die Vorstellung.

CHAJA *(singt)*

Die Zeit ist schwer
der Schatten fällt
die Nacht vertreibt den Tag
immer schlimmer wirds auf der Welt
die Nacht vertreibt den Tag
immer schlimmer wirds auf der Welt:
Flugzeuge bau'n sie, die auf Wasser landen
Bomben bau'n sie, die Genies erfanden,
und die liebe Eisenbahn
fährt über unsern Kopf hinweg den Himmel hinan.
O Kinder, das ist eine schwere Zeit,
sie dauert doch wohl keine Ewigkeit
Der Weltraum, die Planeten
sind so fern, doch die Moneten sind uns nah
Wenn wir gen Himmel fahren,
was kostet dort das Brot?
Wenn wir gen Himmel fahren,

wollen wir doch gern erfahren:
ist es dort vorbei mit unsrer Not?
Die Zeit ist schwer,
du rennst wie betrunken umher,
und fragst: was soll das werden,
was geschieht hier auf Erden?
O Kinder, das ist eine schwere Zeit!
Sie dauert doch wohl keine Ewigkeit!
Wenn wir gen Himmel fahren
wollen wir doch gern erfahren:
was kostet dort das Brot
und ist es dort vorbei mit unsrer Not?

Text und Musik: Peer Raben

Weißkopf kommt mit Schwung und Elan auf die Bühne.

WEISSKOPF Was soll das Jammern, Leute, das Heulen? Die Zeiten sind schwer? Die Zeiten *sind* schwer! Wann haben die Juden keine schweren Zeiten gehabt? Nu? Sagt doch mal! Die Not macht uns stark, Leute. Sie gibt uns Kraft! Nehmt mich zum Beispiel: Ich könnte hier auch stehen und weinen. Gründe dafür hätte ich – weiß Gott – genug gehabt! Vor dem Krieg hatte ich ein kleines Kurzwarengeschäft. Dann kamen die Deutschen, und man hat uns ins Ghetto gesteckt. Nix Geschäft! Kaputt! Hätt ich da nicht weinen können? Häh? Und wie ich hätte weinen können! Aber hab ich nicht! Ich hab mir gesagt: Weißkopf, wird dir das Weinen helfen? Wirst du mit deinen Tränen deinen Laden zurückkriegen? Da hab ich zu mir gesagt: Warum heißt du Weißkopf? Weiser Kopf! *(er klopft sich an den Kopf)* Da nahm ich mein jüdisches Köpfchen und hab mir gesagt: Weißkopf, den Laden hast du verloren. Wenn du auch noch deinen Kopf verlierst, dann bist du auch kaputt. Was bleibt dir also in dieser Welt? Nur dein Kopf! Das ist das einzige, was dich retten kann. Und den können sie dir nicht wegnehmen, solange du am Leben bleibst. Ich hab mich umgeguckt... Mauern, ein Ghetto... Alles eingeschlossen. Wo gibt es ein Loch? Dann hab ich es gefunden. Was war ich denn vor dem Krieg? Ein Nebbich, ein einfacher Schneider, Besitzer von einem miesen kleinen Laden. Und was bin ich heute? Direktor einer Schneiderei. Die größte Reparaturwerkstatt im ganzen Bezirk! In knapp zwei Monaten hat mich dieses Köpfchen so weit gebracht, daß 150 Juden für mich arbeiten. Die Deutschen geben mir Aufträge, die Deutschen sind meine Geschäftspartner. Nu? Und was hab ich jetzt? Das größte Geschäft. Und jeden Tag wird es größer und größer. Und jeden Tag, an dem die Sonne hoch steigt, steigen meine Einnahmen auch. Und ich bleib nicht auf meinem Geld sitzen. Ich hab eine offene Hand. Wenn ich für eine gute Sache einen Betrag spende, spende ich als Minimum 5000 Rubel. Ich bin spendabel. Und jeder soll das wissen! Jeder kann das hören! Ich schäme mich nicht über das, was ich tue. Glaubt mir: Mein Weg ist der einzig richtige. Nehmt euch ein Beispiel an mir, Leute! Ich bin keine Ausnahme. Ich bin ein ganz gewöhnlicher Jude. Aber wir sind begabt, wir Juden, mehr als andere Völker. Wenn ihr von jetzt an machen würdet, was ich gemacht habe, statt aufzugeben und zu jammern, dann hätten wir hier ein produktives Ghetto. Die Deutschen würden uns brauchen. Wir wären für sie ein Vorteil. Die könnten ohne uns gar nicht mehr! Und dann würden wir am Leben bleiben.

Kittel taucht aus dem Kleiderhaufen auf. In jeder Hand trägt er ein großes Futteral. Er legt sie hin und klatscht Beifall.

KITTEL Bravo, Weißkopf! Bravo! Ich mag dich! Und solange ich jemand mag, bleibt er am Leben!

Er geht zu einem Mädchen und schlägt sie ins Gesicht.

Na? Grüßt man hier nicht?

Alle nehmen Haltung an.

Diesmal laß ich das noch durchgehen, weil ich euch überrascht habe. Ich bin nicht durch das Tor gekommen. Also konnte man euch nicht rechtzeitig warnen, daß Kittel im Ghetto ist. *(er lacht)* Aber seht euch vor! Kittel kommt nicht durchs Tor. Kittel schleicht sich ins Ghetto – wie eine Schlange... Hah! Und plötzlich taucht er auf, irgendwo, überall, aus dem Tunnel, den ihr gegraben habt, um euch zu verstecken, durch die Löcher. Plötzlich überfällt er euch aus einer Dachluke. Einfach so. Aus dem Keller.

Plötzlich wendet er sich an Srulik.

Was ist in diesem Kasten? Die falsche Antwort wird dich teuer zu stehen kommen.

SRULIK Die Schmeißer.

Geht zu dem Futteral und macht es auf.

Richtig. Die Schmeißer.

Er holt die Schmeißer raus und lädt sie.

(zu Chaja) Und in dem?

CHAJA Das Saxophon.

KITTEL Wollen wir mal sehen...

Er macht das Futteral auf und holt das Saxophon raus.

Das Saxophon! Die Schmeißer und das Saxophon! Haaa!

Seine Stimme ändert sich, wird plötzlich schneidend und drohend.

Warum liebe ich dich, Weißkopf? Warum?

WEISSKOPF Ich bin produktiv.

Kittel lächelt.

Und ich leiste einen Beitrag für die Kriegswirtschaft.

KITTEL Und wer hat dich produktiv gemacht?

WEISSKOPF Sie.

KITTEL Ich...

Er lächelt und wird plötzlich wütend.

Ich hasse Speichellecker! *(zu Srulik)* Warum?

SRULIK Weil Sie ein Künstler sind.

KITTEL Ich bin ein Künstler. Und was liebt ein Künstler?

SRULIK Das Wahre, das Gute, das Schöne.

KITTEL Hast du das gehört, Weißkopf? Ich habe dich nicht produktiv gemacht, Weißkopf. Das hast du selber gemacht. Ich habe nur die richtigen Bedingungen für dich geschaffen, damit ein bis dahin verborgener Zug deines jüdischen Charakters sich offenbaren konnte. Es ist diese wahnsinnige Lebendigkeit, die ihr Juden habt, verdammt noch mal! Ich gehe durch die Straßen von Wilna und guck mir die Litauer an. Phu! Was für ein Abschaum! *Die* hätten wir töten sollen, nicht euch! Was ist das für ein Ungezie-fer! Wie primitiv sind diese Gojim! Kein Humor, kein Geist, keine Phantasie. Dumpfe, tote Visagen! Alles trostlos und grau. Man muß ersticken! Und dann schleich ich mich hier ins Ghetto rein, durch den Tunnel, den du gegraben hast, Weißkopf, und plötzlich bin ich in einer anderen Welt. Alles lebt, vibriert und schäumt förmlich über vor fieberhafter Aktivität. Das ist so unglaublich schön! Vielleicht könnt ihr selber das gar nicht sehen! Wer im Paradies lebt, gewöhnt sich daran. Blühender Handel, Verkaufsstände, Cafés... Und wenn ihr nichts zum Servieren habt, dann bietet ihr gehackte Rote Bete an und nennt das »Kaviar«. Ihr serviert Sauerkrautsaft und nennt das »Champagner«. Ich liebe euren Humor. Diese wahnsinnige geistige Beweglichkeit. Ich hab dich nicht produktiv gemacht, Weißkopf. Das schlummert alles in euch. Und das ist nur der Anfang. Wartet nur ab! Aus dieser Verbindung von deutscher Seele und jüdischem Geist – so schmerzhaft sie auch ist – wird noch etwas Großes entstehen. Hättest du dir das träumen lassen, daß du es so weit bringen würdest, Weißkopf? Die Wahrheit!

WEISSKOPF Nein, das hätte ich mir nie träumen lassen.

KITTEL Wir sprachen über das Gute und Schöne. Jetzt wollen wir über die Wahrheit sprechen, ohne die es keine wirkliche Kunst gibt. Ich werde dir eine Frage stellen, Weißkopf. Und ich möchte,

daß du mir aus dem innersten Kern deiner jüdischen Rasse antwortest. Und denk daran, daß es jetzt um die Wahrheit geht. Die Wahrheit darf man nicht verfälschen. Wenn du die Wahrheit verfälschst, bist du verloren. Hier ist die Schmeißer, und hier ist das Saxophon.
Er nimmt die Schmeißer.
Jetzt sage mir, Weißkopf, was ist der Unterschied zwischen Teilliquidation und Totalliquidation?

WEISSKOPF Wenn man 50000 Juden tötet und mich nicht, dann ist das eine Teilliquidation. Wenn man mich tötet, dann ist das eine Totalliquidation.

KITTEL Bravo! Bravo, Weißkopf! Bravo! Was für ein Humor – in so einer Situation! Welches andere Volk wäre zu so etwas fähig! Vergessen wir die Schmeißer. Dafür ist jetzt nicht der richtige Moment. Jetzt ist das Saxophon dran. Ich verspreche euch, an dem Tag, an dem das Ghetto liquidiert wird, werde ich befehlen, ein Klavier neben das Ghettotor zu stellen und während ihr Reihe für Reihe zu den Zügen rausmarschiert, werde ich mich persönlich an das Klavier setzen und für euch Schumanns »Kinderszenen« und die »Kreisleriana« und den »Carneval« spielen! Jetzt werde ich euch sagen, warum ich eigentlich hergekommen bin. Wo ist euer Orchester? Orchester! An eure Instrumente!
Die Musiker gehen zu ihren Instrumenten. Während sie die Instrumente stimmen, spricht Kittel weiter.
Ich hatte plötzlich Sehnsucht nach George Gershwin. Gershwin! Komisch, nicht? Diese Schweine bei uns in der Reichsmusikkammer in Berlin haben verboten, seine Werke zu spielen. »Jazz«! Wo kann man denn heute noch Gershwin hören? Dann ist es mir eingefallen. Euer Gens hat mir erzählt, daß ihr eine Jazzkapelle hier im Ghetto habt. Deswegen bin ich da.
Wo ist eure Sängerin?
Schweigen.
Wo ist diese Sängerin, die mir immer noch 50 Gramm Bohnen schuldet?
Chaja kommt nach vorn und geht zu ihm.
Nu, laß mal hören, ob dein Gesang 50 Gramm Bohnen wert ist.
Mit einem Satz springt er auf das improvisierte Dirigentenpult und dirigiert mit dem Saxophon.
Swanee! Kennst du – kennt ihr das? Swanee!
Das Orchester fängt an »Swanee« zu spielen. Chaja singt das Lied auf Englisch. Sie setzt ihr ganzes Können ein. Sie kämpft um ihr Leben. Kittel geht zwischen den Schauspielern mit dem Saxophon in

der Hand herum und fordert sie zu tanzen auf. Sie tanzen einen Jazztanz zu »Swanee«. Nach der Nummer wendet sich Kittel an die Truppe, das Ensemble.

KITTEL Danke! Vielen Dank! Das war ein großes, künstlerisches Erlebnis! Aber man könnte das noch ein bißchen verbessern. Die Choreographie könnte interessanter und phantasievoller sein. Und die Bewegungen könnten leichter sein. Beim Jazz muß der Körper leicht und völlig entspannt sein.

Er demonstriert das kurz und singt dazu, hört auf, wendet sich an Chaja.

Nicht schlecht. Eindeutig begabt. Du hast wahrscheinlich eine große Zukunft vor dir. Es würde mich sehr interessieren, dich in ein paar Jahren als Star in »Porgy and Bess« zu sehen oder sogar »Carmen«!

Aber für heute würde ich sagen, dein Singen ist 25 Gramm Bohnen wert nach der Kittelskala. Und das ist schon sehr viel.

Er wendet sich an Weißkopf.

Weißkopf, so können sie nicht auf die Bühne. Besorg ihnen ein paar Kostüme aus deinem Lager. Und nicht geizig sein!

WEISSKOPF Ich geb ihnen die schönsten Sachen, die ich habe.

KITTEL Das möchte ich dir auch raten! Ich werde bei der Vorstellung dabeisein! *(zu allen)* Merkt euch: Kittel kann jeden Moment auftauchen. Er schlängelt sich durch jedes Loch. Kittel – die Schlange!

Er lacht und verschwindet wie er aufgetreten ist.

10. Szene

Die Szene schließt direkt an die letzte Szene an.

WEISSKOPF Also los, Leute! Holt euch die Klamotten für eure Vorstellung! Nehmt alles, was ihr wollt! Alles, was mir gehört, steht euch zur Verfügung. Jeder Schnitt, alle Größen. Das einzige, was wir hier genug haben, sind Klamotten. Alles ist sortiert und gestapelt. Bedient euch, zieht euch an!

Während Weißkopf weiterredet, holen sich die Schauspieler ihre Kostüme aus dem Kleiderhaufen und ziehen sie an.

Kleider, Unterröcke, Anzüge, Damenmäntel – beste Verarbeitung. Aus Lodz. Und Kinderkleidung. Braucht ihr die? Alles da! Reine Wolle. Englischer Cord. Da sind die Lappen für die Armen. Ich weiß, beim Theater sucht man manchmal gerade so was. Hier liegt die Berufskleidung alles säuberlich sortiert: Polizeiuniformen, Richterroben, Perücken, Ärztekittel. Da sind ein paar dutzend Chassidenmäntel, Strejmel, Rabbi-Kaftane. Originalsamt. Tweedanzüge, die feinsten Manchesterstoffe. Haute Couture aus Paris. Uniformen? Bitte – da sind die Uniformen. Uniformen der polnischen Kavallerie. Wahrscheinlich aus Warschau oder Danzig. Die Uniformen der tapferen Helden, die auf ihren Pferden nur mit aufgepflanzten Bajonetten gegen die Panzer der Wehrmacht galoppiert sind. Prächtige Uniformen. Als sie hier ankamen, waren sie von Kugeln durchlöchert und blutdurchtränkt. Bitte – guckt euch das an! Nichts mehr zu sehen! Gereinigt und gestopft. Man sieht nichts mehr von ihrer Vergangenheit. Ihr könnt sie anziehen und damit direkt auf die Bühne gehen. Deutsche Uniformen? Die sahen genauso aus, als die von der Ostfront hier ankamen. Wir haben sie genauso behandelt. Alles kommt erstmal ganz durcheinander in unsere Riesenwäsche. Das solltet ihr euch selber mal ansehen! Wenn ihr das gesehen habt, könnt ihr gleich ein Theaterstück daraus machen. Was da in unseren Waschkesseln passiert – das ist ein echtes Drama. In den Öfen lodert das Feuer. Alles ist eingenebelt von Chlor und Seifendampf. Alles wird rausgespült: der Dreck, das Blut, das Öl. Ihr solltet euch mal die Brühe angucken, die da rauskommt: ein kochender Strom, schwarze und rote Fluten. Und von da wandert dann alles in die Schneiderwerkstatt. Ein gigantischer Saal! Da rattern 150 Singer-Nähmaschinen ohne Unterbrechung. Das hört sich an! Wie im Bahnhof! Bitte – bedient euch, Leute! Keine Hemmungen! Wenn es hier eins genug gibt, dann sind es Klamotten. Nein, an Klamotten fehlt es hier wirklich nicht.

Die Schauspieler haben sich inzwischen angezogen. Zwei tragen Ärztekittel, einer einen Rabbi-Kaftan, einer eine Richterrobe, und eine Frau hat sich in Lumpen gekleidet und wendet sich schreiend an Weißkopf.

FRAU Weißkopf! Weißkopf! Sie haben meinen Mann verhaftet.

WEISSKOPF *(immer noch ganz abwesend)* Das geht schon klar!

FRAU Man hat ihn mit acht Kilo Mehl erwischt. Sie haben ihn sofort ins Lukischki eingesperrt und...

WEISSKOPF Ich hab gesagt, das geht schon klar.

FRAU Man hat gesagt, du bist der einzige, der ihn...

WEISSKOPF Jetzt rede *ich.*

FRAU Wir müssen ihnen 20000 Rubel zahlen, wenn nicht, hat man mir gesagt...

WEISSKOPF Weißt du, mit wem du redest!

FRAU Aber wir müssen uns beeilen! Von Lukischki bringen sie einen direkt nach Ponary...

WEISSKOPF Liebe Frau! Was glaubst du, weswegen ich Weißkopf heiße? Du kannst gehen. Das geht schon klar. Ich gehe direkt zu meinem Deutschen.

Die Frau sieht sich um, sieht die Schauspieler, geht von einem zum andern und spricht mit ihnen.

FRAU Wir sollten diesem Mann die Hände küssen! Den Armen bringt er ganze Wagenladungen mit Essen und verteilt es umsonst. Er holt die Leute aus dem Gefängnis. *(zum Arzt)* Und mein Mann ist zuckerkrank. Wer wird ihm in Lukischki sein Insulin geben? Ohne Insulin kann er keinen Tag überleben.

WEISSKOPF Geh nach Hause! Und koch ihm eine Suppe zu Mittag. Er wird sein Insulin kriegen, sonst heiße ich nicht mehr Weißkopf.

FRAU *(zum Rabbi)* Segnen Sie ihn, Herr Rabbiner! Gott schenkte ihm Kraft. Was dieser Mann tut...

WEISSKOPF ... tut und auch weiter tun wird – Weißkopf wird nie aufgeben. So, und jetzt geh!

Weißkopf geht schnell ab, die Frau folgt ihm auf den Fersen.

11. Szene

Nur die beiden Ärzte – Dr. Weiner und Dr. Gottlieb – sowie der Richter und der Rabbi bleiben zurück.

WEINER Meine Herren, ich habe Sie zu diesem Treffen im Keller des Krankenhauses zusammengerufen... Ich hab ein Problem...

RICHTER Stellen Sie sich doch erstmal vor!

WEINER Dr. Weiner. Ich bin hier für die Krankenhausapotheke verantwortlich. Folgendes Problem: Im Ghetto gibt es 50 Zuckerkranke. Einige davon sind sehr schwere Fälle, im letzten Stadium der Krankheit – kurz vor Eintritt des Koma. Diese Patienten brauchen natürlich das meiste Insulin, bis zu 50 Einheiten pro Tag. Andere Patienten – hauptsächlich jüngere Menschen – sind in einem weit besseren Zustand. Die brauchen nur zehn Einheiten täglich. Sie sind bei guter Gesundheit, abgsehen von ihrer Diabetis.

RICHTER Versteh ich.

WEINER Um alle 50 Zuckerkranken im Ghetto am Leben zu erhalten, brauchen wir tausend Einheiten Insulin täglich. Ist das bis hierhin klar?

RABBI Völlig klar.

WEINER Wir haben im Krankenhaus noch 100000 Einheiten Insulin übrig. Das bedeutet, daß wir die Zuckerkranken noch genau drei Monate am Leben halten können. Wenn das Insulin verbraucht ist, wird ein Patient nach dem anderen sterben. Die Schwerkranken werden schon in wenigen Tagen tot sein; die anderen werden vielleicht noch ein paar Wochen länger durchhalten. Aber ohne Medikamente werden sie auch in kürzester Zeit sterben.

GOTTLIEB Ja, und wo ist das Problem? Dann müssen wir eben Geld sammeln und mehr Insulin auf dem Schwarzen Markt kaufen - wo wir alle Medikamente besorgen.

WEINER Es gibt kein Insulin mehr, auch auf dem Schwarzen Markt nicht.

RICHTER Was heißt »gibt es nicht mehr«? Man kann alles auf dem Markt bekommen - sogar französische Seife und Parfum. Das ist doch nur 'ne Geldfrage.

WEINER Es gibt in ganz Wilna kein Insulin mehr. Gens hat schon seine Verbindungsleute in der Unterwelt in Bewegung gesetzt. Vergeblich. Auch in den Ghettos der Umgebung gibt es kein Insulin mehr. Unsere Situation ist also sogar noch relativ günstig. Wenn die Deutschen wüßten, wieviel Insulin wir noch haben, würden sie es sofort beschlagnahmen. Für Insulin, meine Herren, gibt es keinen Preis. Es ist einfach nicht zu bekommen!

RICHTER Also wo ist das Problem? Wir können doch gar nichts tun!

WEINER Sehen Sie bitte her! *(Er schreibt im Folgenden die Zahlen usw. mit Kreide auf eine Tafel.)* Wenn wir die Insulingaben an die Schwerkranken einstellen, wird der tägliche Verbrauch um 400 Einheiten täglich gesenkt. Und wir können das Leben der anderen um neun Monate verlängern. Wenn wir eine noch strengere Selektion machen, können wir 20 Patienten durch die nächsten anderthalb oder sogar zwei Jahre bringen.

RABBI Wissen Sie, was in den nächsten zwei Monaten geschehen kann? Oder in den nächsten zwei Tagen?

WEINER Nein, aber in unserer Lage sind anderthalb Jahre länger als die Ewigkeit.

RICHTER In unserer Lage sind sogar zwei Monate länger als die Ewigkeit. Und wenn wir genug Insulin für drei Monate haben...

WEINER Sie weichen dem Problem aus.

RICHTER Was wollen Sie eigentlich von uns?

WEINER Ich will wissen, ob ich moralisch berechtigt bin, die Ausgabe von Medikamenten an die hoffnungslosen Fälle einzustellen, um das Leben der anderen zu verlängern?
Alle schweigen. Die Stille wird immer bedrückender.

RICHTER Der Fall ist klar. Sie stellen also die Frage, ob es erlaubt ist, bestimmte Menschen zum Tode zu verurteilen. Als Richter antworte ich Ihnen darauf: Ja, es ist uns erlaubt, Menschen zum Tode zu verurteilen, die ein bestimmtes Verbrechen begangen haben, falls ein Gesetz für dieses Verbrechen die Todesstrafe vorsieht. Ich frage also, was für ein Verbrechen haben diese Menschen begangen. Sie antworten mir: Sie sind angeklagt, weil sie schwerkrank sind. Beweise? Gibt es. Sie haben ihr Blut untersucht. Ihr Blutzuckerspiegel war soundso hoch. Ich schlage in jedem Gesetz nach, das ich kenne, aber nirgends finde ich eine Bestimmung, daß man jemand wegen eines bestimmten Blutzuckerwertes zum Tode verurteilen darf.

WEINER Rein juristisch gesehen, mögen Sie recht haben. Sie weigern sich, 20 Menschen heute zum Tode zu verurteilen. Ich bin nur erstaunt, wie Sie mit solch philosophischer Gelassenheit nolens volens in drei Monaten statt 20 – 50 Menschen zum Tode verurteilen. Herr Rabbiner, was sagen Sie dazu?

RABBI Es gibt eine Stelle im Talmud, die sich mit dieser Thematik befaßt. Vielleicht. Ich weiß nicht genau. Ich will versuchen, Ihnen die Stelle mit ein paar Worten zu erklären. Der Feind belagert eine Stadt und fordert – sagen wir – 20 Geiseln. Mit dem Tod der Geiseln wäre die ganze Stadt gerettet. Andernfalls wird die Stadt zerstört. Der Talmud fragt nun: Soll man die 20 Geiseln ausliefern oder nicht? Der Talmud antwortet: Wenn der Feind die Namen der Geiseln nicht nennt, darf kein einziger Mensch an den Feind ausgeliefert werden. Lieber soll das ganze Volk getötet werden und soll keiner überleben. Aber hat der Feind die Namen der Geiseln angegeben, dann sollen sie ausgeliefert und die Stadt gerettet werden. In unserem Fall: Wer ist der Feind? Wer nennt die Namen derer, die Sie sterben lassen wollen, damit die anderen überleben?

WEINER Ganz einfach. Hier ist die Liste der Patienten.
Alle vermeiden es, auf die Liste zu sehen.
Hier. Jeder Patient und sein Krankheitsbild. Jeder Patient mit seinem Blutzuckerwert. Jeder Patient und sein Name, sein Alter, sein Personenstand, sein Beruf und was er bisher für die Gemeinschaft beigetragen hat. Es steht alles da. Schauen Sie sich's selber an!
Er läuft jedem mit der Liste nach. Niemand will sie sehen.

RICHTER Lassen Sie mich in Ruhe. Ich will's nicht sehen!

RABBI Nein, nein!

WEINER Sehen Sie es sich an! Hier! Die Tatsachen schwarz auf weiß. Hier: ein achtundsiebzigjähriger Witwer, keine Kinder, kritischer Zustand. Und hier: ein sechsunddreißigjähriger, Vater von drei Kindern. Lesen Sie selber! Soll ich Ihnen die Namen sagen?

RICHTER Nein! Keine Namen bitte!

RABBI Wozu die Liste? Wissen Sie, wer morgen noch leben wird oder schon tot sein wird? Gott allein gibt das Leben, er allein darf es nehmen. Er allein weiß, wem er das Leben schenkt und von wem er es wieder nimmt. Die Menschen haben kein Recht sich einzumischen.

Ein weißer Vorhang kommt von oben herunter, vor den vier Leuten im Krankenhauskeller. Kittel taucht völlig unerwartet aus einer Ecke der Bühne auf und ruft

KITTEL Gens! Gens!

Gens kommt.

Ich muß ein logisches Problem lösen, Gens. Hilf mir bei der Lösung. Ein Mann und eine Frau haben geheiratet. Sie haben ein Kind. Haben sie sich vermehrt oder haben sie sich nicht vermehrt?

GENS Nein, haben sie nicht.

KITTEL Gut. Wenn sie zwei Kinder haben, haben sie sich dann vermehrt?

GENS N... nein. Zwei Kinder bedeutet noch keine Vermehrung.

KITTEL Und drei Kinder?

GENS Drei Kinder... ah..., das bedeutet eine Vermehrung.

KITTEL Ah... ha... ah. Der Führer hat befohlen, die natürliche Vermehrung der jüdischen Rasse zu verhindern. Das bedeutet, daß das dritte Kind...

GENS Überzählig?

KITTEL Überzählig ist... genau... Ich wußte, daß du das Problem für mich lösen würdest, Gens... Also los! Selektion des dritten Kindes. Ein Vater, eine Mutter, ein Kind, ein Kind. Das dritte – kaputt! An die Arbeit! Los!

Er wirft Gens einen Stock mit einem gebogenen Knauf zu. Gens steht auf einem Podest und führt die Selektion durch. Selektionsbilder werden auf den weißen Vorhang im Hintergrund projiziert.

GENS Vater, Mutter, Kind, Kind...

Vater, Mutter, Kind, Kind...

Los! Beeilung! Schneller, schneller!

Vater, Mutter, Kind, Kind...

Während der Selektion kommt Kruk nach vorne und diktiert seiner unsichtbaren Sekretärin. Das Geräusch der Schreibmaschine vermischt sich mit dem Geschrei der Familien und den Befehlen von Gens.

KRUK Acht Reihen vor mir gehen fünf Menschen: Der Mann, seine Frau und drei Kinder. Was wird jetzt passieren? Gens zählt: »Vater, Mutter, Kind, Kind.« Wie er zum dritten kommt, ein zwölfjähriger Junge, schubst er ihn aus der Reihe, schlägt ihm mit seinem Stock auf den Rücken. Immer noch mit dem Stock stößt er den Vater, die Mutter und die zwei Kinder in die Gruppe der zum Leben ausgewählten. Das dritte Kind hat er beiseite geschubst. Die Familie steht unter den Überlebenden, ringt die Hände und weint und klagt: »Wir haben unser Kind verloren. Unser Kind ist uns genommen worden von einem Juden. Gens hat unser Kind genommen!« Wilder Zorn erfaßt die Menschen, die sich in dichten Reihen vorwärtsschieben. Sie flüstern untereinander: »Gens ist ein jüdischer Mörder. Ein Verräter.« Einige Reihen vor mir gehen ein Vater, eine Mutter und ein Kind. Gens zählt: »eins Vater, zwei Mutter, drei Kind.« Plötzlich schreit er den Vater an: »Du Idiot, wo hast du dein zweites Kind gelassen?« Der Vater fängt an zu stottern: »Ich habe kein zweites Kind. Ich habe nur...« Jakob Gens läßt ihn nicht ausreden. Er schlägt ihm seinen Stock auf den Rücken. Geschrei. Tumult. Mitten in diesem Tohuwabohu zieht Jakob Gens mit dem Knauf seines Stockes das an der Seite stehende Kind am Hals, das Kind, das er zunächst von dessen Familie getrennt hatte. Gens stößt es zu der Familie mit dem einen Kind und brüllt: »Du Idiot! Hier ist dein anderer Sohn! Noch einmal, du Idiot, und du hast ihn endgültig verloren!« Das Kind geht zu der fremden Familie bei den Überlebenden. Es ist gerettet.

Die weiße Leinwand geht wieder hoch. Und man sieht wieder die Gruppe im Keller des Krankenhauses genau da, wo sie zuletzt stand. Die Diskussion wird fortgesetzt.

RABBI Herr Dr. Weiner! Wir sind weder rechtlich noch moralisch befugt, darüber zu entscheiden, wer leben oder wer sterben soll. Nur Gott allein kann darüber entscheiden. Gott und niemand sonst.

WEINER Bei allem Respekt, Herr Rabbiner, über was für eine Welt reden Sie eigentlich? Ihre Grundsätze gelten nur in einer Welt, in der es Gerechtigkeit gibt. Aber hier? In einer Welt wie dieser? Hier entscheiden die Menschen alles. Alles! Und was Sie den Willen Gottes nennen, ist der Wille von bösen Menschen.

RABBI Das ist Blasphemie!

WEINER Was uns am Leben hält, ist die Hoffnung, vielleicht doch noch den Tag der Befreiung zu erleben, wenn die Rote Armee hier einmarschiert. Diese Ampulle hier enthält das Wörtchen ›VIELLEICHT‹. Sehen Sie? In dieser Flüssigkeit, bekannt als Insulin, liegt für einige Menschen mehr Hoffnung als in allen Ihren Grundsätzen. Für einige Menschen enthält dieses Mittel eine echte Hoffnung. Bei andren hilft es trotzdem nicht den Tag zu erleben, auf den wir so sehnsüchtig warten. Und das wird nicht im Himmel entschieden. Das liegt hier – hier, in dieser Ampulle! Ich kann nicht so tun, als ob ich nicht wüßte, welchem Patienten ich damit helfen kann und welchem nicht.

RABBI Blasphemie!

WEINER Herr Dr. Gottlieb, Sie sind ein älterer und erfahrenerer Arzt, als ich es bin. Warum sagen Sie nichts? Sie sollten mich unterstützen. Sie wissen schließlich sehr genau, worüber ich spreche.

GOTTLIEB Ich verlasse diese Versammlung unter Protest gegen die unmenschliche Diskriminierung von Kranken!

WEINER Schlagen Sie mir vor, die Medikamente wie ein Automat zu verteilen, bis nichts mehr da ist. Ist das Ihre Vorstellung von Ethik? Sich verhalten wie ein Automat, ohne den Verstand zu benutzen? Ohne Gefühl? Ohne Logik?

GOTTLIEB Machen Sie, was Sie wollen. Ich werde mich nicht daran beteiligen. Sie machen aus der medizinischen Wissenschaft eine Ungeheuerlichkeit! Eine Selektion unter Patienten – das ist Nazimedizin!

WEINER *Ich* mache daraus eine Ungeheuerlichkeit? *Sie* tun das! Sie verurteilen alle zum Tode! Sie drücken sich vor der Verantwortung! *Das* ist Nazimedizin!

Alle gehen ab. Nur Weiner bleibt da. Er ruft hinter ihnen her.

Gegen wen protestieren Sie eigentlich? Gegen mich? Oder gegen Ihr eigenes Gewissen?

12. Szene

Gens tritt auf. Er macht einen Besuch im Krankenhauskeller. Er hat eine Flasche in der Hand und ist betrunken. Er sieht deprimiert aus. Er stammelt.

GENS Vater, Mutter, Kind, Kind...

Er bemerkt Weiner, winkt ihm zu und wirft sich auf den Kleiderhaufen.

Warum bleibst du noch hier? *(Pause)* Warum läufst du nicht weg? Geh doch zu den Partisanen! Du hast doch alle möglichen polnischen Ausweise. Gefälschte Dokumente... Versuch nicht, es zu leugnen. Ich weiß es. Du hast auch genau das richtige Gesicht – ein hundertprozentiger Pole. Sogar dein Polnisch klingt nach Warschau. Worauf wartest du noch? Worauf? *(Schweigen)* Es gibt keine Zukunft im Ghetto! Warum flüchtest du nicht zu den Partisanen?

WEINER Ich hab Angst.

GENS Deine Möglichkeiten zu überleben sind in den Wäldern größer als im Ghetto.

WEINER Ich hab nicht den Mut, mich zu entscheiden.

GENS Und hierzubleiben – dazu hast du den Mut?

WEINER Weggehen und kämpfen – das erfordert mehr Mut als im Ghetto zu bleiben und voller Verzweiflung auf den Tod zu warten.

GENS Versteh ich nicht.

WEINER Wenn man weggeht, trifft man eine Entscheidung und ist selber für diese Entscheidung verantwortlich. Ganz allein. Hier im Ghetto kann man weiterleben, ohne überhaupt eine Entscheidung zu treffen. Man läßt einfach alles passieren. Bei uns gibt es nichts Schöneres als die Philosophie der Passivität. Abwarten und nichts tun.

GENS Es gibt keine Zukunft im Ghetto.

WEINER Sie waren doch Offizier in der litauischen Armee. Sie wissen, wie man mit Waffen umgeht. Sie können kämpfen. Sie können jederzeit das Ghetto verlassen. Warum gehen Sie nicht in die Wälder?

GENS *(mit der Frechheit eines Besoffenen)* Mein Platz ist hier. Im Ghetto. Mit dem Rest der Juden. Ich flüchte nicht in den Wald.

WEINER Das ist keine Antwort. Sie wissen so gut wie ich, daß der Weg in die Wälder keine Flucht ist. Wer in den Wald geht, geht um zu kämpfen. Die Partisanen, die in den Wäldern leben, sind Helden.

Gens richtet sich kerzengerade auf, als wäre seine Trunkenheit verflogen.

GENS Hör mal gut zu! Offensichtlich hast du noch nicht begriffen, was die Deutschen mit uns vorhaben. Widerstand gegen die Deutschen bedeutet nicht nur Waffen zu organisieren und kämpfen. Er geht weiter als Flucht in die Wälder oder Sabotage und Mordanschläge und sogar weiter, als die Untergrundbewegung hier im Ghetto es sich vorstellt.

Weiner versucht, Gens zu unterbrechen, aber der läßt ihn nicht zu Wort kommen. Seine Stimme wird lauter.
Tu nicht so, als wüßtest du nichts davon! Du hast selber den Führer der Untergrundbewegung hierher ins Krankenhaus geholt, als man ein kleines Mädchen herbrachte, das schwer verletzt aus Ponary flüchten konnte. Ich weiß alles, was im Ghetto passiert! Du hast mich gefragt. Also hör zu! Die Deutschen wollen nicht nur unsere Körper vernichten. Nein! Die wollen unsere Seele! Kapierst du? Sie versuchen unsere Seelen zu infiltrieren. Sie sind fest entschlossen, ihre Kugeln in unser Fleisch und ihren Geist in unsere Seelen eindringen zu lassen. Verstehst du? Unser Kampf gegen sie muß ein geistiger Kampf sein. Hörst du noch zu? Das darf nicht geschehen! Unter keinen Umständen! Nicht mit unseren Fäusten, mit unserem Geist werden wir sie besiegen! Und ich werde dir mal was über das Insulin erzählen. Das jüdische Volk durchlebt im Augenblick die schwerste Phase seiner Geschichte. Die Deutschen wollen uns alle umbringen. Millionen haben sie schon ermordet. Aber sie werden uns nicht alle ermorden. Sie werden den Krieg verlieren, aber sie dürfen uns nicht geistig besiegen. Wir dürfen uns nicht mit ihrer tödlichen Krankheit infizieren. Kapierst du? Wenn wir sie besiegen wollen, müssen wir unseren Geist vor ihnen schützen und die retten, die noch stark sind. Nicht nur im körperlichen – im geistigen Sinn. Verstehst du? Selektion! Wir haben gar keine andere Wahl. Die Kranken, die Schwachen, die hoffnungslosen Fälle müssen geopfert werden. Soviel zum Insulin! Ich weiß nicht, ob die kommenden Generationen verstehen können, was hier geschehen ist oder ob sie rechtfertigen können, was wir getan haben... ob sie überhaupt versuchen werden nachzuvollziehen, welche Entscheidungen wir treffen mußten... Aber wir müssen retten, was zu retten ist! Deswegen will ich hier ein Theater haben und Vorträge und geistige Aktivität und Bildung und Hebräischunterricht für Kinder. Und das ist der Grund, weswegen ich nicht in die Wälder gehe. Ich will so viele Juden retten, wie ich nur kann!
Er nimmt einen Schluck aus der Flasche, steht auf und geht ab. Dabei murmelt er
Es gibt keine Zukunft im Ghetto. Keine Zukunft.

Zweiter Akt

13. Szene

Während Gens abgeht, treten vier junge Männer auf, die einen Sarg tragen. Sie klettern durch ein Loch im Ghettozaun. Gens strahlt die jungen Männer mit seiner Taschenlampe an. Sie bleiben erstarrt stehen. Einen von ihnen erkennt Gens.

GENS Leibele Grodzenski?

LEIB Jawohl, Chef.

GENS *(zeigt auf den Sarg)* Was ist das?

LEIB Die haben einen draußen auf dem Friedhof begraben, und jetzt bringen wir den Sarg zurück.

GENS Durch ein Loch in der Mauer? Gibt es das Tor nicht mehr?

LEIB Der Weg ist kürzer...

GENS Ihr habt da nicht zufälligerweise Waffen für die Untergrundbewegung drin? Nein, nicht?

LEIB Waffen für die Untergrundbewegung? Wir? Mach keine Witze, Chef...

GENS Also was ist es diesmal? Ungarische Salami? Zucker? Kaffee?

LEIB Der Geist des Toten, Chef: Ich schwörs.

GENS Ein etwas schwerer Geist, scheint mir, hah?

LEIB Nu, – es gibt so 'ne und so 'ne Geister, Chef.

GENS Morgen früh neun Uhr kommt ihr aufs Kommissariat mit einer Spende von 5000 Rubel zugunsten unserer Anstalt für jugendliche Straftäter. Ist das klar?

LEIB 3000?

GENS Du kommst sofort mit aufs Kommissariat!

LEIB Morgen früh, neun Uhr, 5000 Rubel, Chef. Du hast das Wort von Leib Grodzenski darauf!

Gens packt Leib am Kragen.

GENS Du kommst mit! Du bleibst da so lange, bis deine Freunde kommen und dich auslösen, kapiert? Und beim nächsten Mal, ihr Unterweltler, werdet ihr euch davor hüten, euch mit Jakob Gens anzulegen.

Er stößt Leib vor sich her und geht mit ihm ab. Die drei anderen bleiben mit dem Sarg zurück.

JANKEL Nu, Geiwisch – was machen wir jetzt? Sollen wir ihn gleich rausholen?

GEIWISCH Hast du 5000 Rubel bei dir, du Blödmann?

JANKEL Also – was sollen wir tun?

GEIWISCH Wir warten, bis der Typ vom Weißkopf kommt und die Waren abholt. Der gibt uns die Penunzen, und dann können wir Leib rausholen.

Jankel und Geiwisch setzen sich auf den Sarg und drehen sich eine Zigarette. Sie singen und tanzen den »Gangster-Song«.

ALLE *(singen)*

Wir sind die Mischpoche, die keiner verknackt
wir gehn nie verschütt, weil keiner uns packt
wir sind auf der Lauer
da liegt sich's bequem
für uns ist eine Mauer
überhaupt kein Problem

Wir gehen nicht kapores
was auch geschieht
und wenn der Laden bricht
im Ghetto gibt's nur Zores
das alte Lied
die sind doch nicht ganz dicht
wir gehen nicht kapores
nein, wir nicht

Wir wichsen die Schicksen, daß es nur knallt
und sind sie nicht willig, dann halt mit Gewalt
uns schert kein Gesetz
uns schert kein Tabu
nur Hammel haben Bammel
aber wir schlagen zu

Wenn andere schlafen, sind wir unterwegs
des Judenrats Geseire geht uns auf den Keks
und Gens, dieser Stenz
der kann uns doch mal
uns ist Kittels Schlattenschammes völlig egal

Wir gehen nicht kapores
was auch geschieht
und wenn der Laden bricht
im Ghetto gibt's nur Zores
das alte Lied
die sind doch nicht ganz dicht
wir gehen nicht kapores – nein, wir nicht

Text: Thomas Woitkewitsch. Musik: Peer Raben

JANKEL Pschschsch!... Da kommt jemand!

GEIWISCH Unser Typ?

Der Chassid kommt.

CHASSID Hallo, Jungs.

GEIWISCH Kommst du von Weißkopf?

CHASSID Ich kann aus der Hand lesen.

GEIWISCH Hau ab!

CHASSID Oh – ho – was sehe ich da? Die kommende Woche wird eine grundlegende Änderung in dein Leben bringen.

GEIWISCH Hau ab!

ELIA Moment mal. Woher weißt du das? Du hast dir ja noch nicht mal meine Hand angeguckt.

CHASSID Ich kann auch Ohren lesen. Allerdings ersehe ich weit mehr Einzelheiten aus der Hand.

ELIA Also los! Lies mir aus der Hand.

Er streckt Chassid die Hand hin, der anfängt darin zu lesen.

CHASSID Oh – ho – was sehe ich da... acht besiegt drei. In der Gematrie bedeuten mir deine Handlinien, daß Chet – Gimmel besiegt. Gimmel ist gleich Germanen. Chet ist gleich Cherut – was Freiheit und Unabhängigkeit bedeutet. In noch drei Zeitabschnitten werden wir von den Deutschen, ja – ihr Name und die Erinnerung an sie mögen aus unserem Gedächtnis schwinden – befreit sein – und das bedeutet das Ende.

ELIA Was soll das: »drei Zeitabschnitte«?

CHASSID Das könnte in drei Wochen, drei Monaten oder gar drei Jahren sein...

Er streckt seine Hand aus.

Dreißig Rubel bitte...

ELIA Wie wärs mit drei Sekunden?

CHASSID Vielleicht. 30 Rubel bitte.

ELIA Da hast du's.

Er ersticht ihn. Der Chassid, mit dem Messer im Bauch, wird von Elia ein paar Schritte beiseite gezogen. Er zieht das Messer raus. Der Chassid fällt zu Boden und Elia durchsucht seine Taschen.

GEIWISCH *(brüllt)* Warum hast du das getan, Idiot!

Elia, der sich beim Chassid hingekniet hat, steht auf. Er hält ein Bündel Geldscheine in seiner Hand.

ELIA Da. – 1000, 2000, 6000, 10000!

GEIWISCH Raus mit der Ware und rein in den Sarg!

Sie gehen zum Sarg und öffnen den Deckel. Im Innern des Sarges richtet sich eine in ein Totengewand gehüllte Gestalt auf und bleibt sitzen. Dann steht der Tote auf. Die drei jungen Männer brechen in Geschrei aus und laufen weg. Der Tote steigt aus dem Sarg und fängt an, sein Totenhemd auszuziehen. In diesem Moment betritt Kruk seine Bibliothek und fängt an, seiner unsichtbaren Sekretärin zu diktieren. Man hört das Klappern der Schreibmaschine.

KRUK Das ist jetzt der zweite Raubmord im Ghetto. Diesmal gehören die Täter eindeutig zur Ghetto-Unterwelt. Meine Ermittlungen haben ergeben, daß allem Anschein nach der Raub und der Mord im engen Zusammenhang mit Geschehnissen auf dem Schwarzen Markt stehen, der im Ghetto sehr floriert. Die reichen Ghettobewohner können die teuren Waren bezahlen, und unsere Unterwelt sorgt für Nachschub.

Inzwischen hat der Tote sein Totenhemd ausgezogen – es ist Kittel. Er wirft das Hemd in den Sarg, holt daraus ein dickes Buch und macht den Sarg wieder zu. Er setzt sich eine dicke Hornbrille auf, steckt sich das Buch unter den Arm und verwandelt sich so in Dr. Paul. Er dreht sich um und betritt die Bibliothek von Kruk.

14. Szene

PAUL Habe ich die Ehre mit Herrn Hermann Kruk?

KRUK Und mit wem habe ich das Vergnügen?

PAUL Dr. Paul. Vom Einsatzstab Rosenberg zur Erforschung des Judentums ohne Juden. Es freut mich, Sie kennenzulernen. Haben Sie schon von unserem Amt gehört?

KRUK Gehört schon, aber nichts Genaues.

PAUL Also, Herr Kruk, unser Amt arbeitet mit Wissenschaftlern und Gelehrten aller Schattierungen der jüdischen Kultur und schickt sie in bestimmte dafür ausgewählte Ghettos. Unser Ziel ist die Erforschung und Dokumentierung der geistigen und religiösen Bestandteile dieser Kultur, um, wenn ich mich einmal so ausdrücken darf, die Spreu vom Weizen zu trennen. Wir planen, ausgewählte Kultgegenstände an bestimmten Stellen zu sammeln, um sie später an das Zentralinstitut in Frankfurt zu überführen. Dieser Vorgang muß abgeschlossen sein, bevor es die gegenwärtigen Träger Ihrer so reichen Kultur unglücklicherweise nicht mehr geben wird. Mir wurde die große Ehre zuteil, nach Wilna geschickt zu werden, und ich hoffe, daß sich zwischen uns die engen geistigen Beziehungen entwickeln werden, wie man es unter Wissenschaftlern erwarten kann. Ich habe einiges über Sie gehört. Sie aber sicher noch nichts über mich. Darf ich Ihnen deswegen meine letzten Bücher verehren?

Er überreicht Kruk die Bücher, die er unter seinem Arm getragen hatte. Kruk blättert in den Büchern.

KRUK Untersuchungen über den Talmud...

PAUL Genau. Der Jerusalemer Talmud. Wie Sie sehen, ist das mein Spezialgebiet. Zu meiner Schande muß ich gestehen, daß ich noch nicht das Aramäische beherrsche. Aber ich habe angefangen, es zu lernen. Und sogar der Babylonische Talmud ist mir nicht ganz fremd. Ich kann auch eine Seite Gemore übersetzen.

KRUK Und wie, wenn ich fragen darf, sind Sie auf mich gekommen?

PAUL Tja, um es mit einer Metapher zu sagen, ich habe die umgekehrte Methode benutzt, die Rabbi Jochanaan Ben Sakkai gewählt hat.

KRUK Wie bitte?

PAUL Er verließ das besetzte Jerusalem am Abend bevor der Tempel zerstört wurde. Er wurde von vier Schülern in einem Sarg aus der Stadt getragen. Und ich habe Wilna - das Jerusalem Litauens - um eine andere Metapher zu benutzen - auf demselben Wege betreten. Hah! Hah! Wollen wir uns nicht setzen?

KRUK Bitte!

PAUL Wie hat Ihr großer Dichter Bialik formuliert: »As man schtejt - redt man, as man sitz t...«

KRUK »Redt sech...«

Paul lacht, Kruk lacht mit ihm, dann wird er ernst.

Wie kommt ein...

Er unterbricht sich. Paul ergänzt seine Frage für ihn.

PAUL Wie kommt ein Goj wie ich dazu, Jiddisch zu sprechen? Warum haben Sie Angst, das zu fragen? Oder sehe ich nicht wie ein Goj aus? Sogar in Jerusalem hat man mich für einen Juden gehalten. Jedenfalls die Araber. In den Pogromen von 1936 hätten sie mich beinahe umgebracht. Im Bazar bin ich in die Hände von ein paar arabischen Straßenrowdies gefallen. Und wenn mich nicht die jüdischen Revolutionäre von der Haganah - fabelhafte Kerle! - in letzter Minute gerettet hätten, könnten wir hier nicht zusammensitzen und uns unterhalten. Hah! Hah!

Sein Lachen klingt plötzlich sehr drohend. Er lacht immer sehr unerwartet und wird dann ganz abrupt wieder ernst. Seine Stimme kann von einer Sekunde zur anderen schneidend wie ein Messer werden.

Waren Sie in Jerusalem?

KRUK Nein.

PAUL Das ist ein Manko.

KRUK Ich war noch nie in Palästina.

PAUL Das ist ein großes Manko.

KRUK Ich bin kein Zionist.

PAUL Sie waren Kommunist?

Kruk sieht ihn an und merkt, daß es keinen Zweck hat zu lügen.

KRUK War!

PAUL Sie waren Gründungsmitglied der polnischen Sektion der Kommunistischen Internationale.

KRUK Sie wissen alles über mich.

PAUL Ist Ihnen heute diese kommunistische Episode in Ihrem Leben peinlich?

KRUK Peinlich? *(eine Pause)* Nein. Während der Oktoberrevolution war ich trunken vor Begeisterung. Ich glaubte fest daran, daß diese Revolution das Ende der Ungerechtigkeit bedeutet und daß es von nun an nie wieder Verfolgungen von nationalen Minderheiten geben würde, auch nicht von Juden.

PAUL Sie sind aus der Partei noch vor den stalinistischen Ausschreitungen ausgetreten?

KRUK Lange vorher. Ich bin nicht wegen Stalin ausgetreten, sondern weil die jüdischen Funktionäre meiner eigenen Partei die jüdische Kultur vernachlässigt und diffamiert haben.

PAUL Obwohl Sie nicht religiös waren?

KRUK Ich war nie religiös, und ich werde als Atheist sterben. Trotzdem ist mir der Haß der Juden gegen ihren eigenen Glauben immer unverständlich geblieben.

PAUL Und jetzt verstehen Sie das?

KRUK Ja - dank der Deutschen.

PAUL Das versteh ich nicht.

KRUK Wenn nach alldem, was die Deutschen uns angetan haben, es möglich ist, daß der jüdische Gestapoagent Dessler oder der Chef der Ghetto-Torpolizei, der Jude Lewas, imstande sind, Juden sadistisch zusammenzuschlagen - oder wenn es möglich ist, daß im Gebäude des Judenrats Feste stattfinden, bei denen jüdische Polizisten mit deutschen Offizieren fraternisieren, sich besaufen und sich mit jüdischen Huren abgeben, dann begreife ich plötzlich, wie tief der jüdische Selbsthaß verwurzelt sein muß.

PAUL Und trotzdem sind Sie ein loyaler Sozialist geblieben - ein Bundist, wie man das bei Ihnen nennt?

KRUK Ja, das bin ich.

PAUL Und nach alldem, was Ihnen passiert ist, glauben Sie immer noch, daß der Sozialismus in der Diaspora eine jüdische kulturelle Autonomie zulassen würde?

KRUK Ja. Vielleicht werde ich den Tag nicht mehr erleben, aber ich glaube fest daran.

PAUL Das erinnert mich an eine chassidische Legende. Ein König war wütend auf seinen Sohn wegen eines Vergehens und verstieß ihn aus seinem Schloß. Aber bald bereute der König, was er getan hatte. Er rief einen Boten und sagte: »Geh und suche meinen Sohn und frage ihn, welche drei Wünsche er hat.« Der Bote ging und fand den Sohn in zerfetzten Lumpen und starrend vor Dreck. Er sprach zu dem Prinzen: »Wenn ein Bote des Königs kommt und dich fragen würde, welche drei Wünsche du hättest, was würdest du ihm antworten?« Der Prinz antwortete: »Brot, Kleidung und ein Zuhause.« Der Bote kehrte zurück und berichtete seinem König. Da sprach der König: »Mein Sohn hat vergessen, daß er ein Prinz ist. Sonst hätte er nur einen Wunsch geäußert: in das Schloß zurückzukehren. Damit wären alle anderen Wünsche auch erfüllt worden. Er hätte Kleider in Fülle, das beste Essen und sein Zuhause. Ich habe meinen Sohn für immer verloren.« – Sie träumen von der kulturellen Autonomie der Juden und von ein paar Privilegien, die Ihnen gnädig eingeräumt werden? Warum wollen Sie nicht in das Schloß zurück? In Palästina könnten Sie alles haben und Sie brauchten nicht darauf zu warten und darauf zu hoffen, daß eines Tages das Gute den Sieg über das Schlechte erringen wird.

KRUK Herr Dr. Paul, werben Sie für die Zionisten? Was haben Sie in Jerusalem getan?

PAUL Ich habe an der Hebräischen Universität studiert. Erlauben Sie mir eine Frage: Ich weiß, daß Sie nicht damit einverstanden sind, wie Gens Leute wie Dessler und Muschkat benutzt, um das Ghetto zu leiten…

KRUK Gens tut, was er unter den von Ihnen geschaffenen Umständen tun kann.

PAUL Verteidigen Sie diese Leute nicht! Ich mag sie ja auch nicht. Sie strengen sich viel zu sehr an, wie wir zu sein. Und niemand sieht gern in einen Zerrspiegel, um dabei eine abstoßende Karikatur seiner selbst zu sehen. Aber Sie sind anders. Sie gehen unbeirrt Ihren eigenen Weg. Hören Sie zu, Kruk. Ich weiß, daß Sie in Ihrer Jugend bei den antisemitischen Ausschreitungen in Polen zwischen 1920 und 1921 für einige sehr couragierte Aktionen der Untergrundbewegung verantwortlich waren. Ich weiß, Sie sind ein unerschrockener Mann. Was würden Sie sagen, wenn ich Ihnen mitteile, daß uns Gens und seine Konsorten nicht mehr passen, daß wir sie rausschmeißen und Sie dafür einsetzen wollen. Sie könnten sich Ihre eigenen Leute aussuchen, mit denen Sie zusammenarbeiten wollen.

KRUK Danke! Kommt nicht in Frage! Ich nehme von Ihnen kein Amt an!

PAUL Auch nicht, wenn Sie mit Ihrer Ablehnung Gens krönen?

KRUK Oj-wa-woj! Der Himmel schütze uns vor einem König, der auf Ihre Gnade angewiesen ist. Und was die chassidische Legende betrifft: der Prinz war überhaupt nicht verloren. Er hat genau kapiert, was die Menschen wirklich brauchen, worauf sie verzichten können. Zuhause sind die Menschen nicht in irgendeinem Land, sondern innerhalb ihrer eigenen Kultur. Ohne die Kultur verlieren sie ihre Identität.

PAUL Sie haben sich für die Diaspora entschieden und haben damit die Zukunft Palästinas und des Zionismus Leuten wie Gens überlassen. Und die werden es nicht ablehnen, die Macht von uns anzunehmen oder von sonstjemand, der sie ihnen anbietet.

KRUK Hier im Ghetto vielleicht, aber nicht in Palästina.

PAUL Gestatten Sie, daß ich anderer Meinung bin. Ich habe Ihnen gesagt, daß ich in Jerusalem studiert habe. Aber das war nicht alles. Ich habe auch Kontakt zu den Führern bestimmter Gruppen aufgenommen, die zu derselben zionistischen Bewegung gehören, der auch Gens und Dessler angehören. Ich weiß also sehr genau, worüber ich spreche. Ich bin ein großer Bewunderer des Judentums, das Sie vertreten, und das allein dazu in der Lage wäre, die lebenswichtige Balance zwischen unseren beiden Völkern wiederherzustellen. Ich bedaure es, daß Sie gerade zu dem Zeitpunkt abtreten wollen, wo Sie die Gelegenheit hätten, politischen Einfluß zu nehmen. Sie hätten ein schreckliches historisches Unrecht wieder in Ordnung bringen können!

KRUK Welche lebenswichtige Balance? Welches historische Unrecht? Welche Gelegenheit? Wovon reden Sie überhaupt?

PAUL Das werden wir bei einer anderen Gelegenheit weiterdiskutieren.

Er steht auf, holt eine Liste raus und übergibt sie Kruk.

Bis zum nächstenmal brauche ich diese Bücher von Ihnen, in Pakete verpackt, damit sie nach Berlin geschickt werden können. Weiter möchte ich eine Untersuchung von Ihnen über die Sekte der Karäer in Wilna. In Berlin braucht man eine wissenschaftliche Stellungnahme zu der Frage, ob die Karäer zur jüdischen Rasse gehören oder nicht.

Im Hintergrund hört man die Geräusche einer Menschenmenge. Paul und Kruk stehen auf. Paul zeigt in die Richtung, aus der die Geräusche kommen.

Sehen Sie? Das sind die anderen Juden. Die wissen, worum es bei der Macht geht. Das sind unsere verzerrten Karikaturen.
Er lacht, daß es einem durch Mark und Bein geht, und verschwindet.

15. Szene

Gens, der Richter, Dr. Gottlieb, Dessler und Muschkat treten auf, die letzten beiden in der Uniform der Ghettopolizei mit Ärmelabzeichen. Dessler ist dick, völlig kahl und hat einen dicken, schwarzen Schnurrbart. Dessler und Muschkat führen die drei zum Tode Verurteilten Geiwisch, Elia und Jankel zur Hinrichtung. Die Hände der drei sind auf dem Rücken zusammengebunden. Während der Zug auf die Bühne kommt, werden von zwei Leuten in Schlachterkleidung drei große Holzrahmen von ca. drei Meter Höhe auf die Bühne geschoben, an deren oberen Querbalken jeweils Fleischerhaken befestigt sind. Von den Haken hängen Henkerseile herab. Drei Stühle werden unter die Haken gestellt. Während dieser Vorgänge ruft Gens

GENS Herr Richter!

RICHTER Das jüdische Gericht des Ghetto Wilna hat in seiner Sitzung vom 4. Juni 1942 gegen die Angeklagten Jankel Polikanski und die Brüder Itzig und Elia Geiwisch verhandelt. Die Angeklagten sind beschuldigt, in der Nacht vom 3. Juni den Schauspieler und Handleser Joseph Gerstein erstochen zu haben. Der Prozeß hat ergeben, daß die Angeklagten nicht nur den Genannten ermordet haben, sondern daß auch der verstorbene Herzel Liedes von ihnen ermordet und im Keller Strashunastraße 9 verscharrt wurde. Das Ghettogericht hat die Angeklagten in beiden Fällen des Mordes für schuldig befunden und verurteilt sie zum Tod durch den Strang.

GENS Herr Richter, Mitglieder des Judenrats, Polizeioffiziere, meine Damen und Herren! Von den 75000 Juden Wilnas sind 16000 übriggeblieben. Es ist die Pficht dieser 16000 Juden, anständige, ehrliche und arbeitsame Menschen zu sein. Wer das nicht ist, dem droht das gleiche Schicksal, wie es jetzt diesen Verurteilten widerfahren wird. Wir werden jedem derartigen Fall genauestens nachgehen und das Urteil mit unseren eigenen Händen vollstrekken.
Kittel tritt auf und stellt sich nicht weit von Gens entfernt auf. Sie begrüßen sich kurz. Gens fährt fort.
Im Hof der alten Schlachterei in der Schlachtergasse Nr. 9 wird heute das Todesurteil gegen drei jüdische Mörder vollstreckt, die

andere Juden ermordet haben. Das Urteil wird von der jüdischen Polizei vollzogen, die die Aufgabe hat, das Leben zu schützen und die Ordnung im Ghetto aufrechtzuerhalten. Die Polizei wird jetzt ihre Pflicht erfüllen und das Urteil vollstrecken. Laßt uns anfangen.

Dessler und Muschkat gehen auf die zum Tode Verurteilten zu und führen sie zu den Galgen. Die drei steigen auf die Stühle. Die Schlingen werden um ihren Hals gelegt. Gens hebt seinen Stock und gibt das Zeichen mit einer schnellen Abwärtsbewegung des Stocks. Die Stühle werden weggezogen, und die drei sind gehenkt. Kruk diktiert in seine unsichtbare Schreibmaschine.

KRUK Das Seil, an dem der Verurteilte Jankel Polikanski aufgehängt war, riß und Jankel fiel auf den Boden. Er lebte. Gens wollte ihn nach dem alten Hinrichtungsbrauch begnadigen, aber nachdem man den Verurteilten wieder auf die Beine gebracht hatte, machte Kittel ein Zeichen mit dem Daumen nach unten wie die römischen Kaiser, woraufhin Jankel ein zweites Mal gehenkt wurde.

Während im Hintergrund die Gehenkten baumeln und ihre Körper noch zucken, geht Kittel zur Bühnenmitte, hebt seinen Arm und verkündet, nachdem er ein versiegeltes Schreiben herausgeholt und das Siegel erbrochen hat.

KITTEL Bei dieser feierlichen und eindrucksvollen Demonstration autonomer jüdischer Selbstverwaltung im Ghetto Wilna, die sich in jeder Hinsicht tadellos bewährt hat, teile ich jetzt mit: Da die Wilnaer Ghettoleitung in Kürze eine wichtige neue Aufgabe übernehmen wird und da der gegenwärtige Judenrat in seiner momentanen Zusammensetzung wegen seiner Schwerfälligkeit nicht in der Lage ist, seine Verantwortung mit der erforderlichen Effektivität durchzuführen, verkünde ich hiermit die Auflösung des Judenrats. An seiner Stelle ernenne ich Herrn Jakob Gens zum neuen Leiter des Ghettos *(Applaus)*. Ihn wird als Sekretär Herr Fried unterstützen. Die polizeilichen Aufgaben unterliegen Herrn Dessler *(Beifall). (In der Berliner Aufführung sangen hier alle die ›Hatikwa‹.)*

GENS *(hebt die Hand)* Ich lade die Polizeikommandanten und die anderen öffentlichen Persönlichkeiten unserer Gemeinde zu einem Fest ein, das anläßlich des Wechsels der neuen Ghettoleitung im Gebäude des Judenrats veranstaltet wird. Ich versichere, daß die neue Leitung alles tun wird, um dem Wohl der Allgemeinheit zu dienen.

KITTEL *(hebt die Hand)* Ich freue mich sehr, an dem Fest teil-

zunehmen – *wenn* ihr gute Musik und gutes Theater garantiert. Und es wird mir eine große Ehre sein, eure unvergeßliche Sängerin wiederzusehen. Ich habe mit ihr noch eine kleine Rechnung zu begleichen, vielleicht ist euer Fest dafür die richtige Gelegenheit. *Er faltet den Brief zusammen und steckt ihn in seine Tasche. Er wendet sich zum Gehen, bleibt aber kurz vor dem Abgehen stehen.* Übrigens – zu Ehren dieses Ereignisses, gebe ich ausnahmsweise die Erlaubnis, Blumen in das Ghetto zu bringen.
Kittel geht ab. Eine Jazzband tritt auf, die fröhliche Musik spielt. Die Leichen werden von den Galgen gelöst und die Galgen rausgebracht. Weißkopf betritt mit großem Elan die Bühne.

16. Szene

Während Weißkopf die Vorbereitungen inszeniert, spielt sich folgendes ab: Auf die Bühne kommen die Schauspieler mit großen bunten Blumensträußen in der Hand. Sie staffieren die Bühne mit Blumen aus, Kränze und Lampions werden aufgehängt, die Bühne wird dekoriert. Teppiche werden ausgerollt, Kissen darauf ausgelegt. Große Tabletts mit Wein, Wurst und gebratenen Hähnchen werden hereingebracht. Die Bühne wird für das Fest hergerichtet. Es wird gesungen. Weißkopf läuft zwischen all dem hin und her.

WEISSKOPF Bringt Blumen herein! – Mehr Blumen! Es soll alles voller Blumen sein. Hier wird das kalte Büfett stehen und dorthin mit den gebratenen Hühnern – daneben stellt ihr den Topf mit der Sauce. – Wo bleibt der Topf mit dem Tscholent? – Wo ist der Tscholent? Oh – bring den Tscholent-Topf! Ja – du Idiot. Wann endlich gedenkst du ihn reinzubringen? Wenn die Gäste hier sind? Dorthin mit den Getränken! Moment! – Nein! – Verteilt die Flaschen über den ganzen Saal! Man soll sich bequem bedienen können. – Öffnet alle Flaschen. – Macht alle Flaschen auf. Sorgt euch nicht über das, was übrigbleibt. Der Rest geht morgen in die Armenküche. Wir werden es denen schon zeigen, wie Juden ein Fest begehen! Wir werden es denen zeigen, diesen Schweinen! – Wo bleibt der Kwaß? – Komm her, du Schmock! Stell den Kwaß hierher! – Ich habe doch ausdrücklich gesagt, alle Flaschen aufzumachen! – Spar du mir kein Geld! – Schmockmann! – Maria! Ist es das Geld deines Vaters? – Das Geld gebe ich! Also spart mir kein Geld! Ich werde mit denen heute ein Geschäft abwickeln – es wird das zehnfache Geld einbringen – hundertfach! Das Orchester ist hier. Wo ist die Bühne? Aha, hier ist die Bühne. – In Ordnung, dort ist die Bühne. - Wo bleibt die Dekoration? Was, das ist die ganze Dekoration? Das ist ja reinstes Armentheater! Wer ist der Schwanz, der diese Dekoration arrangiert hat? - Bringt Blumen auf die Bühne! - Mengen von Blumen! Es soll schön aussehen. - Es muß angenehm sein, auf sie zu schauen. So. - - Noch Blumen. Geizt nicht mit den Blumen! Die sollen mal sehen, was die Juden alles fertigbringen können. Die Augen sollen ihnen aus den Schädeln kugeln und durch ihre Schnauzen wieder hinein und zurück! Sollen alle Plagen des Pharao zusammen mit der Krätze Hiobs über sie kommen! - Legt das Fleisch schön auf. - Sollen sie es sehen, sollen sie es essen, sollen sie daran ersticken. - Sollen sie es in den Mund nehmen, und dann soll ihnen ein Geschwür auf der Zunge wachsen! Sie sollen sich den Bauch vollschlagen und sich nicht entleeren können! Sie sollen vorne und hinten verstopft werden, und der Wurm des Titus soll in ihren Hirnen Foxtrott tanzen. - Den Topf mit dem Reis hinterher! Sie sollen so gestopft werden, bis ihnen vor lauter Druck die Eingeweide aus dem Hintern fliegen und sich um ihren Hals wickeln. Herrlich - herrlich! Ausgezeichnet! Ist alles fertig? Orchester - Musik! - Bitte! -

Das Orchester fängt an zu spielen. Die Gäste kommen: Gens, Dessler, Muschkat, Kittel, zwei Gestapo-Beamte, jüdische Polizisten, drei jüdische Prostituierte, Srulik mit seiner Puppe und Chaja in einem wunderschönen Abendkleid. Weißkopf empfängt die Gäste und lädt sie zu Aperitif und Horsd'œuvre ein. Während sie essen, singt Chaja »Frühling«.

CHAJA *(singt)*

Ich laufe im Ghetto durch finstere Straßen
und fremd kommt mir vor jeder Ort.
Wo ist mein Liebster, wo kann ich ihn finden,
sagt mir denn keiner ein Wort?
Über mir leuchtet der Himmel, der blaue,
aber ich suche nur dich.
Ich steh wie ein Bettler vor so vielen Türen
und bitte um Sonne für mich.

Frühling, nimm meine Trauer,
bring meinen Liebsten,
meinen Treuen zurück!

Frühling, auf deinen blauen Flügeln
o nimm mein Herz mit,
nimm es mit zu meinem Glück!

Ach wärst du bei mir, wär der Winter vorüber
und Fröhlichkeit an jedem Ort.
Ich seh dich im Traume, den Arm voller Blumen,
komm doch und geh nie mehr fort!
Die Sonne bringt Farben, erwärmt unsre Erde,
aber, ach, was hilft es mir?
Denn du bist verschwunden: Sag, wann kommst du wieder,
ich weine und rufe nach dir:

Frühling, nimm meine Trauer,
bring meinen Liebsten,
meinen Treuen zurück!
Frühling, auf deinen blauen Flügeln
o nimm mein Herz mit,
nimm es mit zu meinem Glück!

deutscher Text: Peer Raben nach Scholem Katherginsky
Musik:Abraham Brudno, Bearbeitung: Peer Raben

Während des Liedes fängt ein Fest an mit Tanzen, Trinken und den Prostituierten. Wenn das Lied vorbei ist, applaudieren die Gäste. Kittel hebt die Hand. Alle sind sofort still. Kittel geht zu Chaja, nimmt ihre Hand und küßt sie. Alle applaudieren. Kittel hebt wieder die Hand. Wieder sofortige Stille.

KITTEL *(zu Chaja)* Schließ die Augen!

Sie tut es. Kittel zieht aus seiner Tasche eine lange Perlenkette. Er zeigt sie den Gästen. Bewunderndes Staunen. Kittel legt die Kette um Chajas Hals.

Jetzt darfst du sie wieder aufmachen.

CHAJA *(entdeckt die Perlenkette)* Oh!

KITTEL Leider sind es nur Perlen, aber wenn du wüßtest, wo sie herstammen...

Chaja macht eine Bewegung, als ob sie die Kette abnehmen möchte, aber Kittel hindert sie daran.

Nu, nu. Wer mit Schuhen anfängt – hört bei Perlen auf. Im übrigen schuldest du mir immer noch 25 Gramm Bohnen. Entschuldige, 20 Gramm Bohnen, wenn ich dieses Lied mitrechne.

Er verläßt Chaja und geht zu Srulik und wendet sich an die Puppe.

Und was macht unser kleiner Freund? Ist er immer noch so frech wie früher?

DIE PUPPE Wieso frech? Das nennst du frech hier? Das ist nur jüdische Chuzpe.

KITTEL Ha! Jüdische Chuzpe, sagst du! Sehr interessant! Gib mir ein Beispiel jüdischer Chuzpe, wenn du dich traust.

DIE PUPPE Du siehst nicht so gut aus.

KITTEL Stimmt. Ich hab Kopfschmerzen.

DIE PUPPE Nimm ein paar Kopfbäder, dann bist du alle Schmerzen endgültig los.

KITTEL Was sind Kopfbäder?

DIE PUPPE Steck deinen Kopf dreimal ins Wasser und zieh ihn zweimal wieder raus.

Kittel lacht, alle andern fallen ein. Plötzlich hebt Kittel die Hand. Alle werden sofort still. Sie halten den Atem an. Plötzlich bricht Kittel in lautes Lachen aus.

DIE PUPPE Ha, ha! Weißt du, wieso ein Deutscher zweimal lacht, wenn er einen Witz hört?

KITTEL Nein, warum?

DIE PUPPE Das erste Mal - aus Höflichkeit, das zweite Mal - weil er ihn endlich verstanden hat.

Kittel lacht einmal, wird still, lacht wieder, wird wieder still.

KITTEL Hei, alter Freund! Das ist ja ganz schön frech! Aber ich wette mit dir, daß du dich nicht traust, noch frecher zu sein.

DIE PUPPE Wieviel?

SRULIK *(zur Puppe)* Hör auf, du Idiot!

DIE PUPPE Hör du auf, Idiot! Laß ihn doch! Also: Ich setze mein Leben, und du kannst 50000 setzen.

Kittel steckt die Hand in seine Hosentasche und holt einen Geldschein raus.

KITTEL Ich habe leider nur 1000 dabei.

Weißkopf springt auf, steht stramm und reicht Kittel ein Bündel Geldscheine.

WEISSKOPF Bitte, bedienen Sie sich, Herr Kittel.

KITTEL Hast du einen Füller? Ich geb dir eine Quittung.

Weißkopf sucht nach einem Füller.

DIE PUPPE Wieso Quittung? Er verläßt sich auf die deutsche Ehrlichkeit. Ihr habt Charkow einkassiert und wieder rausgerückt. Ihr habt Stalingrad einkassiert - und wieder rausgerückt. Da kannst du dich darauf verlassen, daß er auch dein Geld wieder rausrückt »Groschen für Groschen«.

Kittel steht einen Moment lang betroffen da. Alle anderen sind sprachlos und entsetzt. Kittel hält Srulik das Geldscheinbündel hin.

KITTEL Hier! Diesmal hast du gewonnen.

Srulik steht verblüfft da mit dem Geld in der Hand und stammelt, während er versucht, Kittel das Geld zurückzugeben. Der hat sich aber schon weggedreht.

SRULIK Nein, nein, eh...

DIE PUPPE Idiot! Steck es ein! Ein Gauner, der von einem anderen Gauner klaut, klaut nicht!

KITTEL *(scharf, zu Srulik)* Genug!

Alles ist totenstill.

WEISSKOPF Herr Kittel! Herr Kittel! Von diesem Cognac haben Sie bisher nicht probiert. Ein exquisiter französischer Cognac.

Er drückt Kittel ein Glas Cognac in die Hand. Beide leeren ihre Gläser in einem Zug.

KITTEL Aaahhh! Erinnert mich an Paris... Paris... Paris... ja, ja...

Das Orchester fängt an, ein französisches Chanson (bei der Berliner Aufführung: Parlez moi d'amour) zu spielen. Chaja singt es. Weißkopf geht zu Kittel nach vorne, um mit ihm etwas Geschäftliches zu besprechen. (Bei der Berliner Aufführung sangen hier alle »Wir leben ewig«).

ALLE *(singen)*

Wir leben ewig
Es brennt die Welt
Wir leben ewig
Und ohne Geld
Denn unsere Feinde, ja die fürchten wir nicht
Wenn sie auch gern anschwärzen unser Gesicht.
Wir leben ewig
Wir sind noch da
Wir leben ewig
Und noch ein Jahr
Wir wollen leben,
was erleben
schlechte Zeiten überleben
Wir leben ewig
Wir sind da.

(Jüdischer Kabarettsong;
deutscher Text: Peer Raben)

WEISSKOPF Herr Kittel, ich möchte Ihnen ein phantastisches Angebot unterbreiten.

Die beiden ziehen sich mit einem Glas Cognac zurück. Das Fest steigert sich zu den Klängen des französischen Chansons. Als das Lied vorbei ist, schlägt Weißkopf in die Hände. Alle werden still und hören ihm zu.

Meine Damen und Herren! Ich habe gute Nachrichten! Gerade in diesem Augenblick habe ich mit Herrn Kittel das großartigste Geschäft für unsere Uniformreparaturwerkstätte abgeschlossen. Wir erhalten vierhundert Waggons voll mit reparaturbedürftigen Uniformen. Wir werden Arbeit im Überfluß haben. - Aber das ist noch nicht alles. Es wurde mir feierlich zugestanden, ich werde euch nicht verraten, wer es war - daß man mir ein Treffen mit Göring arrangieren will. Ich fahre nach Berlin und schlage ihm einen Fünfjahresplan zwischen der Wehrmacht und unserem Werk vor. Wir werden eine Riesenfabrik zur Erzeugung von Uniformen, Ausrüstungsgegenständen und Militärstiefeln errichten - das wär's, meine Herren! - Das wär's... trinkt zum Wohl - Lechajim!

Alle trinken. Musik. Das Fest wird wilder. Kittel sieht, daß Gens allein vorne an der Bühnenrampe dasteht.

KITTEL Gens! Gens!

Gens geht zu Kittel. Kittel legt seine Hand auf Gens Schulter und geht mit ihm an der Rampe hin und her.

Mensch, was ist mit dir los? Du amüsierst dich ja gar nicht.

GENS Doch! Ich amüsiere mich.

KITTEL Nein, das ist ja nicht wahr! Dessler amüsiert sich. Muschkat amüsiert sich. Lewas amüsiert sich auch. Aber du amüsierst dich nie bei einem Fest. Du organisierst es, aber du amüsierst dich nicht. Und weißt du, warum? Weil du ein Arschloch bist! Du organisierst sie, damit du mit uns fraternisieren kannst. Du benutzt die Feste, um von uns allerhand Gefälligkeiten zu erbetteln. Ich mag das nicht, wenn du dich nicht amüsierst. Ich will, daß du dich amüsierst. Wie heißt es in dem Song: »I want to be happy, but I can't be happy till I make you happy too!«

GENS Ich werd mir Mühe geben.

KITTEL Brauchst du gar nicht. Ich werd dir schon helfen, dich zu amüsieren.

Kittel hebt die Hand. Sofort sind alle still.

KITTEL Meine Herren, meine Damen! Ich freue mich, Ihnen mitteilen zu können, daß ich mich entschlossen habe, das Königreich von meinem Freund Gens zu vergrößern. Hiermit anektiere ich das Ghetto Oschmany und vereinige es als Provinz mit dem Ghetto Wilna. Von diesem Augenblick an hast du dank der Hilfe der jüdischen Polizei und dem ehrenwerten Herrn Dessler auch die Gewalt über die Juden von Oschmany.

Beifall. Dessler steht auf und verbeugt sich. Kittel hebt seine Hand. Sofortige Stille.

Es gibt nur ein kleines Problem. Heute leben in Oschmany 4000 Juden. Leider Gottes sind das 2000 zuviel. Deswegen wird noch heute nacht eine Einheit eurer Polizei unter Führung von Dessler…

DESSLER Zu Befehl!

KITTEL ausrücken und im Ghetto Oschmany eine Selektion durchführen. Wir könnten zur Durchführung der Aktion natürlich auch unsere eigenen Leute oder Litauer hinschicken, aber wenn die im Ghetto auftauchen, würden sie nur unnötige Panik auslösen. Eure Leute hingegen sprechen Jiddisch, die Bevölkerung wird sich ruhig verhalten und alles wird glatt gehen. Polizisten, hoch!

Die jüdischen Polizisten springen auf. Sie sind inzwischen alle in Unterhosen.

Oh, ihr seid in Unterhosen. Wunderbar! Ihr erspart mir den Befehl, eure alten Uniformen abzulegen. Zur Feier des Tages wegen der Aktion Oschmany kriegt ihr neue Uniformen. Stiefel, Ledermäntel und die Mützen von russischen Offizieren der zaristischen Armee, die wir in einem Kaufhaus in Wilna gefunden haben. Her mit den Uniformen!

Ein deutscher Soldat bringt die Uniformen. Während sich die jüdischen Polizisten anziehen, unterhalten sich Gens und Kittel.

GENS Von 4000 Menschen können doch nicht 2000 unproduktiv sein!

KITTEL Nein?

GENS Nein. Nach unseren Erfahrungen können es höchstens 1000 sein.

KITTEL Weißt du was? Dann sollen es 1000 sein.

GENS Und wenn sich bei der Selektion herausstellt, daß nur 800 unproduktiv sind?

KITTEL Produktivität ist ein dehnbarer Begriff. Ihr Juden könnt mir wahrscheinlich beweisen, daß ein achtzigjähriger Greis im Rollstuhl noch produktiv ist. Mit eurem Köpfchen würdet ihr einen Dynamo an den Rollstuhl anschließen und beweisen, daß er auf dem Weg zum Lokus Elektrizität erzeugt! Ha, ha, ha.

GENS Oh – das Alter ist ein sehr eindeutiges Kriterium. Können wir uns auf eine Selektion aller Achtzigjährigen und darüber einigen?

KITTEL *(sieht ihn kurz an)* Siebzig.

GENS Ist das abgemacht?

KITTEL Aber nicht weniger als 700!

GENS Nicht weniger als 500 und nicht mehr als 700, ah!

KITTEL Weißt du was? Was sind schon 100 Menschen mehr oder weniger für uns beide? 600 - und es ist gebont!

GENS 600. Abgemacht!

Kittel wendet sich an die Polizisten, die inzwischen die neuen Uniformen angezogen und Schlagstöcke bekommen haben.

KITTEL Schön. Sehr schön. Ihr bekommt Verstärkung von acht Litauern der Ypatinga-Miliz. Ihr braucht ihnen bloß die alten Leute zu übergeben. Den Rest erledigen die. Dessler!

DESSLER Zu Befehl, Herr Kommandant!

KITTEL Die Truppe steht unter deinem Kommando!

DESSLER Zu Befehl, Herr Kommandant!

KITTEL Sag ein paar Worte!

Dessler sucht nach Worten.

DESSLER Kameraden! Wir werden das tun, was uns befohlen ist. Jeder einzelne. Wir alle zusammen. Die Aufgabe ist klar. Fragen? Keine Fragen. Rechts um! Abteilung marsch! Links - rechts - links - rechts...

Alle gehen ab. Nur Gens bleibt.

GENS Dessler! Komm her!

Dessler kommt auf die Bühne zurück und geht zu Gens.

Du mußt bei dieser schmutzigen Arbeit mitmachen. Es gibt keine andere Wahl. - Aber du brauchst dich vor diesen Mördern nicht vor Begeisterung zu überschlagen.

DESSLER Wenn wir mitmachen, was spielt es da für eine Rolle, wie wir es machen? - Begeistert oder mit gebrochenem Herzen. In den Himmel kommen wir sowieso nicht. Keiner von uns. Und hast du mir nicht selber den Befehl gegeben? Du bleibst hier und ich muß dahin. Halt mir bloß keine moralischen Predigten!

Dessler macht kehrt und geht ab. Gens spuckt hinter ihm her.

GENS Bah! - Ekelhaft!

Gens trinkt. Kruk tritt auf und diktiert seiner unsichtbaren Sekretärin. Man hört wieder das Klappern der Schreibmaschine.

KRUK Nach der Selektion wurden auf dem Platz in Oschmany 410 alte und kranke Juden zusammengetrieben. Ein alter Jude fing plötzlich an »El Moleh Rachamim« zu singen, und jeder auf dem Platz fing zu weinen an. Einige der jüdischen Polizisten, die an der Selektion teilgenommen hatten, brachen in hemmungsloses Schluchzen aus. Die 410 Selektierten wurden mit Fuhrwerken aus der Stadt gebracht, acht Kilometer von Oschmany. Die acht Litauer übernahmen die Liquidierung, während die sieben jüdischen Polizisten aus Wilna zusahen. Die gesamte Aktion wurde von den Juden Dessler, Nathan Ring und Mosche Lewas über-

wacht. Diese drei waren mit Pistolen bewaffnet. Während der Selektion tranken die jüdischen Polizisten und die acht Litauer einhundert Flaschen Schnaps. Der Judenrat stiftete für das gemeinsame Saufgelage ein gebratenes Lamm. Als die jüdischen Polizisten nach der Aktion die Stadt verließen, um nach Wilna zurückzukehren, standen die verstörten Ghettobewohner fassungslos an der Straßenseite und starrten sie schweigend an. Einer der Polizisten, er hieß Dresin, fing an zu singen »Wir kamen und erfreuten eure Herzen, gute Nacht, schlaft wohl, vergesset eure Schmerzen«. Der jüdische Polizist Isaak Awerbuch wurde während der Aktion hysterisch und mußte in ärztliche Behandlung.
Gens ist betrunken. Er steht auf und scheint der Stimme von Kruk zu antworten.

GENS Kruk ist ein ehrlicher Mann. Ein mutiger Mann. Ich weiß, viele von uns hätten nicht den Mut gehabt zu sagen, was er gesagt hat. Die hätten nicht einmal wissen wollen, worüber er so furchtlos spricht. Trotzdem! Viele von uns denken ganz genau wie er! Viele von euch halten mich für einen Verräter und wundern sich, was ich hier überhaupt suche – unter all den unschuldigen und anständigen Leuten wie ihr. Ich, Gens, gebe den Befehl, die von euch errichteten Verstecke in die Luft zu jagen und ich, Gens, suche nach Wegen, um Juden vor den Mördern zu verstekken. Für mich zählt nur eins: das jüdische Blut und nicht die jüdische Ehre. Wenn die Deutschen von mir 1000 Juden wollen, dann geb ich ihnen, was sie wollen. Denn wenn wir Juden es nicht freiwillig tun, werden die Deutschen kommen und sich die Leute mit Gewalt nehmen. Und dann nehmen sie sich nicht nur 1000, sondern Tausende. Tausende! Ihr mit eurer scheinheiligen Moral! Ihr wollt euch nicht die Finger schmutzig machen! Und wenn ihr überlebt, dann könnt ihr sagen: Wir haben ein reines Gewissen, während ich, Jakob Gens, falls es mir gelingen sollte, hier lebendig rauszukommen, mit Dreck besudelt sein werde. Von meinen Händen wird das Blut triefen. Und trotzdem werde ich mich nach dem Krieg einem jüdischen Gericht stellen. Und dann werde ich sagen: Alles was ich getan habe, habe ich getan, um so viele Juden zu retten, wie ich konnte. Damit ein paar Juden gerettet wurden, war ich gezwungen, andere mit meinen eigenen Händen dem Tod auszuliefern. Um ein paar Juden ihr reines Gewissen zu erhalten, blieb mir nichts anderes übrig, als in den Dreck zu fassen. Ich, Jakob Gens, konnte mir ein reines Gewissen nicht leisten.
Dunkel.

Dritter Akt

17. Szene

Erster-Mai-Fest im Ghetto. Die Bühne ist mit großen, roten Papierblumen, roten Fahnen und Plakaten dekoriert. In der Mitte hängt ein Spruchband FRÜHLING IM GHETTO, auf einem anderen Plakat steht ES LEBE DER ERSTE MAI und GESTERN ARM MORGEN REICH. Das Orchester spielt den Tango »Frühling«. Chaja singt und die anderen tanzen. Alle tragen weiße oder dunkelblaue Hemden und haben um ihren Hals einen roten Schal oder rote Taschentücher gebunden.

KRUK Nach den Ereignissen in Oschmany sind die Leute im Ghetto unruhig und gereizt. Der normale Ghetto-Bewohner scheint ganz ruhig. Er lebt wie eine Fliege von einem Tag zum nächsten. Wenn alles ruhig ist, ist er auch ruhig. Was soll er auch sonst tun? Aber es gibt einige, die nicht ruhig bleiben wollen. In diesem Augenblick kämpft in der Krankenabteilung vom Gefängnis Lukischki Zalman Tiktin um sein Leben. Er ist 18 Jahre alt. Gestern wurde er lebensgefährlich verletzt bei dem Versuch, Waffen und Munition aus einem deutschen Depot zu stehlen. Das folgende Lied ist Zalman und seinen Kameraden im Kampf um sein Leben gewidmet.

Chaja singt »Der Mut der Verzweiflung«.

CHAJA *(singt)*

Was steht ihr noch da
mit dem Rücken zur Wand
uns bleibt nicht mehr viel Zeit
Ihr nehmt alles hin
wie gelähmt, wie gebannt
von selbst kommt kein Licht in die Dunkelheit
wann werdet ihr wach
Ihr seid nicht so schwach
wie stark ist der Mut der Verzweiflung

Ihr tragt Euer Los
leistet kaum Widerstand
genügt euch denn nicht, was ihr wißt?
Den Tod zu riskiern,
was ist daran riskant,
wenn Nichtstun mit Sicherheit tödlich ist.
Besinnt euch und kämpft

mit Herz und mit Hand
vergeßt nicht den Mut der Verzweiflung!

Ihr duldet Verrat
fragt nur traurig: warum?
Was muß denn noch alles geschehn?
Der Tag wird zur Nacht
und ihr leidet stumm,
und hofft noch, ihr werdet es überstehn.
Kein Mensch überlebt,
wenn ihr euch ergebt.
Jetzt hilft nur der Mut der Verzweiflung.

Text: Thomas Woitkewitsch
Musik: Peer Raben

Alle haben während des Liedes militärische Haltung angenommen. Gens stürmt auf die Bühne.

GENS Aufhören!

Alle drehen sich nach ihm um.

Sofort aufhören! Was fällt euch ein? Merkt ihr nicht, daß ihr mit solchen Liedern das ganze Ghetto gefährdet! Jetzt fehlt uns nur noch, daß die Deutschen davon was hören!

KRUK Herr Gens...

GENS Unterbrich mich nicht! Das ist ein Befehl!

KRUK Du hast auch befohlen, hier Theater zu spielen.

GENS Aber nicht so ein Theater! Kein Theater, das Salz in offene Wunden streut oder die Zuschauer zur Rebellion auffordert! Das hat uns gerade jetzt gefehlt, nachdem sich die Lage endlich beruhigt hat. Hört zu, Juden! Ihr braucht vor nichts Angst zu haben. Jetzt ist das Ghetto sicherer als je. Ist das der Moment für Provokationen? Theater ja. Aber Theater, das Leute beruhigt. Die Bevölkerung hat sich ruhig, diszipliniert und arbeitsfreudig zu verhalten. Ihr wollt eine Satire spielen? Bitte! Spielt eine Satire, aber eine gute! Macht Witze über die, die nicht arbeiten, die Parasiten. Die gefährden das Ghetto! Was war das mit dem »Verrat« in eurem Lied? Wer sind denn bei uns die Verräter? Wer? Wir? Die jüdischen Polizisten? *(zu Srulik)* Wen willst du mit diesem Lied angreifen? Die jüdischen Polizisten sind diejenigen, die das Ghetto in die Freiheit führen werden, wenn es soweit ist. Und nicht ihr, die unzuverlässigen Elemente, die von der Bühne zum Aufstand auffordern. Objektiv gesehen: ihr seid die Verräter!

KRUK Herr Gens...

GENS Unterbrich mich nicht! Ich weigere mich, mir moralische Predigten anzuhören! Wenn es hier überhaupt einen jüdischen Patrioten und Nationalisten gibt, dann bin ich es! Wir werden im Ghetto die hebräische Sprache einführen! Ab morgen wird Hebräisch als Pflichtsprache in den Schulen gelehrt. Die Bibel ist lange genug auf jiddisch gelesen worden. Hebräisch wird in allen Grundschulen und Kindergärten eingeführt. Auch Palästinographie wird als neues Fach eingeführt. Hat jemand was dagegen? Stimmt was nicht? Ich werde euch erklären, was nicht stimmt! Es gibt nicht genug jüdisches Nationalbewußtsein in Wilna! Auch im Theater wird Hebräisch eingeführt. Eine Galavorstellung in Hebräisch. Hebräische Vorträge, Rezitationen. Ein blau-weißer Abend, der dem Dichter Bialik gewidmet ist. Jeder Lehrer, der sich nicht mit der nationalen Linie identifiziert, wird in Zukunft von allen Schlüsselpositionen in unserem Erziehungswesen ferngehalten. Gibt's dagegen was zu sagen? Hast du was dagegen?

KRUK Schade, daß Dr. Paul nicht hier ist. Die Deutschen haben mehr Erfolg, als sie es sich je hätten träumen lassen.

GENS Was?!

KRUK Nationalismus zeugt Nationalismus.

GENS Worauf willst du raus? Daß ich von ihnen beeinflußt bin?!

KRUK Du kannst das auslegen, wie du willst.

GENS Diese Versammlung ist ab sofort aufgelöst! Alle gehen nach Hause! Geht sofort nach Hause!

Die Gruppe verstreut sich in alle Richtungen. Nur Srulik und seine Puppe bleiben da.

DIE PUPPE Nach Hause! Nach Hause! Hebräisch lernen!

SRULIK Laß mich in Ruhe!

DIE PUPPE Ein historischer Augenblick: Die Hebräisierung des Ghettos! Hast du was dagegen?

SRULIK Ich bin jetzt nicht in der Stimmung für deinen Quatsch.

DIE PUPPE Quatsch? Was für ein Quatsch? Das ist bitterer Ernst. Er hat recht. Im Moment gibt es nichts Wichtigeres als Hebräisch, die Bibel und Palästinographie. Was ist Palästinographie?

SRULIK Laß mich in Ruhe!

DIE PUPPE Was ist Palästinographie?

SRULIK Die Geographie von Palästina.

DIE PUPPE Sehr wichtig! Wie würdest du auf hebräisch zu Chaja sagen, daß du mit ihr schlafen willst?

SRULIK Was hab ich mir da eingebrockt?

DIE PUPPE »Chajale, ani chafez bach.« Richtig? Heißt das so auf hebräisch: »Ani chafez bach.« Oder heißt es: »Yesh li chefetz bach?«

SRULIK Mach mich nicht meschugge!

Srulik geht mit der Puppe ab. Währenddessen redet die Puppe immer weiter.

DIE PUPPE Chajale! Chajale! Ani chafez bach! Ich liebe dich. Liebst du mich auch, Chajale? Ich will mit dir schlafen...

Aus dem Off hört man noch die Stimme der Puppe:

Die Hebräisierung des Ghettos!...

18. Szene

Die Bibliothek. Chaja sucht ein Buch. Sie ist einfach gekleidet, fast maskulin. Sie trägt eine andere Frisur. Sie sieht aus, als hätte sie eine große Veränderung durchgemacht. Kruk geht auf sie zu und schaut sie von der Seite an. Er erkennt sie, tut aber so, als kenne er sie nicht.

KRUK Kann ich Ihnen helfen?

CHAJA Nein danke, ich komme allein zurecht.

KRUK Sie kommen hier jeden Tag her und suchen stundenlang – offensichtlich nach einem bestimmten Buch.

CHAJA Ich blättere gern in Büchern.

KRUK Kenn ich Sie nicht?

CHAJA Wir sind uns wahrscheinlich auf der Straße begegnet.

KRUK Ich hab Sie schon mal gesehen – vielleicht im Theater?

CHAJA Vielleicht. Vielleicht kennen wir uns vom Theater.

KRUK Haben Sie nicht in der Revue »Pesche aus Resche« mitgemacht?

CHAJA Ich hatte eine winzige Rolle.

KRUK Sie brauchen sich nicht zu schämen, eine Schauspielerin zu sein.

CHAJA Besonders stolz bin ich nicht darauf.

KRUK Warum nicht?

CHAJA Was hat Theater für einen Sinn in unserer Situation?

KRUK Das hab ich auch mal gedacht. Ich war dagegen, ein Theater im Ghetto zu gründen.

CHAJA Da hatten Sie recht!

Kruk schüttelt den Kopf.

KRUK Der Faschismus versucht den Wert des Menschen zu negieren, bis der Mensch sich weniger vorkommt als ein Tier. Das einzige Ziel, das der Faschismus kennt, ist: Menschen in Tiere verwandeln und sie für seine Zwecke gebrauchen. Der Kampf gegen Faschismus muß damit anfangen, sich nicht wie ein Tier zu verhalten.

CHAJA Was hat das alles mit Theater zu tun?

KRUK Theater und jede Art von kultureller Tätigkeit hier im Ghetto ist Teil von unserem Kampf, Menschen zu bleiben. Die Faschisten können uns umbringen. Das ist leicht. Aber wir haben ihnen hier im Ghetto bewiesen, daß sie ihr Hauptziel nicht erreicht haben: Unsere Sehnsucht nach dem Geistigen, nach dem Guten und Schönen haben sie nicht zerstören können. Sie haben uns verboten, Blumen ins Ghetto zu bringen. Statt dessen schenken wir uns Laub. Vielleicht sind das die schönsten Blumen, die es je gegeben hat.

Schweigen.

Sie suchen bestimmt ein Buch über Theater? Kommen Sie, ich werde sie Ihnen zeigen.

CHAJA Nein, ich suche keine Theaterbücher... Haben Sie nicht zufälligerweise etwas über...

KRUK *(lächelt)* Warum haben Sie das nicht gleich gesagt? Ich hätte Ihnen viel kostbare Zeit sparen können.

Er geht zu dem Büchergestell, klettert eine hohe Leiter hoch und holt ein dünnes Buch aus dem obersten Regal. Er klettert wieder runter, geht zu ihr und gibt ihr das Buch.

CHAJA Russisch?

KRUK Ein Handbuch der Roten Armee mit Anleitungen über Bombenherstellung. Ich habe es in der technologischen Abteilung der Universität geklaut. Ich hab mir gedacht, irgendwann kann ich es brauchen.

Er gibt das mit einiger Verlegenheit zu.

Das einzige Buch, das ich je gestohlen habe.

CHAJA Aber ich kann kein Russisch.

KRUK Nehmen Sie es. Zeigen Sie es Ihren Freunden. Einer von ihnen kann sicher Russisch.

CHAJA Ich bring es zurück, wenn wir es nicht mehr brauchen.

KRUK Lassen Sie sich Zeit.

CHAJA Danke.

Sie nimmt das Buch und geht. Kurz bevor sie abgegangen ist, ruft Kruk hinter ihr her.

KRUK Moment!

Aus einer Blechbüchse vom Tisch nimmt er eine Handvoll Laubblätter und gibt sie Chaja. Sie nimmt die Blätter, küßt Kruk auf die Wange und läuft raus.

19. Szene

Chaja hüpft über die Bühne wie ein kleines Mädchen und singt das »Lullaby«.

CHAJA *(singt)*

Vögel schweigen
auf den Zweigen
schlaf, mein liebes Kind
bei dir sitzt eine fremde Mutter
wiegt dich leise und singt:
liu liu

Hin und her
schwingt deine Wiege
träum von Freude und Glück
deine Mutter ist fortgegangen
kommt nie wieder zurück
liu liu

Text: Lea Rudnicki, deutscher Text: Peer Raben
Musik: Peer Raben (nach einem Originallied aus dem Ghetto Wilna)

Als Chaja auf der linken Bühnenseite angekommen ist, leuchtet genau vor ihrem Gesicht plötzlich eine starke Taschenlampe auf. Sie erstarrt. Es ist Kittel.

KITTEL Woher? Eine Theaterprobe?

CHAJA Ja. Ich arbeite an einem neuen Programm.

KITTEL Bei dem Fest hast du sehr gut gesungen.
Er streckt seine Hand nach dem Buch aus.
Ist das euer neues Programm?
Er wirft einen Blick auf das Buch, das sie ihm gegeben hat.
Russisch?

CHAJA Können Sie Russisch?

KITTEL Nein. Wie heißt das Stück?

CHAJA »Der Mann unter der Brücke«.

KITTEL Wollt ihr es auf russisch spielen?

CHAJA Nein. Es wird übersetzt.
Sie streckt die Hand nach dem Buch aus. Kittel behält das Buch.
Du tanzt und singst dich durch den Krieg, was?

CHAJA Wenn ich glücklich bin, lach ich. Wenn ich traurig bin, sing ich.
Kittel lacht.

KITTEL Sehr gute Antwort.

Er gibt ihr das Buch zurück.
Hoffentlich wirst du diesmal den Rest deiner Schulden auf einmal los.

CHAJA Das hoff ich auch. Sehr sogar.

KITTEL Vielleicht treten wir eines Tages zusammen auf?

CHAJA Warten Sie lieber ab, bis Sie das neue Programm gesehen haben, sonst tut es Ihnen vielleicht leid.

KITTEL Ich werde zur Premiere kommen.

CHAJA Ich hoffe sehr, daß Sie da sind, wenn ich auftrete!
Sie läuft weg.

KITTEL *(zu sich selber)* Seltsames Volk, verdammt noch mal! Ein seltsames Volk...
Er setzt sich die schwarzrandige Hornbrille auf und wird Dr. Paul. Als Dr. Paul betritt er die Bibliothek. Kruk kommt hinter einem Bücherregal vor.

20. Szene

Paul wedelt mit einem Schreibmaschinenmanuskript in seiner Hand.

PAUL Ich hab Ihre Studie über die Karäer in Litauen gelesen. Eine brillante Arbeit!

KRUK Danke.

PAUL Sie sind zu dem Schluß gekommen, daß es zwischen den Karäern und der jüdischen Rasse keinerlei Verbindung gibt.

KRUK Genau.

PAUL Ihre Argumentation ist so überzeugend, daß ich den Schluß fast für wahr gehalten hätte.

KRUK Er ist wahr.

PAUL *(kichert)* Herr Kruk. Rassisch sind die Karäer eindeutig Juden. Das wissen Sie genausogut wie ich. Sie haben ein kompliziertes Gebilde aus Lügen und Halbwahrheiten errichtet, um den wissenschaftlichen Beweis für eine Lüge zu liefern. Und das einzig und allein, um ein Volk vor der Vernichtung zu retten, das euer eigenes Volk verachtet. Warum?

KRUK Sie haben mir den Auftrag für diese Studie gegeben.

PAUL Aber nicht für diese Schlußfolgerung.

KRUK Ich hab ein reines Gewissen.

PAUL Meinen Sie Ihr wissenschaftliches oder Ihr menschliches Gewissen?

KRUK Ich kann zwischen den beiden nicht unterscheiden.

PAUL Und was ist mit der Wahrheit?

KRUK Meine Untersuchung basiert auf einer großen Wahrheit.

PAUL Sie sagen »Wahrheit«, aber in Ihrem Innern denken Sie »Lüge«. Und umgekehrt. Richtig?

KRUK Falsch.

PAUL Jede Unterhaltung mit Ihnen ist ein großes intellektuelles Vergnügen. Aber so ganz nebenbei: Geben Sie zu, daß wir es geschafft haben, jeden Unterschied zwischen Wahrheit und Lüge zu verwischen?

KRUK Sie sind nicht hergekommen, um mit mir über Wahrheit und Lüge zu diskutieren.

PAUL Sie hatten die Gelegenheit, sich an einem Volk zu rächen, das euch ständig verfolgt hat. Sie brauchten nichts anderes zu tun, als die Wahrheit zu schreiben. Haben Sie keine Spur Rachsucht? Keine Aggressivität?

KRUK *(nach einem Moment Schweigen)* Sie haben mir versprochen, meine Studie nach Berlin zu schicken.

PAUL Wissen Sie, was Freud über den Ursprung der Aggressivität schreibt?

KRUK Ja. Der Todestrieb.

PAUL Wenn die Juden überhaupt keine Aggressivität zeigen, dann beweist das, daß es bei Ihnen keinen Todestrieb gibt.

KRUK Vielleicht.

PAUL Sie scheinen nicht sehr begeistert über meine Theorie zu sein. Dabei müßten Sie als Sozialist - Entschuldigung - als Bundist davon begeistert sein.

KRUK Wieso?

PAUL Die zionistischen Juden sind eine neue Sorte von Juden. Die haben sich zu einer sehr effektiven militärischen Organisation zusammengeschlossen. Und die kämpfen nicht nur, wenn sie angegriffen werden. 1936, 1937, als ich in Palästina war, haben sie Dörfer überfallen, bevor der Gegner überhaupt die Chance hatte, sie anzugreifen. Denen ist Aggressivität überhaupt nicht fremd, Herr Kruk. Haben wir es endlich geschafft, euch mit dem Todestrieb zu infizieren?

KRUK Was meinen Sie mit »geschafft haben«? Der Zionismus ist viel älter als der Nationalsozialismus.

PAUL Ich spreche von zweitausend Jahren Antisemitismus, Pogromen und Judenverfolgung. Sie müssen verstehen, Herr Kruk: Es gibt nichts Irritierenderes als ihre unendliche Fähigkeit zum Leiden. Und das ist es gerade, was unsere Aggressivität so aktiviert: das völlige Fehlen der Aggressivität bei euch. Der Jude will nur eins: leben um jeden Preis. Jede Erniedrigung schluckt er, solange er am Leben bleiben darf. Ihr habt den Tod vor Augen, und was tut ihr? Ihr singt und tanzt. Vielleicht liegt es daran, daß bei uns Deutschen der Todestrieb besonders stark ist, so daß wir nur das in die Tat umsetzen, was eigentlich alle Völker Europas euch gegenüber empfinden, aber sich nicht trauen offen zu tun.

KRUK Versuchen Sie nicht nur Entschuldigungen für die Deutschen zu finden?

PAUL Glauben Sie? Dann verraten Sie mir, warum die Alliierten nicht die KZs bombardieren? - So, und jetzt zur Sache. Ich habe eine neue Aufgabe für Sie. Sie werden sämtliche Klöster in Wilna und Umgebung auskundschaften und einen vollständigen Katalog über alle Bücher machen, die sich in den Klosterbibliotheken befinden.

KRUK Wozu? Was hat das für einen Sinn?

PAUL Gar keinen Sinn. *(Pause)* Das ist meine Möglichkeit, Sie am Leben zu halten. Solange Sie für mich arbeiten, sind Sie sicher.

KRUK *(der den wahren Grund rauskriegen möchte)* Mein Leben bedeutet mir überhaupt nichts mehr.

PAUL Wie können Sie das sagen, jetzt, wo die Ostfront zusammenbricht und die Russische Invasion in Litauen nur noch eine Frage von Monaten oder Wochen ist?

KRUK *(möchte noch mehr rauskriegen)* Immer wenn ich so was höre, weiß ich, daß wir noch mit einigen Kriegsjahren mehr rechnen müssen.

PAUL Sie irren sich. Wir sind soweit, daß wir schon Offiziere ohne jede Ausbildung und Erfahrung an die Ostfront schicken. Jeder wird zur Ostfront eingezogen, um die Russen aufzuhalten.

KRUK *(will immer noch mehr wissen)* Wenn das so ist, warum beschäftigen Sie sich dann hier mit einem blödsinnigen Auftrag?

PAUL Herr Kruk, Sie werden den Auftrag ausführen, und ich werde Sie überwachen. Verstanden?!

KRUK Verstanden!

PAUL Auf Wiedersehen.

Paul geht. Kruk diktiert. Man hört das Geräusch der Schreibmaschine.

KRUK Es entwickelt sich eine seltsame Symbiose zwischen dem deutschen Offizier und mir. Ich will nicht in Ponary umkommen, und er will nicht an der russischen Front sterben. Jetzt hängt er sich an mich und überträgt mir alle möglichen sinnlosen Aufgaben. Solange ich damit beschäftigt bin, hat er für sich eine Existenzberechtigung. Und das Ergebnis ist, daß ich von einem Kloster in Wilna zum nächsten gehe, an Orte, die mein Fuß sonst nie betreten hätte. So lange mich das am Leben hält – warum nicht...

21. Szene

Gens und Weißkopf treten auf.

GENS Hier. Das ist der Ort. Das Depot hat fast 1000 Quadratmeter. Wieviel Platz brauchst du pro Nähmaschine? Zwei Quadratmeter?

WEISSKOPF Das ist nicht das Problem. Das Problem ist...

GENS Du hast hier Platz für 500 Nähmaschinen.

WEISSKOPF Soviel brauch ich nicht. Ich brauch keine 500 Nähmaschinen und auch keine 500 zusätzlichen Arbeiter. Weißt du...

GENS Du kriegst 400 Waggons voll mit zerrissenen Uniformen. Hast du eine Vorstellung, wieviel das ist?! Die Deutschen werden uns ohne weiteres die Erlaubnis für eine zweite Werkstatt geben.

WEISSKOPF Aber brauchen wir eine zusätzliche Werkstatt?

GENS Was heißt »brauchen«? Was braucht man schon?

WEISSKOPF Ich brauche höchstens noch 50 zusätzliche Arbeiter in der Werkstatt, die wir schon haben. Damit werd ich die 400 Waggons ohne Schwierigkeit bewältigen.

GENS Da irrst du dich.

WEISSKOPF Ich habs mir genau ausgerechnet. Du kennst doch Weißkopf. Ich quatsch doch nicht irgendwas daher. Ich weiß, wie man ein Geschäft führt. Überzeug dich selbst.

Er zieht aus einer Tasche einen großen Bogen Papier.

GENS Was ist das?

WEISSKOPF Der Plan. Ein Arbeiter produziert am Tag soundsoviel, siehst du? Ich erhöhe bei jedem Arbeiter die Arbeitszeit um zwei Stunden. Dann stelle ich 50 Arbeiter mehr ein, und schon kann ich die Tagesproduktion erreichen und meinen Vertrag mit der Wehrmacht ohne Schwierigkeiten erfüllen.

GENS Zeig mal her!

WEISSKOPF Bitte.

Er gibt Gens den Plan. Gens sieht ihn sich an.

GENS Du bist wirklich sehr gründlich, Weißkopf. Sehr gründlich.

WEISSKOPF Natürlich. Ich weiß, wie man ein Geschäft führt.

Gens zerreißt den Plan.

Was machst du?! Mein Plan...

GENS Du kannst dir damit den Arsch abwischen.

WEISSKOPF Wie redest du denn mit mir!

GENS Du kannst dankbar sein, daß ich dir das Zeug nicht in den Hals stopfe. Es fehlt nur noch, daß dieser Plan Kittel in die Hände fällt.

WEISSKOPF Was?

GENS Es interessiert mich einen Dreck, für die Wehrmacht Geld zu sparen! 500 Arbeiter mehr - das bedeutet 500 Familien mehr gerettet. Kapierst du das?

WEISSKOPF Bin ich der Direktor eines Wohltätigkeitsinstituts? Ich bin der Direktor eines Wirtschaftsunternehmens, das sich finanziell selber trägt und das seinen Arbeitern eine sichere Existenz bietet, wobei eine Kleinigkeit auch für mich abfällt.

GENS Schämst du dich nicht? Eine Kleinigkeit für dich abfällt!... Du bist hier im Ghetto zum Millionär geworden, in Reichsmark. Ich gönne dir dein Einkommen. Ich bin kein Sozialist. Du bist ein Mensch mit Unternehmungsgeist und du verdienst deinen Erfolg. Aber Habgier hat seine Grenzen! Du wirst hier eine zweite Werkstatt errichten, verstanden? Und du wirst hier 500 Arbeiter einstellen, die dir das Ghettoarbeitsamt schicken wird.

WEISSKOPF Ha, ha! Das Ghettoarbeitsamt! Die werden mir lauter Krüppel schicken.

GENS Du bist nicht Direktor der Olympiade, sondern nur der Direktor einer Scheißwerkstatt für die Reparatur der Scheißuniformen der Scheißwehrmacht. Verstanden! Und dafür sind jüdische Krüppel sehr geeignet, wenn man damit ihr Leben retten kann.

WEISSKOPF Ich habe keine »Scheißwerkstatt«. Es ist ein erfolgreiches Wirtschaftsunternehmen. Ich hab es selber mit diesen zwei Händen aufgebaut. Diese Werkstatt ist mein ganzes Leben. Diese Werkstatt bin ich! Und du wirst sie mir nicht kaputt machen mit deiner Menschenliebe.

GENS Morgen! Verstanden! Morgen wirst du anfangen, die neue Werkstatt einzurichten.

WEISSKOPF Nein, nein, nein! Ein für allemal, nein!

GENS Nein?

WEISSKOPF NEIN - groß geschrieben!

GENS Ich kann es dir auch anders sagen: Es ist ein Befehl!

WEISSKOPF Weißt du was? Du kannst mich mal!

GENS Oho! Schau mal einer an. Was ist denn plötzlich in dich gefahren, Weißkopf, daß ich dich mal mit meinen Befehlen kann?

WEISSKOPF Du bist hier ja gar nicht der Chef im Ghetto.

GENS Ach nee?

WEISSKOPF Du hast einen über dir.

GENS Wer? Du?

WEISSKOPF Kittel.

GENS Wenn du damit zu Kittel gehst, dann…

WEISSKOPF Was dann?

GENS Weißkopf! *(Schweigen)* Du wirst damit nicht zu Kittel gehen…

Kittel guckt zwischen Kleiderbündeln hervor und steht plötzlich zwischen den beiden. Er tut so, als wäre er überrascht.

KITTEL Oh, Gens, ich hab dich überall gesucht. Was macht ihr beide hier in diesem leeren Depot? Sucht ihr einen Platz für ein neues Theater?

GENS Hier will Herr Weißkopf seine neue Reparaturwerkstatt aufmachen.

KITTEL Also, euer Unternehmungsgeist ist bemerkenswert, aber was ist mit der alten los?

GENS Gar nichts, sie ist nur zu klein. Da passen die 500 Nähmaschinen nicht rein.

KITTEL 500 Nähmaschinen? Wozu? Wollt ihr vielleicht für ganz Europa Totenhemden nähen?

GENS 400 Waggons Uniformen sollen hier verarbeitet werden… Wir müssen unseren Teil des Vertrags erfüllen.

KITTEL *(zu Weißkopf)* Und dafür brauchst du noch 500 zusätzliche Arbeiter?

WEISSKOPF Ah… nicht genau… uh… das heißt… uh… es hängt davon ab… 500 sind… na ja… ich könnte… ich könnte vielleicht… mit ein paar weniger auskommen…

GENS Versprich nichts, was du nicht halten kannst.

KITTEL Ihr habt eine kleine Meinungsverschiedenheit, stelle ich fest?

WEISSKOPF Uh… ja… uh… ich meine, es gibt verschiedene Aspekte…

Er bekommt einen Hustenanfall.

KITTEL Weißkopf! Versuchst du, was vor mir zu verheimlichen?

WEISSKOPF Nein! Natürlich nicht!

KITTEL Das freut mich.

WEISSKOPF Es ist nur…

KITTEL Nur was?

Schweigen.

Hattet ihr eine Meinungsverschiedenheit oder nicht?

GENS Nein.

WEISSKOPF Ja.

KITTEL *(grinst)* Dann ist ja alles klar. *(ernst)* Hattet ihr eine Meinungsverschiedenheit oder nicht? *(Schweigen)* Weißkopf, du bist ein zuverlässiger Mensch. Wieviel zusätzliche Arbeiter brauchst du?

WEISSKOPF Ich brauche ungefähr...

KITTEL Genau!

WEISSKOPF 50...

KITTEL Gut. Wozu dann dies Depot? *(zu Gens)* Verheimlichst du etwas vor mir?

GENS Nein. Hier kommt die neue Werkstatt hin. Er braucht 500 zusätzliche Arbeiter, nicht 50.

KITTEL Weißkopf, wolltest du mich heute morgen auf den Arm nehmen? Wo ist der Plan, den du mir gezeigt hast?

WEISSKOPF Den hab ich Gens gegeben.

KITTEL Hast du den Plan?

GENS Ich hab ihn geprüft und dann zerrissen.

KITTEL Du hast ihn was!

GENS Das ist kein Plan gewesen, Herr Kittel. Das war ein beispielloser, unverantwortlicher Schwachsinn von einem Größenwahnsinnigen. Ganz einfach ein schlechter Witz.

KITTEL Nu, nu, Weißkopf! Hast du mir einen halben Vormittag mit einem schlechten Witz gestohlen?

WEISSKOPF Herr Kittel! So wahr mir ... Ich schwöre beim Leben meiner Familie... Wenn Sie die tägliche Arbeitszeit nur um zwei Stunden erhöhen und wenn Sie mir gestatten, mir die zusätzlichen Arbeiter selber auszusuchen, so daß ich sicher sein kann, daß es wirklich die besten sind und wenn man mich nicht zwingt, Krüppel einzustellen und wenn...

KITTEL Wenn und wenn und wenn...

WEISSKOPF Wenn ich selbst die Planung übernehmen dürfte und sich niemand sonst einmischt...

KITTEL Und wenn und wenn und wenn. Wenn du noch einmal »wenn« sagst, dann war das dein letztes »wenn«, kapiert?

WEISSKOPF Herr Kittel! Ich will doch nur sparen helfen. Ich bin überzeugt, wenn ich mich mit Göring treffen könnte...

KITTEL Das reicht! Das ist ja noch unverschämter als die Puppe in eurem Theater! Und die war wenigstens komisch!

WEISSKOPF Sie haben mir einen Termin bei Göring versprochen!

KITTEL Du hast keinen Sinn für Humor, Weißkopf. Ich hasse humorlose Leute. Die langweilen mich und fallen mir auf die Nerven.

WEISSKOPF Herr Kittel! Ich schwöre es Ihnen! Ich kann die Arbeit mit 50 zusätzlichen Arbeitern durchführen. Ich gebe Ihnen mein Wort.

KITTEL Jetzt benimmst du dich wie eine hysterische alte Jüdin, Weißkopf.

WEISSKOPF *(versucht sich zu sammeln)* Darf ich es vielleicht noch mal erklären. Wenn Sie mir bloß...

KITTEL Gens hat gesagt – das geht nicht. Willst du behaupten, daß er mich angelogen hat?

WEISSKOPF Gens ist der Chef vom Ghetto...

KITTEL Erzähl mir nichts, was ich schon weiß.

WEISSKOPF Ich meine nur, Gens hat seine eigenen Pläne und...

KITTEL Du schwitzt...

WEISSKOPF Verzeihung, ich...

Muschkat kommt. Er hat eine Cognacflasche und eine Salami in der Hand.

MUSCHKAT Chef!

GENS Hau ab!

MUSCHKAT Aber Sie haben doch selber...

KITTEL Muschkat, was ist das?

MUSCHKAT Das haben wir bei einer Hausdurchsuchung gefunden, in der Wohnung von Weißkopf.

KITTEL Nu, nu. *(nimmt die Flasche)* Französischer Cognac und ungarische Salami. Schmuggelware!

MUSCHKAT Wir haben auch noch einen halben Sack Zucker, zehn Kilo Reis und fünf Liter Öl gefunden.

WEISSKOPF Herr Kittel, das ist beim Fest übergeblieben.

KITTEL Leute, die sich entschuldigen, sind mir besonders sympathisch.

WEISSKOPF Herr Kittel, Herr Kittel! Ich kann Ihnen genau erklären, warum er noch 500 Arbeiter mehr haben will.

KITTEL *(zu Gens)* Befrei mich von dieser Klette!

GENS Muschkat! Übernimm ihn.

Muschkat geht zu Weißkopf und schlägt ihm ins Gesicht. Weißkopf hebt die Hände, um sein Gesicht zu schützen. Muschkat reißt mit einem einzigen, schnellen Griff alle Knöpfe von Weißkopfs Hose ab. Die Hose fällt runter. Weißkopf bückt sich und hebt schnell die Hose wieder hoch. Er hält sie mit beiden Händen fest. Inzwischen hat

Muschkat sich Schlagringe angesteckt, die an seinem Koppel hingen. Als sich Weißkopf wieder aufrichtet und seine Hosen festhält, schlägt ihn Muschkat mit dem Schlagring ins Gesicht. Weißkopf schreit laut und fällt zu Boden. Als ihn Muschkat wieder aufhebt, ist Weißkopfs Gesicht blutüberströmt. Muschkat schlägt ihn noch mal, und Weißkopf fällt wieder zu Boden. Diesmal bleibt er regungslos liegen.

GENS Bring ihn ins Gefängnis.

Muschkat nimmt die Arme von Weißkopf und zieht ihn nach draußen. Kittel, der alles genau verfolgt hat, öffnet die Cognacflasche und nimmt einen Schluck.

KITTEL Bravo! Sehr eindrucksvoll.

Gibt Gens die Flasche.

Ihr seid ausgezeichnete Schüler. Ruf deinen Gorilla.

GENS Muschkat!

Muschkat hat inzwischen Weißkopf bis zur Hinterbühne gezogen.

MUSCHKAT Zu Befehl!

GENS Komm her!

Muschkat geht zu ihm.

KITTEL Ich will die Theatertruppe hier sehen! Vollzählig!

MUSCHKAT Zu Befehl!

Muschkat macht eine Kehrtwendung, geht zu Weißkopf, hebt ihn auf und zieht ihn von der Bühne.

KITTEL Und jetzt zur Sache. Es gibt Berichte, daß in letzter Zeit Leute aus dem Ghetto verschwinden.

GENS Das ist unmöglich!

KITTEL Widersprich mir nicht! Es ist eine Tatsache. Seit dem Tag, als die Bombe unter der Eisenbahnbrücke explodiert ist, sind aus den Arbeitskommandos mindestens 30 Leute geflüchtet.

GENS Wo ist der Zusammenhang?

KITTEL Das frage ich dich!

GENS Der Sabotageakt geschah in der Nähe von einem litauischen Dorf...

KITTEL *(unterbricht ihn)* Wofür auch bereits 40 litauische Bauern erschossen worden sind. Ich trauere keine Sekunde um sie. Ich hoffe nur, daß es alles unschuldige Geschöpfe waren, deren Seelen jetzt im Paradies sind, wohin wir beide vermutlich nicht kommen werden. Hah?

Er lacht, dann wird er plötzlich ganz ernst.

Sag mir, Gens, ist euch Juden der Grundsatz gegenseitiger Verantwortung bekannt?

GENS Ja.

KITTEL Wie heißt es im Alten Testament: »Eine Hand wäscht die andere«?

GENS »Ganz Israel bürgt, einer für den anderen.«

KITTEL Sehr gut. Von jetzt ab werden wir diesen schönen jüdischen Grundsatz auch bei uns einführen. Wenn jemand aus dem Ghetto verschwindet, wird seine Familie liquidiert. Wenn eine ganze Familie aus dem Ghetto verschwindet, werden alle, die mit denen in demselben Zimmer gelebt haben, liquidiert. Verschwinden alle Bewohner eines Zimmers, werden alle Bewohner des Hauses getötet. Alle Arbeiter werden in Gruppen zu zehn Leuten aufgeteilt. Fehlt einer aus der Gruppe, werden die übrigen neun erschossen. Klar?

GENS Ja.

KITTEL Und was die Reparaturwerkstatt betrifft: Die wird nicht vergrößert. Und es gibt auch kein neues Werk. Irgendwas dazu zu bemerken? *(Gens schweigt)* Weißkopf hatte natürlich recht. Sein Plan, den du zerrissen hast, war absolut kein Witz. Er hat ihn mir sehr genau erklärt. Was wirst du jetzt tun?

GENS Ihn zurückholen.

KITTEL Wen zurückholen?

GENS Weißkopf. Als Leiter der Werkstatt.

KITTEL Ihr Juden hört nie auf, mich zu überraschen. Jedesmal, wenn ich denke, ich hätte euch endlich kapiert, erwartet mich eine neue Enttäuschung. Man hält euch für ein kluges Volk, aber ihr versteht die Welt überhaupt nicht. Es gibt keine zweite Chance im Leben, Gens. Wenn jemand umfällt, wird er begraben. Man hebt ihn nicht wieder auf. Nein, nein... dieses Würstchen wieder als Direktor der Werkstatt einzusetzen? Ich werde dir eine Lektion über deutsche Philosophie geben, Gens. Unter vernünftigen Leuten gibt es nur eine Diskussion über die Wege, die zu einem Ziel führen. Eine Diskussion über das Ziel selber ist Zeitverschwendung. Die Ziele haben mit Vernunft oder Logik nichts zu tun. Kapierst du? Es gibt keine gerechten Ziele. Das einzige, was die Ziele rechtfertigt, bin ich. Mein Wille. Bei der Auseinandersetzung zwischen dir und Weißkopf hat mich nur eins interessiert: wessen Wille ist stärker. Du hast deine Aufgabe perfekt gelöst. Er wird bei der ersten Gelegenheit nach Ponary geschickt.

GENS Was kann ich noch tun?

KITTEL Einen neuen Direktor für die Werkstatt ernennen und dafür sorgen, daß die Arbeit termingerecht erledigt wird – ohne zusätzliche Arbeitskräfte. Diesmal bist du aus deiner jüdischen Verschwörung noch rausgekommen. Nächstes Mal *(er droht mit dem Finger)* ...

22. Szene

Aus dem Kleiderhaufen auf der Bühne erheben sich Kleider, die den Mitgliedern der Theatertruppe entsprechen. Die Figuren stehen auf ihren »Füßen« und sehen ganz eindeutig nicht wie Kleider aus, die von Menschen getragen werden. Sie sehen leer aus. Die Kleider haben keine Köpfe. Aus den Armen gucken keine Hände. Auf der anderen Seite von den tanzenden und singenden Kleidern erhebt sich aus dem Kleiderberg die Uniform eines deutschen Offiziers. Sie ist der Uniform von Kittel nachempfunden. Sie hält eine Puppe, die dem Kostüm von Gens nachempfunden ist.

PUPPE Warum seid ihr plötzlich so glücklich, ihr blöden Kleider?

FRAUENKOSTÜM Warum wir so glücklich sind? Das Wasser in der Wäscherei hat uns bis hierhin gestanden.

HERRENKOSTÜM Wir wurden durch die Brühe gezogen.

FRAUENKOSTÜM Sie haben uns in kochendem Wasser verbrüht.

HERRENKOSTÜM Sie haben uns mit Stöcken geschlagen.

FRAUENKOSTÜM Sie haben uns in ätzende Chemikalien getaucht, in eine Grube mit Chlor.

HERRENKOSTÜM Wir sind in den furchtbaren Dämpfen beinahe erstickt.

FRAUENKOSTÜM Und danach haben sie uns zerstückelt, zerschnippelt, geschlagen...

HERRENKOSTÜM ...und durch die Mangel gedreht...

FRAUENKOSTÜM ...und aufgehängt...

HERRENKOSTÜM Es war die Hölle, es war die Hölle!

PUPPE Und warum seid ihr dann so glücklich?

FRAUENKOSTÜM Der Direktor der Werkstatt ist weg. Jetzt ist alles vorbei!

PUPPE Illusion! Alles Einbildung! Geht sofort wieder in euren Haufen zurück!

FRAUENKOSTÜM Ich gehe unter keinen Umständen wieder in den Haufen zurück!

PUPPE Wo wollt ihr denn hin?

ALLE Weg, weg, weg! Wir wollen weg!

PUPPE Dann müßt ihr in die Koffer.

FRAUENKOSTÜM Nein, wir wollen nicht in die Koffer!

HERRENKOSTÜM Nicht immer ein- und ausgepackt werden!

PUPPE Ja, wo wollt ihr denn hin?

FRAUENKOSTÜM Wir wollen in den Schrank. Kleider gehören in den Schrank. Wo ist der Schrank?

Die Puppe läuft hinter den Kleidern, die den Schrank suchen, hinterher und singt »In die Koffer«

PUPPE *(singt)*

In die Koffer, in die Koffer!
In die Koffer, in die Koffer!
Eh man euch den Hals umdreht
ist's besser, wenn ihr schnell fortgeht
beeilt euch, sonst ist's zu spät!

Text: Peer Raben
Musik: jüdische Volksweise

Ein elegantes Kostüm steigt auf ein hohes Podest.

ELEGANTES KOSTÜM Meine Damen und Herren! Ich möchte Ihnen mitteilen, daß diese Werkstatt nie einen Direktor gehabt hat. Es hat nie einen Direktor gegeben.

Die Kleider jubeln.

Wenn es möglich war, daß man einen eleganten Anzug wie mich – bestes Material, Haute Couture – einfach zu den Lumpen auf diesen Haufen werfen konnte, dann hat es nie einen Direktor gegeben. Es war alles nur Illusion.

FRAUENKOSTÜM Doch. Es hat einen Direktor gegeben. Ich hab ihn selber gesehen.

ELEGANTES KOSTÜM Wenn es ihn gegeben hat, dann muß es eine traurige Marke gewesen sein.

Die Puppe läuft hinter den Kleidern her und singt »In die Koffer«.

CHASSIDENKOSTÜM Oh, oh, was seh ich da?

UNIFORM Wer bist du?

CHASSIDENKOSTÜM Ich lese die Zukunft aus deinem Ärmel. Ich lese eine große Änderung in deinem Leben in drei Zeitabschnitten. In deinem Ärmel verwandelt sich drei in acht. Chet, was acht bedeutet, besiegt Gimmel, was drei heißt – in drei Zeitabschnitten. Das könnte in drei Monaten, drei Wochen oder vielleicht nur drei Tagen sein.

Er hält seinen Ärmel hin, um seinen Lohn zu erhalten.

Drei Millionen Mark, bitte.

Die Kleider johlen und schreien.

KLEIDER Chet besiegt Gimmel! Chet besiegt Gimmel!

FRAUENKOSTÜM Keine Selektion mehr für uns. Kein Haufen mehr, auf den man uns wirft. Kein kochendes Wasser mehr und auch kein Chlor. Wir kommen nach Hause, in unseren alten Schrank. Dann bin ich wieder vereint mit dem Herrenanzug, der mich so geliebt und verwöhnt hat. Und dann leben wir wieder zusammen in unserem gemütlichen, alten Schrank. Und wenn uns danach zumute ist, stecken wir die Ärmel ineinander, kuscheln uns aneinander, wie wir es immer getan haben...

Die Kleider stecken die Ärmel ineinander, umarmen sich und tanzen einen heißen Tango mit eckigen, energischen Schritten, während sie nach einem Schrank suchen und singen »Wann kommt der große Tag«.

KLEIDER *(singen)*

Wann kommt der große Tag, kommt die goldne Zeit?
Wenn sich alle Tore öffnen, dann ist es soweit
Wir ziehen in das Land, wo die Mandelbäume blühn
Land das uns verheißen, dahin woll'n wir zieh'n.

(Text und Musik: Peer Raben)

Während des Tangos entdeckt ein tanzendes Paar den Schrank, der in Wirklichkeit die Heilige Lade ist, die auf einem drei Meter hohen Podest steht. Sie ist mit einem Samttuch bedeckt, auf dem die zehn Gebote geschrieben stehen.

KLEID *(begeistert)* Ein Schrank!... Ein Schrank!

KLEIDER Das ist unser neuer Schrank! Eine Arche! Eine Arche!

Alle Kleider laufen zu der Leiter, die an die Lade gelehnt ist und klettern hoch. Sie öffnen die Lade, holen die Thora raus und werfen sie auf den Kleiderhaufen. Alle Kleider drängeln sich zusammen und kriechen in die Lade, während die deutsche Uniform, die mit der Puppe spielt, von unten brüllt.

UNIFORM Halt! Halt! Stop! Halt!

Die Kleider beachten ihn nicht. Sie verschwinden alle in der Lade. Auch die deutsche Uniform klettert hoch, steigt in die Lade und ist verschwunden. Die Tür der Lade schließt sich hinter ihm. Stille.

KITTEL Bravo! Bravo!

Er klatscht in die Hände, flüstert Gens etwas ins Ohr. Gens geht hinaus.

Alle raus! Alle raus!

Schweigen. Die Lade bleibt geschlossen. Kittel schreit.

Raus!

Die Kleider kommen eins nach dem anderen aus der Lade und klettern zögernd die Leiter herunter. Kittel befiehlt:

In einer Reihe antreten!

Die Kleider stellen sich in einer Reihe vor Kittel auf. Er wendet sich an sie:

Das war sehr schön. Eine hervorragende Satire. Ich bin selbst vor langer Zeit in einem Kabarett aufgetreten, vor dem Krieg ... in den dreißiger Jahren.
Er spricht die Zeile »Und wenn dann der Kopf fällt ...« Er lacht in wehmütiger Erinnerung.
Ja, ja! Niemand kann eine Satire so gut beurteilen wie ich. Ich möchte die Schauspieler sehen.

PUPPE Welche Schauspieler? Wir sind nur Kleider.

KITTEL *(energisch)* Ich möchte alle Schauspieler sehen. Beeilung!
Die Gesichter der Schauspieler kommen langsam und zögernd aus den Kleidern heraus. Ein Kopf blickt um sich, dann ein zweiter. Nacheinander werden alle sichtbar. Nur ein Kleid, das Frauenkostüm, bleibt in der Reihe mit den anderen, aber es erscheint kein Kopf. Kittel wendet sich an das leere Frauenkostüm.
Du auch! Steck deinen Kopf raus!
Schweigen. Keine Reaktion. Kittel geht zu dem leeren Frauenkostüm. Er schaut hinein. Er ist erstaunt.
Es ist leer. Und doch hat es mit den anderen gesungen und getanzt! Eine großartige Show. Wer hat die Stimme für sie gemacht?
Schweigen. Kittel wendet sich an Srulik.
Du bist der einzige, der das kann.

PUPPE Nein. Nein. Ich wars! Ich!
Kittel ignoriert die Puppe völlig.

KITTEL Großartiger Einfall! Fabelhafte Nummer! Bravo, meine Herren! Ich hab euch erlaubt, Brot ins Ghetto zu bringen. Ich habe euch erlaubt, Uhren zu tragen. Sogar Füller. Ich habe euch einen Sportplatz gegeben. Ich habe die Erlaubnis für Cafés, für Vorträge über kulturelle Themen gegeben und vor allem für ein Orchester und für das Theater. Und sogar für eine satirische Revue. Das Ergebnis meiner Milde sehen wir jetzt.
Stille.
Ich habe gesagt, die ganze Truppe will ich sehen. Ihr habt eine amüsante Nummer aufgeführt, voll jüdischem Humor und Witz. Hut ab vor eurer Begabung. Jetzt ist die Vorstellung vorbei und was sehe ich: Ihr wolltet mich anschmieren. Eine Schauspielerin, die mir noch 25 Gramm Bohnen schuldet, ist nicht da. Verschwunden.
Stille
Wo ist sie?
Stille
Wißt ihr, was euch nach der neuen Verordnung erwartet?

Stille

Das soll eine Satire gewesen sein? Ich werde euch zeigen, was eine deutsche Satire ist. Alle umdrehen, mit dem Gesicht zur Wand.

Alle drehen sich um. Kittel befiehlt:

Maschinengewehre aufstellen!

Man hört ein Quietschen, das einem das Blut in den Adern gefrieren läßt. Gens kommt auf die Bühne. Er schiebt einen Karren vor sich her, auf dem ein großer Topf steht, auf den MARMELADE geschrieben ist. Neben dem Topf steht ein großer Korb mit Weißbrotscheiben. Kittel befiehlt:

Maschinengewehre hier aufstellen lassen! Laden! Entsichern!

Er selbst entsichert seine Schmeißer.

Alle umdrehen!

Alle drehen sich zu ihm um. In den Gesichtern der Schauspieler spiegelt sich Todesangst. Überrascht sehen sie den Topf mit der Marmelade und dem Brot. Kittel bricht in Lachen aus.

Ihr dachtet, ich würde euch erschießen lassen? Nach dieser phantastischen Nummer? In diesen schweren Tagen, in denen sich unsere Streitkräfte an allen Fronten zurückziehen und die Russen jeden Tag hier einmarschieren können, habt ihr mir ein großes künstlerisches Erlebnis gegeben. Eure hohe künstlerische Leistung hat euer Leben gerettet und dies ist mein Dank: Ich habe euch einen großen Topf Marmelade und Weißbrot bringen lassen. Auf eure nächste Show. Bedient euch!

Kittel geht zu dem Marmeladentopf, nimmt sich eine Scheibe Weißbrot und stippt sie in die Marmelade und ißt.

Hmmmm! Hervorragende Johannisbeermarmelade! Nu, kommt doch her und probiert. Wollt ihr nicht mit mir essen?

Die Schauspieler gehen langsam zu dem Topf, erst zögernd, dann zuversichtlicher. Nach und nach entspannen sie sich. Sie fangen heißhungrig an zu essen. Sie stehen dichtgedrängt um den Topf und essen gierig. Während sie essen, singt die Puppe »Eßt schnell auf«.

PUPPE *(singt)*

Eßt schnell auf, eßt schnell auf
Brot mit Marmelade drauf
wird uns allen herrlich schmecken
und dann werdet ihr verrecken
Eßt schnell auf
Eßt schnell auf

*(Text: Peer Raben
Jüdische Volksweise)*

Während die Puppe singt, geht Kittel ein paar Schritte von der Gruppe weg, hebt seine Schmeißer und mäht alle mit einer langen Feuergarbe nieder. Alle fallen nach vorn, mit den Köpfen in den Topf. Nur Srulik und die Puppe wanken zurück. Srulik trägt noch immer die Uniform, die Kittel nachempfunden ist. Kittel steht also sozusagen sich selber gegenüber. Die Puppe singt frech in Kittels Gesicht: »Mach ein End«.

PUPPE *(singt)*

Mach ein End
Schieß und triff
Heute mich morgen dich
heute stehen wir im Schatten
morgen trifft es auch euch Ratten
Mach ein End
Schieß und triff

*(Text: Peer Raben
Jüdische Volksweise)*

*Kittel erschießt die Puppe. Blut kommt aus ihrem Mund. Sruliks Mund ist weit geöffnet. Die Puppe fällt langsam zusammen.
Das Licht erlöscht langsam.
Dunkel.*

»Über die letzte Vorstellung wollen Sie etwas wissen?« (Erzähler; Hermann Lause)

Abb. umseitig:
»Die richtige Zeit Theater zu spielen, die falsche Zeit Theater zu spielen. Ihr Intellektuellen!« (Chaja, Srulik, Musiker, Gens; Esther Ofarim, Hermann Lause, Giora Feidman, Michael Degen)

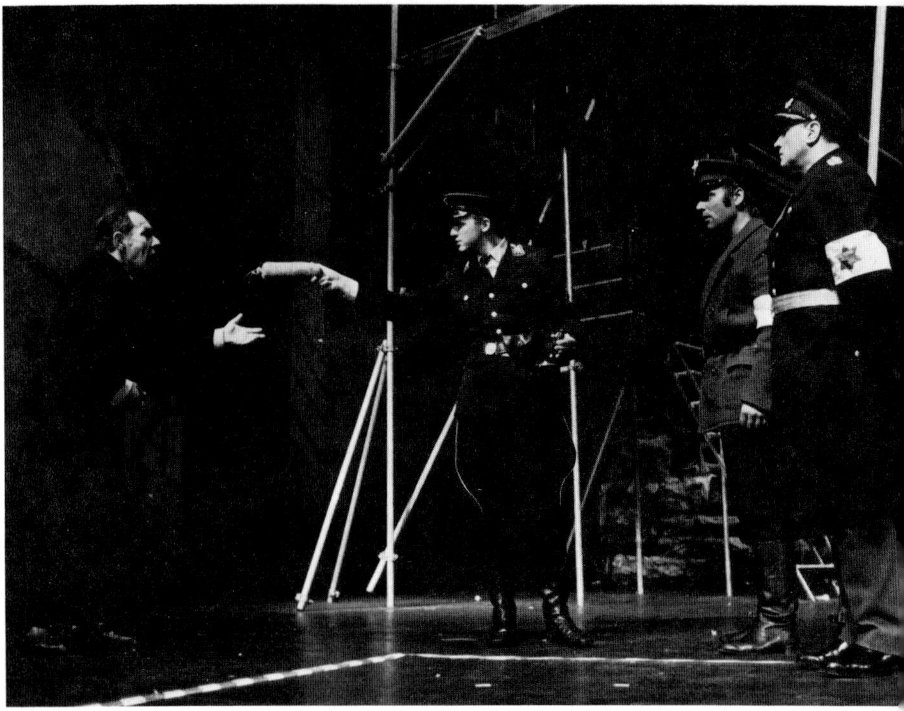

»Herr Kittel, das ist beim Fest übrig geblieben.« (Weißkopf, Kittel, Muschkat, Gens; Otto Tausig, Ulrich Tukur, Otto Edelmann, Michael Degen)

»Ihr habt genau eine Minute Zeit, um jede einzelne Bohne aufzuheben, die sie gestohlen hat.«

»Nimm dir ein Kleid!«
(Kittel, Chaja; Ulrich
Tukur, Esther Ofarim)

»Das einzige, was wir hier genug haben, sind Klamotten.« (Weißkopf, Chaja; Otto Tausig, Esther Ofarim)

THEATER AU
RIEDHOF?
F DEM FRIED-
SPIELT
N KEIN
EATER

AUF DEM FRIEDHOF
SPIELT MAN KEIN THEA
Kein Theater
FRIEDHO

ERSTER MA
IM GE

»Es interessiert mich einen Dreck, für die Wehrmacht Geld zu sparen.« (Gens, Weißkopf; Michael Degen, Otto Tausig)

»Klappe! Sonst knall ich dir den Kopf ab.« (Puppe, Srulik, Kittel; Alexandre Guini, Hermann Lause, Ulrich Tukur)

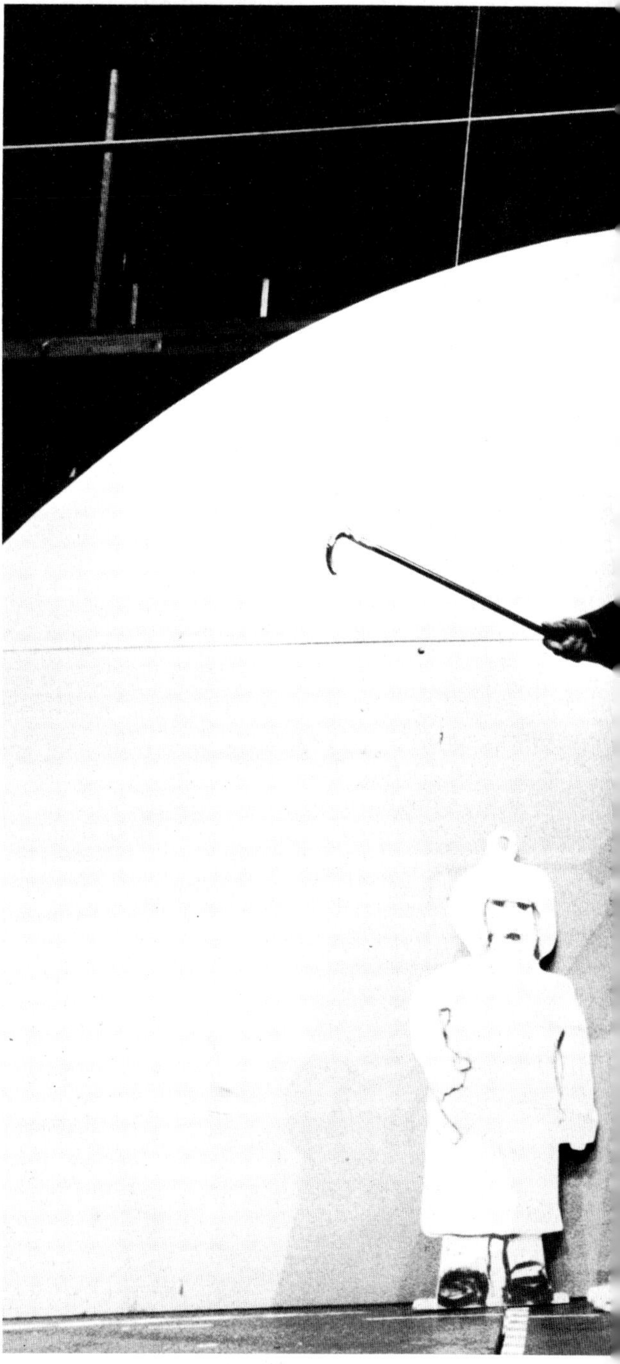

»Vater, Mutter, Kind, Kind ...« (Gens; Michael Degen)

»Ich habe dich nicht produktiv gemacht, Weißkopf. Das hast du selber gemacht.« (Weißkopf, Kittel; Otto Tausig, Ulrich Tukur)

»Dieser Vorgang muß abgeschlossen sein, bevor es die gegenwärtigen Träger Ihrer so reichen Kultur unglücklicherweise nicht mehr geben wird.« (Kruk, Dr. Paul; Ernst Jacobi, Ulrich Tukur)

»Ich kann aus der Hand lesen.« (Chassid mit Geiwisch, Jankel, Elia; Peter Kern mit Stefan Reck, Andrew Lucas, Hannes Jaenicke)

Abb. rechts:
Esther Ofarim als Chaja

Ulrich Tukur als Kittel
rechts: Michael Degen als
Gens

Ernst Jacobi als Kruk

Abb. S. 168
Hermann Lause als Srulik

Abb. S. 169
Otto Tausig als Weißkopf

Abb. S. 176
»Ich bringe es zurück, wenn wir es nicht mehr brauchen.« (Kruk, Chaja; Ernst Jacobi, Esther Ofarim)

»Mit hängenden Köpfen alles vergessen wollen«

Zwei Notizen von Kenneth Tynan und Bruno Bettelheim zur ANNE FRANK, dem GHETTO-Stück der 50er Jahre

Am letzten Montag habe ich im Schloßpark Theater ein Gefühl der Betroffenheit erlebt, wie sie mir das Theater bis dahin nie drastischer vermittelt hat. Mit Kunst hatte das wenig zu tun, denn das Stück an sich war nicht eines von den großen. Seine Wirkung aber in Berlin, in diesem historischen Moment der fünfziger Jahre, ging weit über alles hinaus, was Kunst bislang hatte bewirken können und verschonte auch die private Sphäre des Zuschauers nicht: ich war bemüht Distanz zu bewahren, die allgemeine Katharsis überwältigte jedoch auch mich. Wie bei allen wirklich großen Theaterereignissen ging es hier nicht allein um das Theater: die Außenwelt wurde miteinbezogen. Auf der ersten Seite des Programmheftes zur Vorbereitung des Publikums eine kurze, nüchterne Abhandlung über Kollektivschuld. Auf der nächsten Seite der Titel: Das Tagebuch der Anne Frank, Regie Boleslav Barlog, Erstaufführung. Diese Bühnenbearbeitung zielt nicht auf Vergeltung. Auf leise, oft heitere Weise wird das Alltagsleben von acht Juden gezeigt, die sich zwei Jahre lang auf einem Dachboden in Amsterdam versteckt hielten, bevor die Gestapo kam. Otto Frank überlebte als einziger. Anne kam in Belsen um.
Ich hatte das Stück in New York gesehen, damals hatte es mich irgendwie irritiert. Die Aufführung schien keine Notwendigkeit zu sein, es schmeckte ein wenig nach Ausbeutung. Die Berliner Schauspieler waren im ganzen besser, auch inbrünstiger als ihre amerikanischen Kollegen. Aber ich glaube, das war nicht der Grund, warum das Stück vom Montag abend soviel dringender und notwendig schien. Der Mann vor mir nahm nach der Pause den Kopf zwischen die Hände und schaute nicht mehr auf die Bühne. Ich glaube, er war kein Jude. Erst am Ende des Stückes wurde klar, wie weise und mutig Barlogs Entscheidung für eine ganz unjüdische Besetzung der Rollen war: Otto Frank liest die letzten Zeilen des Tagebuches, die auf bewegende und irrationale Weise Annes unerschütterliches Vertrauen in das Gute im Menschen bezeugen, schließt das Buch und sagt, sehr langsam: »Sie beschämt mich.«
So endete das Stück. Die Lichter gingen an. Das Publikum saß

erschöpft und aschfahl; einige starrten vor sich hin, andere blickten zu Boden, fast eine Minute lang. Dann, als ob sie aus einem Alptraum erwacht seien, erhoben sich die Zuschauer und gingen in tiefem Schweigen hinaus, ohne einander anzuschauen, selbst ohne das übliche grüßende Kopfnicken von Freund zu Freund. Es gab keinen Applaus, keinen extra Vorhang.
Ich weiß wohl, daß all dies keine Theaterkritik ist. Im Schatten eines so traumatischen und erschütternden Ereignisses wäre Kritik belanglos. Ich kann nur ein Gefühl festhalten, das ich nicht missen möchte, und ich kann nur beten, es nie wieder verspüren zu müssen.

Kenneth Tynan, 1956

Der außerordentliche, weltweite Erfolg, den *Das Tagebuch der Anne Frank* als Buch, Theaterstück und Film hatte, läßt den mächtigen Wunsch erkennen, dem Wissen um die mörderischen und persönlichkeitszerstörenden Lager dadurch entgegenzuwirken, daß man sein ganzes Augenmerk auf dieses Tagebuch richtet, das als ein Beweis dafür genommen wird, daß sogar im brutalsten totalitären System noch ein Privatleben und eine Intimsphäre erblühen können. Und das alles ungeachtet der Tatsache, daß Anne Franks Schicksal klar belegt, wie ein Mensch seine eigene Vernichtung noch beschleunigen kann, indem er ein Privatleben führt und alles, was außerhalb dieses Lebens in der Gesellschaft passiert, ignoriert.
Was mich hier interessiert, ist nicht, was der Familie Frank tatsächlich zustieß oder wie sie vergeblich versuchte, ihre schreckliche Lage zu meistern. Es wäre meines Erachtens falsch, eine so menschliche und erschütternde Geschichte, die so viel Mitgefühl für die sanfte Anne Frank und ihr tragisches Los erregt hat, auseinanderzunehmen. Worum es hier wirklich geht, ist die weltweite unkritische Reaktion auf ihr Tagebuch und auf das Theaterstück und den Film, die daraus verfertigt worden sind; und es geht nicht zuletzt auch darum, was diese Reaktion denn nun aussagt über unsere Versuche, mit den Gefühlen fertig zu werden, die das Schicksal dieses Mädchens in uns auslösen. (Wobei uns dieses Schicksal übrigens als ein Symbol für eine zutiefst menschliche Reaktion auf den Terror der Nazis gilt.) Ich glaube, daß sich die weltweite Zustimmung, mit der dieses Tagebuch aufgenommen wurde, erst dann erklären läßt, wenn wir einsehen, daß in dieser Zustimmung auch unser Wunsch enthalten ist, die Gaskammern

dadurch zu vergessen, daß wir die Fähigkeit glorifizieren, sich in eine extrem private, liebenswerte und empfindsame Welt zurückzuziehen und sich in dieser Welt mit allen Mitteln an die altgewohnten alltäglichen Ansichten und Verrichtungen zu klammern, obwohl die Welt um einen herum ein einziger Strudel ist, der einen jeden Augenblick in sich hinabreißen kann.
Das Verhalten der Familie Frank, die ihr Leben so fortführen wollte, wie sie es immer getan hatte, hat wahrscheinlich zu ihrer Vernichtung geführt. Dadurch, daß wir nichts als Lob übrighaben für die Art, wie diese Menschen in ihrem Versteck lebten, ohne sich zu fragen, ob dieser Entschluß auch wohlüberlegt und hilfreich sein würde, setzen wir uns über die entscheidende Lektion, die uns diese Geschichte erteilen könnte, einfach hinweg - ich meine die Lektion, daß eine solche Haltung unter extremen Bedingungen tödlich sein kann.
Während die Franks ihre Vorbereitungen trafen, um dann in ihrem Versteck passiv alles auf sich zukommen zu lassen, versuchten Tausende von anderen Juden in Holland (und in anderen europäischen Ländern) in die freie Welt zu entkommen, um zu überleben und/oder zu kämpfen. Andere, die nicht fliehen konnten, gingen in den Untergrund, und manche Familien sorgten dafür, daß jedes Familienmitglied bei einer anderen nichtjüdischen Familie untertauchte. Dem Tagebuch der Anne Frank jedoch können wir entnehmen, daß der Hauptwunsch der Franks darin bestand, wenn irgend möglich in der Weise weiterzuleben, in der sie bisher, wenn auch unter glücklicheren Umständen, gelebt hatten.
Auch die kleine Anne wollte so weiterleben wie immer, und was hätte sie auch anderes tun sollen, als mit den Plänen ihrer Eltern übereinzustimmen? Doch was Anne Frank erlebte, war weder ein unausweichliches noch heldenhaftes, sondern ein ebenso schreckliches wie sinnloses Schicksal.
Was nun das Theaterstück und den Film zum *Tagebuch der Anne Frank* anlangt, so läßt sich die Reaktion des Publikums nicht damit erklären, daß es sich unmittelbar hineinversetzte in die gewaltige Angst, die jedes klare Denken und Handeln lähmt, oder auch in die Ignoranz darüber, was mit den Menschen passierte, die ihr Los so lange passiv abwarteten, bis man sie zum Transport ins KZ abholte.
Ich glaube, es ist das unglaubwürdige Ende, das den gewaltigen Erfolg des Stückes und des Filmes erklärt. Dieses Ende besteht darin, daß wir Annes Stimme aus dem Jenseits sagen hören: »Ich

glaube fest daran, daß die Menschen in ihrem tiefsten Innern gut sind.« Diese Worte finden sich zwar tatsächlich in dem Tagebuch, aber sich vorzustellen, daß sie von einer Anne Frank stammen könnten, deren Mutter in Auschwitz umgebracht wurde, während sie selbst und ihre Schwester die Ermordung Tausender Erwachsener und Kinder erlebten, bis sie selbst kurz vor Kriegsende in Bergen-Belsen dem Hunger zum Opfer fielen, diese Vorstellung ist nicht möglich.

Der Wunsch, das gewohnte Familienleben fortzuführen, erwies sich für viele Familien unter dem Nazi-Regime als tödlich. Wären jedoch tatsächlich alle Menschen »in ihrem tiefsten Innern gut«, dann könnten wir getrost so weiterleben, wie wir in Zeiten ungestörter Sicherheit gelebt haben, und wir könnten es uns leisten, Auschwitz zu vergessen. Aber Anne, ihre Schwester, ihre Mutter, vielleicht sind sie gerade deshalb gestorben, weil Annes Eltern nicht an Auschwitz glauben wollten.

Obgleich das Theaterstück und der Film auf den ersten Blick von der Verfolgung und den Vernichtungsaktionen der Nazis handeln, ist es im Grunde doch so, daß wir miterleben, wie es liebenswerten Menschen trotz des ganzen Terrors gelingt, ihr friedliches Familienleben fortzuführen. Aus Anne, dem Kind, wird ein junges Mädchen, eine junge Erwachsene, und das alles geht so normal vor sich, als gebe es die Extremsituation, in der sie und ihre Familie sich befinden, überhaupt nicht. So aber versucht uns das Theaterstück glauben zu machen, daß man, selbst wenn man Jude ist, sein kleines privates Leben fortführen kann – trotz Nazi-Rassismus und Nazi-Tyrannei.

Es ist richtig, daß sich das Schicksal dieser Familie und ihrer Freunde genauso erfüllt, wie die Franks es befürchteten: Ihr Versteck wird entdeckt und sie werden alle fortgeschleppt, ihrer Vernichtung entgegen. Doch das Anne Frank-Zitat am Schluß des Theaterstückes erweckt beim Zuschauer den Eindruck, daß am Ende trotz des Nazi-Terrors das liebenswerte Familienleben den Sieg davonträgt, denn es ist Anne Frank, die das letzte Wort hat. Dieser Eindruck jedoch widerspricht schlichtweg den Tatsachen, denn Anne wurde – umgebracht. Der Eindruck von ihrem (scheinbaren) Überleben, vermittelt durch jene erschütternde Äußerung über das Gute im Menschen, enthebt uns auf überaus wirksame Weise der Notwendigkeit, uns mit den Problemen, die Auschwitz heißen, auseinanderzusetzen. Deshalb fühlen wir uns dadurch, daß Anne diese Äußerung tut, sehr erleichtert. Das erklärt auch, weshalb Millionen von Menschen das Stück und den

Film liebten. Beide konfrontieren uns zwar mit Auschwitz als Tatsache, doch bestärken sie uns gleichzeitig in dem Wunsch, uns nur ja nicht mit der tieferen Bedeutung der KZs auseinanderzusetzen. Wenn alle Menschen »in ihrem tiefsten Innern gut sind«, dann hat es in Wirklichkeit nie ein Auschwitz gegeben, kann ein solches Auschwitz nie wiederkehren.

Bruno Bettelheim, 1960

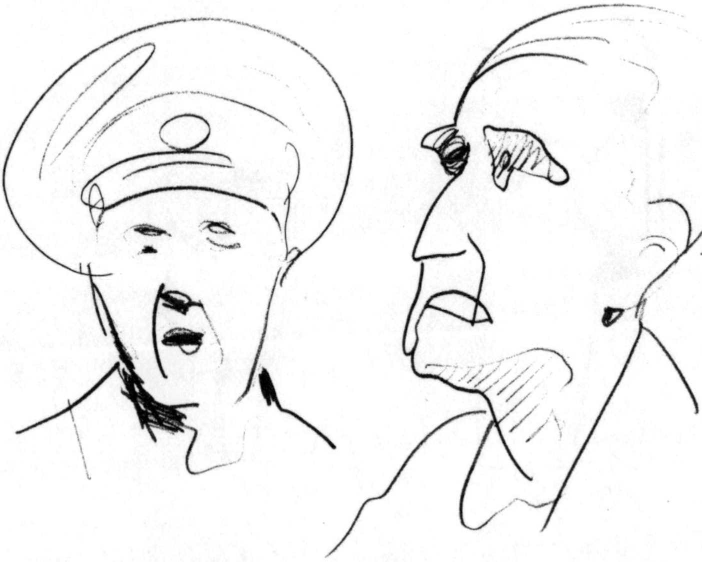

Gershom Scholem

Wider den Mythos vom deutsch-jüdischen Gespräch

Sehr geehrter Herr Schlösser,
Ihre Einladung zu einer Festschrift für Margarete Susman ehrt mich im selben Maße, wie sie mich in die entschiedenste Verlegenheit versetzt. Ich sehe keinen anderen Weg, als Ihnen, und damit vielleicht den Lesern der von Ihnen geplanten Festschrift selber, die Natur dieser Verlegenheit zu erklären. Denn in der Ankündigung dieser Schrift, die Sie mir freundlicherweise haben zugehen lassen, heißt es, daß die Festschrift »nicht nur als Huldigung, sondern auch als Dokument eines im Kern unzerstörbaren deutsch-jüdischen Gespräches zu verstehen sein« soll. Niemand könnte über eine solche Ankündigung bestürzter sein als ich. Denn so bereit ich mich finde, der verehrungswürdigen Erscheinung Margarete Susmans zu huldigen, mit der mich Tieferes verbindet als Meinungen, in denen wir übereinstimmen oder auseinandergehen, so entschieden muß ich mich der Einladung versagen, jener mir unfaßbaren Illusion von einem »im Kern unzerstörbaren deutsch-jüdischen Gespräch« Nahrung zu liefern, der diese Schrift nach Ihrer Bestimmung dienen soll. Gestatten Sie mir, mich darüber näher zu erklären.
Ich bestreite, daß es ein solches deutsch-jüdisches Gespräch in irgendeinem echten Sinne *als historisches Phänomen* je gegeben hat. Zu einem Gespräch gehören zwei, die aufeinander hören, die bereit sind, den anderen in dem, was er ist und darstellt, wahrzunehmen und ihm zu erwidern. Nichts kann irreführender sein, als solchen Begriff auf die Auseinandersetzungen zwischen Deutschen und Juden in den letzten 200 Jahren anzuwenden. Dieses Gespräch erstarb in seinen ersten Anfängen und ist nie zustande gekommen. Es erstarb, als die Nachfolger Moses Mendelssohns, der noch aus irgendeiner, wenn auch von den Begriffen der Aufklärung bestimmten, jüdischen Totalität her argumentierte, sich damit abfanden, diese Ganzheit preiszugeben, um klägliche Stücke davon in eine Existenz herüberzuretten, deren neuerdings beliebte Bezeichnung als deutsch-jüdische Symbiose ihre ganze Zweideutigkeit offenbart. Gewiß, die Juden haben ein Gespräch mit den Deutschen versucht, von allen möglichen Gesichtspunkten und Standorten her, fordernd, flehend und beschwörend, krie-

cherisch und auftrotzend, in allen Tonarten ergreifender Würde und gottverlassener Würdelosigkeit, und es mag heute, wo die Symphonie aus ist, an der Zeit sein, ihre Motive zu studieren und eine Kritik ihrer Töne zu versuchen. Niemand, auch wer die Hoffnungslosigkeit dieses Schreis ins Leere von jeher begriffen hat, wird dessen leidenschaftliche Intensität und die Töne der Hoffnung und der Trauer, die in ihm mitgeschwungen haben, geringschätzen. Der Versuch der Juden, sich den Deutschen zu erklären und ihre eigene Produktivität ihnen zur Verfügung zu stellen, sogar bis zur völligen Selbstaufgabe hin, ist ein bedeutendes Phänomen, dessen Analyse in zureichenden Kategorien noch aussteht und vielleicht jetzt erst, wo es zu Ende ist, möglich werden wird. Von einem Gespräch vermag ich bei alledem nichts wahrzunehmen. Niemals hat etwas diesem Schrei erwidert, und es war diese einfache und ach, so weitreichende Wahrnehmung, die so viele von uns in unserer Jugend betroffen und uns bestimmt hat, von der Illusion eines Deutschjudentums abzulassen. Wo Deutsche sich auf eine Auseinandersetzung mit den Juden in humanem Geiste eingelassen haben, beruhte solche Auseinandersetzung stets, von Wilhelm von Humboldt bis zu George, auf der ausgesprochenen und unausgesprochenen Voraussetzung der Selbstaufgabe der Juden, auf der fortschreitenden Atomisierung der Juden als einer in Auflösung befindlichen Gemeinschaft, von der bestenfalls die einzelnen, sei es als Träger reinen Menschentums, sei es selbst als Träger eines inzwischen geschichtlich gewordenen Erbes rezipiert werden konnten. Jene berühmte Losung aus den Emanzipationskämpfen: »Den Juden als Individuen alles, den Juden als Volk (das heißt: als Juden) nichts« ist es, die verhindert hat, daß je ein deutsch-jüdisches Gespräch in Gang gekommen ist. Die einzige Gesprächspartnerschaft, welche die Juden als solche ernst genommen hat, war die der Antisemiten, die zwar den Juden etwas erwiderten, aber nichts Förderliches. Dem unendlichen Rausch der jüdischen Begeisterung hat nie ein Ton entsprochen, der in irgendeiner Beziehung zu einer produktiven Antwort an die Juden als Juden gestanden hätte, das heißt der sie auf das angesprochen hätte, was sie als Juden zu geben, und nicht auf das, was sie als Juden aufzugeben hätten.
Zu wem also sprachen die Juden in jenem vielberufenen deutsch-jüdischen Gespräch? Sie sprachen zu sich selber, um nicht zu sagen: sie überschrien sich selber. Manchen war dabei unheimlich zumute, viele aber taten so, als ob alles auf dem besten Wege sei, in Ordnung zu kommen, als ob das Echo ihrer eigenen Stimme sich

unversehens in die Stimme der anderen verwandeln würde, die sie so begierig zu hören hofften. Die Juden waren immer große Lauscher, eine edle Erbschaft, die sie vom Berge Sinai mitgebracht haben. Sie haben auf vielerlei Stimmen gelauscht, und man kann nicht sagen, daß es ihnen immer gut bekommen ist. Als sie zu den Deutschen zu sprechen dachten, da sprachen sie zu sich selber. Niemand als Juden selber ist etwa von der jüdischen Produktivität eines Denkers wie Simmel angesprochen worden. Und Simmel ist in der Tat eine wahrhaft symbolische Erscheinung für all das, wovon ich hier spreche, weil eine Erscheinung, die die Substanz des Judentums noch höchst sichtbar an einem Manne zeigte, bei dem es auf dem reinen Nullpunkt völliger Entfremdung angelangt war. Ich versage es mir, jenes erschütternde Kapitel abzuhandeln, das durch den großen Namen Hermann Cohens bezeichnet ist, und die Art, in der diesem unglücklich Liebenden, der den Schritt vom Erhabenen zum Lächerlichen nicht gescheut hat, geantwortet worden ist.

Die angeblich unzerstörbare geistige Gemeinsamkeit des deutschen Wesens mit dem jüdischen Wesen hat, solange diese beiden Wesen realiter miteinander gewohnt haben, immer nur vom Chorus der jüdischen Stimmen her bestanden und war, auf der Ebene historischer Realität, niemals etwas anderes als eine Fiktion, eine Fiktion, von der Sie mir erlauben werden zu sagen, daß sie zu hoch bezahlt worden ist. Die Deutschen hat diese Fiktion, ausweislich einer nur allzu reichen Dokumentation, meistens ergrimmt und bestenfalls gerührt. Kurz bevor ich nach Palästina ging, erschien Jakob Wassermanns Schrift *Mein Weg als Deutscher und Jude,* gewiß eines der ergreifendsten Dokumente dieser Fiktion, ein wahrer Schrei ins Leere, der sich als solchen wußte. Was ihm erwidert hat, war teils Verlegenheit, teils Grinsen. Vergebens wird man nach einer Antwort auf der Ebene des Redenden suchen, die also ein Gespräch gewesen wäre. Und wenn es einmal, direkt vor dem Einbruch der Katastrophe, in der Tat zu einem Gespräch in Wechselrede gekommen ist, dann sieht es so aus wie jenes Gespräch zwischen den Exwandervögeln Hans Joachim Schoeps und Hans Blüher, bei dessen Lektüre noch heute dem Leser die Haare zu Berge stehen. Aber wozu Beispiele häufen, wo ja eben das Ganze jenes gespenstischen deutsch-jüdischen Gespräches sich in solchem leeren Raume des Fiktiven abspielte? Ich könnte unendlich davon sprechen und bliebe doch immer auf demselben Punkt.

Es ist wahr: daß jüdische Produktivität sich hier verströmt hat, wird jetzt von den Deutschen wahrgenommen, wo alles vorbei ist.

Ich wäre der letzte zu leugnen, daß darin etwas Echtes – Ergreifendes und Bedrückendes in einem – liegt. Aber das ändert nichts mehr an der Tatsache, daß mit den Toten kein Gespräch mehr möglich ist, und von einer »Unzerstörbarkeit dieses Gespräches« zu sprechen, scheint mir Blasphemie.

Ihr
Gershom Scholem

Jerusalem, den 18. Dezember 1962

Joshua Sobol

Ein Interview mit mir selbst

Immer wieder fragen mich die Leute: »Warum haben Sie dieses Stück geschrieben?« Ich gebe ihnen alle möglichen Antworten. Jetzt sind wir beide allein, nun frage ich Dich: warum hast Du das Stück wirklich geschrieben?

Also, als Du herausgefunden hattest, daß es im Ghetto von Wilna ein Theater gab, hatte ich nicht mehr die Freiheit, dieses Stück nicht zu schreiben.

Was meinst Du damit »nicht mehr die Freiheit«? Ich habe das nur durch Zufall entdeckt, und jetzt willst Du mich für Dein Stück verantwortlich machen?

Kann sein, daß es Zufall war, aber das glaube ich auch nicht ganz. Seitdem Du über das Theater im Ghetto gelesen hattest, hat mich der Gedanke daran wie ein Phantom unablässig verfolgt. Es ist mir immer wieder erschienen, tauchte plötzlich aus der Asche auf und wurde zu einer Vision illusorischer Wirklichkeit im Banne des Todes; es drängte alle meine anderen Pläne in den Hintergrund und bemächtigte sich meines ganzen Wesens. Als ich dann versuchte, Deinem Beispiel zu folgen und seinen mahnenden Ruf zu ignorieren, flüsterte mir das Phantom ins Ohr, ich sei ein Feigling, ich hätte Angst, die Herausforderung anzunehmen und mich dem Kampf zu stellen, ein Theaterstück zu schreiben. Mit einem Wort: es hat mir meine Mitte genommen und ließ mich erkennen, daß es selbst zu meiner neuen Mitte werden könnte, wenn ich meine eigene Angst nicht mehr fürchte.

Du redest ständig von Deiner Angst; ich muß schon sagen, Herr Sobol, ich glaube Dich schon ziemlich lange zu kennen, aber es ist mir nie in den Sinn gekommen, daß Du so voller Angstgefühle bist, wie Du es hier vorgibst.

Wenn das wirklich so ist, mein lieber Raisonneur, dann mußt Du noch eine Menge über mich lernen. Diese Ängste sind tatsächlich in mir und drohen, mich zu lähmen. Nur in meinen Theaterstükken wage ich den spielerischen Umgang mit ihnen, um zu einer Art modus vivendi mit ihrer zerstörerischen Kraft zu kommen. Ich versuche, sie für andere Menschen auf die Bühne zu projizieren, damit ich sie dann schließlich im Dunkel des Zuschauerraumes im Schutz meines Platzes aus sicherem Abstand betrachten kann.

Versuchst Du schon wieder, mich hinters Licht zu führen? Was meinst Du mit »sicher«? Ich weiß doch, wieviel Angst Du im Dunkeln hast, umgeben von diesem tausendäugigen Ungeheuer, dem Publikum. Dein Herz schlägt zum Zerspringen, am ganzen Körper bricht Dir der kalte Schweiß aus...

Da hast Du mich ertappt, was soll ich nun sagen. Kurz vor Beginn der ersten Aufführung packt mich wirklich das Entsetzen. Ein schrecklicher Augenblick: wird das Publikum diese Furcht als die seine wiedererkennen? Werden die anderen Menschen dieses Gefühl der Angst annehmen oder zurückweisen? Warum mute ich mir all diese Schwierigkeiten zu? Warum setze ich mich ihnen aus?

Schon gut, nun spiele nicht die unschuldige Jungfrau. Es gibt auch den einfachen wirtschaftlichen Austausch von Geben und Nehmen. Das weißt Du.

Könntest Du das weiter ausführen?

Unter einer Bedingung: nenne mich nie wieder »Raisonneur«.

Versprochen.

Also, Herr Sobol, Deine »Ängste« trennen und isolieren Dich von der ganzen übrigen Menschheit, so lange Du sie geheimhältst. Wenn andere Menschen, sagen wir Zuschauer, diese Ängste annehmen, wirst Du durch sie wieder miteinbezogen, weil sie auf diese Weise Deine Gefühle als einen Teil ihrer selbst bestätigen.

Großartig bist Du!

Keine Schmeicheleien, bitte, zurück zu Deinem Stück GHETTO. Kannst Du die Angst, die sich für Dich mit diesem besonderen Thema verbindet, benennen?

Ich will es versuchen. Ich schreibe Theaterstücke, das ist mein unsicherer Beruf. Ich bin 45 Jahre alt, das ist mein unbequemes Alter. Ich bin ein atheistischer Jude, das ist immerhin etwas wie Identität. Ich bin in Israel geboren und lebe dort, das ist ein gefährliches Land mit furchtbaren Schwierigkeiten; ein Land, das nicht nur verzweifelt um sein Überleben kämpft, sondern ebenso verzweifelt auf der Suche nach seiner Seele ist. Die Nation ist in zwei Lager gespalten. Auf der einen Seite stehen diejenigen, die nationalistischen Egoismus über alle anderen Werte stellen; auf der anderen steht die Minderheit, zu der auch ich gehöre, die befürchtet, daß wir durch eine Politik der nackten Gewalt nicht nur Zerstörung über uns bringen, sondern daß wir dadurch auch zur schrecklichen Karikatur unserer schlimmsten Todfeinde werden und auf diese Weise beides verlieren, unsere Existenz und unsere Seele. Das also zu den Ängsten.

Das ist alles schön und gut. Aber warum bedienst Du Dich einer so verschleierten Sprache? Warum weichst Du aus? Warum keine mutigen und eindeutigen Worte? Eine »schreckliche Karikatur« von wem? Hast Du, ein Schriftsteller, Angst vor Worten?

Mein lieber Freund, mutige und eindeutige Begriffe vermitteln nicht immer die Wahrheit. Und wenn es historische Analogien sind, die Du im Sinn hast, dann laß mich Dich daran erinnern, daß solche Begriffe fast immer zu grober Vereinfachung und Demagogie geführt haben.

Dann will ich Dich an das erinnern, was Martin Buber schon im November 1939 geschrieben hat. Er hatte keine Angst, seine Gedanken und Befürchtungen in klare und deutliche Worte zu fassen. Ich hoffe, Du willst ihm nicht grobe Vereinfachung und Demagogie zur Last legen.

Sag mir erst, was er geschrieben hat.

Also, er griff damals die Zionisten an – die Dissidenten der äußersten Rechten, damit wir uns klar verstehen – die zu jener Zeit behaupteten, ich zitiere: »der extreme und totale nationalistische Egoismus, der derzeit in Deutschland vorherrscht, ist der richtige Weg und die verständliche Politik einer Nation, vor allem in Krisenzeiten; er ist nur insoweit schlecht, als er sich gegen uns, die Juden, richtet, denn unser Hauptkriterium muß unser eigener nationaler Egoismus sein.« Buber sagt: »Unter all den abscheulichen Folgen der Assimilation kann ich keine andere Weltsicht finden, in der der Judaismus ein solches Maß an Entwürdigung erreicht hat, wie in der Weltanschauung, welche vorgibt, eine logische Folge des Zionismus zu sein.« Zitat Ende. Was hältst Du davon?

Diese Worte sind in dem Jahr geschrieben worden, als ich geboren wurde. In ihnen ist von meinen gegenwärtigen Ängsten die Rede. Merkwürdig, oder?

So? Dann hör zu, wie es weiter geht. Buber sagt: »viele tausend Jahre lang haben wir behauptet, die Welt sei auf das Prinzip der Gerechtig-

keit gegründet, das zwischen den Menschen untereinander und unter den Nationen herrschen solle... heute geben einige unter uns vor, wir hätten diese Behauptung nur aufgestellt, weil wir schwach waren; heute aber sollten wir uns zur Macht erheben und wie alle Starken Taten des Satans ausüben, damit wir auf dieser Erde fortbestehen können.« Buber sagt: »Wenn wir diese Ideologie annehmen, unterzeichnen wir unsere Verurteilung mit eigener Hand. Nicht durch das Böse kann das Land Israel errettet werden. Wer das nicht erkennt, wird schließlich im Lande Israels ebenso handeln wie Hitler, weil er Hitlers Gott anbeten will, nachdem er ihm einen hebräischen Namen gegeben hat. Diesen müssen wir bekämpfen, bis wir seinen falschen Gott zerstört haben.«

Bravo, Martin Buber! Das sind furchtbare Worte... Seine Befürchtungen sind wirklich auch meine.

Wirklich? Dann will ich Dir eine Frage stellen: wie willst Du den Kampf führen, von dem er spricht? Mit dem Stück über das Ghetto in Wilna? Was hat die Geschichte vom Wilnaer Ghetto mit der heutigen Lage Israels zu tun? Welcher Zusammenhang besteht zwischen dem Streit eines sozialistischen Bundisten und dem Chef des Ghettos mit der gegenwärtigen prekären Situation in Israel? Beutest Du nicht lediglich ein Thema aus?

Für uns Israelis, mein liebes altes ego, ist es sehr leicht, sich mit den Helden des bewaffneten Widerstands im Ghetto zu identifizieren, die kaum ein Prozent der gesamten Ghetto-Bevölkerung ausmachen, denn auch wir kämpfen um unser Überleben. Andererseits fürchte ich, wir haben noch gar nicht damit begonnen, uns mit dem außerordentlichen geistigen Kampf der Ghetto-Juden zu identifizieren – ihn zu unserem eigenen zu machen – die durch diesen Kampf für das Erhalten des kulturellen Schaffens und der geistigen Werte ihre eigene moralische Qualität als Menschen zu bewahren suchten, unter den unmenschlichsten und ent-menschlichenden Bedingungen, die ihnen von den Nazis auferlegt wurden. Wir wissen von den Gaskammern und dem Massenmord an Millionen, aber sind wir je der Frage nachgegangen, wie die Nazis unsere Seele geschändet haben? Haben wir uns gefragt, was sie unserer Moral angetan und welch furchtbaren Schaden sie unserem Gewissen zugefügt haben? Haben wir uns je in die schreckliche, gewissenslähmende Handlungsweise versetzt, die Gens, dem jüdischen Chef des Wilnaer Ghettos, auferlegt wurde, und die er mit zermartertem Gewissen befolgte, als man ihn zwang,

Leben gegen Leben auszuhandeln? Das flößt uns bis zum heutigen Tage Angst und Schrecken ein. Diesen Schrecken, diese Angst müssen wir in uns aufnehmen und annehmen, um überhaupt erfassen zu können, was die Nazis unserer Seele und unserem Gewissen angetan haben, wenn wir wirklich das Übel bekämpfen wollen, mit dem sie den Menschen zu verseuchen suchten. Den Mord an Millionen von Menschen kann man nicht lange Zeit verborgen halten, aber die Brutalisierung der Seele wird erst nach Jahren, Jahrzehnten sichtbar. Vielleicht sind wir erst jetzt reif genug, ihre Auswirkungen zu erkennen.

Gestatte mir noch eine letzte Frage: wie fühlst Du Dich als israelischer Stückeschreiber bei dem Gedanken, daß Dein Stück vor einem deutschen Publikum zur Aufführung gelangt?

Danke, das ist eine hervorragende Frage. Viele israelische Journalisten haben mich das auch schon gefragt. Ich muß sagen, daß ich mit dieser Aufführung vor einem deutschen Publikum meine tiefsten Ängste auf die Probe stelle. Ich bin mir bewußt, daß ich die Juden in meinem Stück als Menschen darstelle, die nicht besser sind als ich selbst. Wäre ich an Sruliks Stelle, könnte ich dann der Versuchung widerstehen, ein Theater unter infernalischsten Bedingungen aufzubauen? Wenn ich an Kruks Stelle wäre, könnte ich mich zurückhalten, dieses Theater auf dem Friedhof zu verdammen? Und wäre ich, Gott behüte, an Gens' Stelle, könnte ich mich weigern, Leben gegen Leben auszuhandeln? Wäre ich gläubig, würde ich zu Gott beten, daß ich diesen Menschen, Weißkopf eingeschlossen, habe gerecht werden können.

Aber ein deutsches Publikum, Herr Sobol...

Richtig, ich komme jetzt zum Kern der Sache. Ich werde dort inmitten von diesem deutschen Publikum im Dunkeln sitzen und mit allen Kräften das eine zu erfühlen und zu erfassen suchen: ist das deutsche Publikum bereit, sich im Innersten auf die komplexen Fragen des physischen und moralischen Überlebens des Menschen einzulassen, die die Quintessenz unseres Seins ausmachen? Ist es bereit, sich in das Inferno der verschlungenen und vielfältig miteinander verwobenen Aspekte dieser Fragen zu begeben? Ist es bereit zu verstehen, was es bedeutet, einen beständigen Kampf für die Erhaltung seiner menschlichen Würde und moralischen Werte zu führen, während man ständig Angriffen ausgesetzt ist, gedemütigt, verachtet und unablässig bedroht wird, wie es das Los der Juden im Ghetto war, und wie es tragischerweise

in gewissem Maße bis heute unser Schicksal in Israel noch ist? Ich werde versuchen, zu fühlen und wahrzunehmen, ob das deutsche Publikum meine Ängste teilt. Kann meine Angst zu seiner Angst werden, können sich die Zuschauer mit meinen Ängsten identifizieren und sie annehmen? Kann es unsere gemeinsame Angst werden? Ich glaube nicht an Schuldgefühle, die man durch psychotherapeutische Spiele leicht behandeln und loswerden kann. Ich glaube nicht an ein Aufrechnen, denn für Völkermord, Seelenschändung und Töten kann es keine Aufrechnung geben. Aber ich glaube an die Angst vor dem, was gefürchtet werden sollte. In unserer Generation, die nach dem Völkermord lebt, gibt es etwas, das man fürchten sollte: die Rückkehr der Seuche, deren erstes Symptom das Zurückweisen der Tatsache ist, daß es diese Seuche schon einmal gegeben hat.
Deshalb scheint der Dialog zwischen Deutschen und Juden über unsere gemeinsame Verantwortung für die Gegenwart und die Zukunft so dringend und unvermeidbar. Wenn wir den beispiellosen geistigen Kampf der Menschen im Ghetto um die Bewahrung ihrer Menschlichkeit in unserem Bewußtsein neu beleben und annehmen, können wir unsere Zukunft retten.

Boaz Evron

Das Spiegelbild des Schreckens

GHETTO von Joshua Sobol ist das erste von vielen Stücken, die ich im Verlauf der Jahre über den Massenmord an den Juden Europas gesehen habe, das von wahrem intellektuellem und künstlerischem Wert ist. Hier gibt es weder Idealisierungen noch Diabolisierungen. Hier werden Menschen aller Charaktere und aller politischen Anschauungen vorgestellt, die sich in einer Höllensituation befinden, in der jeder gemäß seinem Charakter und der ihn prägenden Ideologie reagiert. Es ist ein »realistisches« Theaterstück, obgleich der Stil surrealistisch und in starkem Ausmaß symbolisch ist. Der Surrealismus entblößt das wahrhafte, das »reale« Gesicht einer alptraumhaften Wirklichkeit.

Darüber hinaus enthält das Stück philosophische Schichten, die auch für unsere Zeit von großer Bedeutung sind. Die tiefste Bedeutung, soweit ich es verstanden habe, liegt in dem teilweisen Erfolg des Nazis, die Juden nicht nur physisch zu vernichten, sondern darüber hinaus das zu vernichten, was sie als Judentum verstanden haben - den Geist der »Schwäche«, die »Moral der Sklaven«, Begriffe einer universalen Menschenliebe und Brüderlichkeit (und für diesen Zweck ist es nicht wichtig, ob dies die wahren Eigenschaften des Judentums sind). Zugleich ging es den Nazis um die Seele der Juden. Sie wollten sie mit dem Virus des Nazismus anstecken, »sie verändern« und dadurch die jüdisch-zionistische Nationalität in eine Karikatur der Nazi-Nationalität verkehren, wie es der Deutsche Dr. Paul (dessen Bühnenauftritt einer der glänzendsten dramaturgischen Tricks ist, die ich seit langer Zeit gesehen habe) im Gespräch mit dem Bibliothekar des Ghettos, Hermann Kruk, ausdrückt.

Der folgende Überblick wird nicht sehr systematisch sein, denn er folgt dem Umherirren des Stückes. Der Autor berührt derart viele packende Probleme, derart vielfältige kulturelle und philosophische Schichten, er läßt so viele Personen wirken, daß das Stück an der Fülle des Stoffes fast erstickt, ja unter diesem Reichtum zusammenzubrechen droht.

Eine Frage taucht hier auf, die sonst kaum berührt wird - vielleicht weil unsere Vorstellungskraft davor zurückschreckt, vielleicht weil wir uns in unseren Gedanken immer mit den Opfern identifizieren - nämlich die Frage: Was bringt Menschen wie den SS-Offizier Kittel, der für das Ghetto und seine Vernichtung verantwortlich ist, dazu, so zu handeln, wie er es tat? Was geht in den Köpfen von Menschen wie ihm oder Mengele vor? Er steht wohl für einen bestimmten und besonders bezeichnenden Typ, der vor allem in der SS zutage trat. Es handelt sich dabei nicht um primitive Rowdies wie den brutalen SA-Mob, der – gerade weil viehisch und beschränkt – auch in seinem Schaden begrenzt ist. Der SA-Mann ist fähig, ein Pogrom wie die »Kristallnacht«, aber nicht den Völkermord zu planen und durchzuführen; dazu ist allein ein SS-Mann wie Kittel fähig.

Es gab SS-Leute mit Kultur, Geschmack, umfassender Bildung und künstlerischer Empfindsamkeit, die vielleicht sogar aus Neugier an der jüdischen und anderen Kulturen interessiert waren, deren Träger sie er mit sadistischem Vergnügen vernichteten. Mit dem Lächeln eines wilden Tigers gibt Kittel denn auch zu, daß er die Langeweile und die Stumpfheit in den litauischen, »arischen« Vierteln von Wilna nicht ertragen kann und sich nur im Ghetto wohlfühlt, in jenem ihn erregenden kulturellen und geistigen Brodeln. »Eigentlich«, so sagt er, »sollten wir die Litauer ermorden und nicht euch.«

Um die tiefsten, finsteren Gänge eines solchen Gehirns zu erkennen und in sie einzudringen, bedarf der Autor großer seelischer Kraft, vielleicht sogar der Fähigkeit, sich gewissermaßen zu identifizieren. Er muß das absolut Böse verstehen können. Und dieses zu verstehen, bedeutet vielleicht, es in sich zu tragen als eine seiner eigenen psychischen Möglichkeiten. Hannah Arendt schrieb über die »Banalität des Bösen«. Sie hatte entschieden Recht und bewies dies am Beispiel eines Menschen ohne Persönlichkeit wie Eichmann, nicht aber für Menschen wie Kittel. Denn hier ist das Böse eine aktive, bewußte, satanische Kraft, ein Weg, der aus freiem Willen gewählt wurde.

Sobol gestaltet diese Person von außen, als Pose, als ein unverständliches Faktum, das wir weder verstehen noch in es eindringen können. Bis heute habe ich keinen Zugang gefunden zum Inneren, zur Konkretisierung dieser schreckenvollen Möglichkeiten, die die Menschheit in sich trug, keine Beschreibung gelesen über diesen grinsenden Totenkopf hinter einem scheinbar menschlichen Gesicht. Derselbe Totenkopf war das Abzeichen der Mordkommandos der SS, der »Totenkopf«-Einheiten. Vielleicht wären nur Shakespeare (in der Gestaltung von Jago und Richard III.) oder Dostojewski dazu fähig gewesen.

Die grundlegende Situation, die Sobol geschaffen hat, ist von einer solch völligen Absurdität, daß die inhaltlich zu vermitteln-

den Aussagen viel stärker hervortreten als in jeder realistischen Inszenierung: Die Gründung eines Theaters inmitten des Ghettos, das sich im Prozeß der Vernichtung befindet.
Die Gründung des Theaters ist in der Tat der absurdeste Akt im Rahmen dieses absurden Systems, in dem Jacob Gens, der Führer des revisionistischen Beirats (die nationalistisch orientierte Jugendbewegung innerhalb der zionistischen Bewegung), in schwarzen Stiefeln, Ledermantel und umgeschnallter Pistole als Vorsteher des Ghettos umhergeht. Dem Offizier Kittel unterstellt und von ihm autorisiert, führt er gleichzeitig einen täglichen schrecklichen Kampf gegen ihn: Er ist verantwortlich dafür, daß im Ghetto eine beispielhafte Ordnung herrscht, daß keine Unruhen und Ausschreitungen vorkommen, daß seine Bewohner »produktiv« und der deutschen Kriegsmaschinerie nützlich seien, damit die Deutschen an ihrer Existenz weiterhin interessiert seien. (Als eine schreckliche Karikatur der zionistischen Ideologie von der »Umkehrung der Pyramide«, d.h. die Produktivisierung des jüdischen Volkes.)
Aber es bleibt das grundlegende Ziel der Nais, das Ghetto zu liquidieren. Immer wieder gibt Gens neue Gruppen von Juden zur Vernichtung in die Hände der Nazis. In der Hoffnung, daß die Befreiung kommen werde, bevor alle ermordet sind, verhandelt er hartnäckig, mutig und entschlossen, um viele von ihnen vor der Vernichtung zu bewahren, und gründet den Deutschen nützliche Handwerksbetriebe und Fabriken, um darin so viele Juden wie möglich zu beschäftigen. Hier liegt ein Paradox, das Sobol andeutet, aber nicht weiter entwickelt: Der deutschen Kriegsmaschinerie wird es möglich, den Krieg zu verlängern, den Nazis somit zusätzliche Zeit gewährt, Juden zu ermorden. Überdies stellt sich die Frage: Führt es nicht angesichts der beispielhaften Organisation des Ghettos mit seiner jüdischen Polizei, die Jagd auf Juden veranstaltet und mit den Nazis kollaboriert, ja sogar ihre Grausamkeit nachahmt, zur Einsparung von deutschen Kräften für Verwaltung, Menschenjagd und -vernichtung? Auch durch den täglichen Kontakt mit den Nazis, in dem Kittel und Gens zu Komplizen werden, die sich gegenseitig gut verstehen? Und führt es nicht letztlich zu dem erstaunlichen Resultat, daß die nazistische Weltanschauung in die Seelen der kollaborierenden Juden eindringt, im Herzen der Opfer weiterlebt und somit zur »geistigen Vernichtung« vieler Juden führt, die dem Massenmord entronnen sind?
Und dies ist das Argument des »zweiten Ichs« von Kittel, des

gelehrten Nazis und Spezialisten für das Judentum, Dr. Paul, in seinem Schlüsselgespräch mit dem »bundistischen« Bibliothekar, Hermann Kruk. Er spricht mit Verachtung über Gens, mit dem er zusammenarbeitet, und staunt darüber, daß die Juden ihren Ethos verraten und den Macht-Ethos nachahmen, dessen Hauptrepräsentanten die Nazis seien: »Begreifen Sie nicht, was mit Ihrer Geschichte geschieht? Sie haben sich für die Diaspora entschieden und haben damit die Zukunft Palästinas und des Zionismus Leuten wie Gens überlassen. Und die werden es nicht ablehnen, die Macht von uns anzunehmen oder von sonstjemand, der sie ihnen anbietet.« Und dies sagt er, nachdem Paul den Vorschlag macht, Gens und seine Leute abzusetzen und Kruk zum Vorsteher des Ghettos zu machen. Kruk lehnt ab: »Ich nehme von Ihnen kein Amt an.«

Ein anderes glänzendes, auf Tatsachen beruhendes Beispiel dieser grotesken Verzerrung aller Begriffe bietet die Karriere von Weißkopf, dieses Arbeiters, der die Schneiderei und Wäscherei für die Wehrmachts-Uniformen aufbaute und dadurch viele jüdische Arbeiter rettete, der sich an den Militäraufträgen bereichert, dabei den Zweck des Unternehmens vergißt, sich als Kapitalisten sieht und die Bitte Gens, weitere Arbeiter einzustellen, um sie zu retten, ablehnt, weil er durch Rationalisierung mit weniger Arbeitern auskommen könne. Eine verrückt gewordene Realität, in der Begriffe wie das kapitalistische »freie Unternehmertum« und »Selfmademan« in einem alptraumhaften Zusammenhang zu einer erschreckenden Groteske werden.

Das Absurdeste ist jedoch das Theater – oder vielleicht ist es doch nicht absurd? Es wird zum Symbol für einen Versuch, innerhalb dieser auf dem Kopf stehenden Wirklichkeit ein »normales Leben« zu erhalten. Kruk wirft die Frage auf, ob unter unmenschlichen Bedingungen das Theater, die Kunst, nicht so sehr eine Verstärkung der Menschlichkeit, vielmehr ein Versuch der Flucht aus der Wirklichkeit seien. Verwandelt sich nicht der Versuch, unter den verbleibenden Juden die Illusion eines »trotz alledem geht das Leben weiter« zu verbreiten, zu einer kollektiven Einschläferung, zu einem zusätzlichen Mittel der Nazis, den aktiven Widerstand zum Schweigen zu bringen, so wie es der kämpfende Sozialist Kruk feststellt? Ist es vielleicht besser, die Augen zu verschließen, wenn es gar keine Hoffnung mehr gibt?

Und im Theater inmitten der wunderschönen Szenen, vor allem beim Tanz der leeren Kostüme, werden wir des Symbols einer schrecklichen Welt gewahr, der die Menschlichkeit entrissen wurde, in der die Sachen wichtiger sind als die Menschen (die Menschen tötet man, die Kleider sammelt man zur Aufbewahrung und zur weiteren Verwendung), inmitten dieses Theaters steht das zentrale Symbol: Srulik, der Puppenspieler und seine Puppe, durch deren Mund er die Freiheit seines nicht zu überwältigenden Geistes zum Ausdruck bringt. In einer unmenschlichen Welt kann nur eine Puppe wirklich menschlich und frei sein. Nur sie wagt es, den Nazioffizier zu sticheln und vor seinen Augen sich über ihn und seinen Staat lustig zu machen. Die Puppe wird zuweilen zum Zentrum der Aufführung. Der Schauspieler überzeugt als Puppe, wenn er mit schlaffen Armen und Beinen, ausdruckslos hin und her taumelt sowie durch den krassen Gegensatz zwischen seiner expressiven und unüberhörbaren Stimme und seinem passiven Körper. Auch dies ein Symbol: Das Bewußtsein ist frei, souverän, unbezwingbar, der Körper jedoch kann gebrochen und getötet werden. Und so kommt Kruk am Ende zu der Erkenntnis, daß die Kunst immer das Menschliche und die Gleichheit aller Menschen bewahrt und daher selbst im Ghetto ihren Platz hat. Und darin war Gens trotz allem im Recht. Die wahre menschliche Bedeutung läßt sich also sowohl mit den künstlerischen Mitteln von Srulik als auch mit den intellektuellen Fähigkeiten von Kruk ergründen.

Dieser Beitrag wurde zur Uraufführung von GHETTO in Haifa/Israel geschrieben.

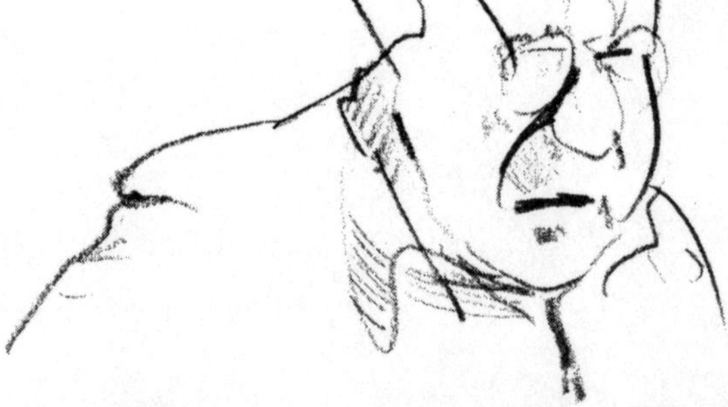

Jörg von Uthmann

Deutsche und Juden – zwei auserwählte Völker

Jede Nation hat die naive Neigung, sich als Mittelpunkt und Zentralvolk der Menschheit zu gebärden, selbst dann, wenn dies nicht – wie beim »Reich der Mitte« – ausdrücklich geschieht. Noch immer sind die Franzosen in den längst zerschlissenen Mythos der »Grande Nation« verliebt; noch immer gibt es Amerikaner, die im »WASP« (white, anglo-saxon, protestant) ein Wesen höherer Ordnung erblicken. Ein guter Engländer wird sich bei Nebel über dem Kanal des Gefühls nicht erwehren können, der Kontinent sei abgeschnitten. »Selbst die einfachsten Stämme, die ich auf meinen Reisen angetroffen habe«, berichtet der Ethnologe Konrad Preuß, »hatten ihren Schöpfer, der besonders für sie die Welt schuf und als erste Menschen ins Dasein rief.« Die brasilianischen Munducuru-Indianer teilen die Welt in sich selbst und »pariwat« – alle übrigen – ein. Die »pariwat« gelten als Jagdwild; man spricht von ihnen wie von Tieren. Die Eskimos nennen sich einfach »inuit« – Menschen.
Der Chauvinismus dieser Völker ist jedoch regional begrenzt; er spielt sich sozusagen in den eigenen vier Wänden ab. Da die Geschichte den Deutschen und den Juden nicht erlaubt hat, einen das ganze Volk umfassenden Staatsverband zu bilden, unterscheidet sich ihr nationales Selbstbewußtsein grundlegend von dem der anderen Völker. Ihr Größenwahn kennt keine regionale Begrenzung: Am deutschen und am jüdischen Wesen soll die ganze Welt genesen.
Daß sich die Juden von alters her als auserwähltes Volk verstehen, ist bekannt. Der Talmud stellt Nichtjuden den Tieren gleich: »Ihr Fleisch ist wie das Fleisch von Eseln, ihr Same wie der Same von Pferden.« Noch heute gilt in Israel das Verbot der Mischehe. Auch der messianische Schwung des Christentums hat in diesem Überlegenheitsgefühl seine Wurzel. »Das Heil kommt von den Juden«, stellt Jesus kategorisch fest. Auch Moses Hess, der Stammvater des modernen Zionismus, verkündet: »Durch das Judentum ist die Geschichte der Menschheit eine heilige Geschichte geworden.« David Ben-Gurion, der Grand Old Man Israels, berief sich mit Vorliebe auf den Propheten Jesaja, der die Juden als »Licht der Heiden« pries. Auf einer Tagung in Jerusalem sprach Ben-

Gurion, ohne mit der Wimper zu zucken, dem Staat Israel die Kraft zu, die gesamte Menschheit zu erlösen.
In unserer deutschen Literatur finden sich massenhaft ähnliche Proben nationaler Selbstüberschätzung, die den jüdischen nicht im mindesten nachstehen. Schon im 17. Jahrhundert bescheinigte ein gewisser Gabriel Wagner, der sich Realis de Vienna nannte, dem deutschen Volk, »daß es nach der langen Nacht der dicken Unwissenheit die ersten, die meisten, die höchsten Erfinder gehabt und in neunhundert Jahren mehr Verstand erwiesen (hat) als die übrigen Meistervölker zusammen in viertausend Jahren«. Schiller hielt die Deutschen für den »Kern der Menschheit«. Fichte sprach vom »Urvolk«; seinen Berliner Studenten, die in den Befreiungskrieg zogen, rief er zu: »Wenn ihr versinkt, so versinkt die Menschheit ohne Hoffnung einer einstigen Wiederherstellung!« Novalis stellte bescheiden fest: »Zur Bildung der Erde sind wir berufen«, und der Hegelianer Lasson meinte: »Wir Deutschen repräsentieren das Letzte und Höchste, was europäische Kultur überhaupt hervorgebracht hat.« Selbst der sonst so kritische Heine schwärmte: »Die ganze Welt wird deutsch werden! Von dieser Sendung und Universalherrschaft Deutschlands träume ich oft.« Etwas zurückhaltender drückte sich Goebbels aus: »Unsere Weltmission besteht darin, dem deutschen Volk als dem Herzen der Menschheit eine breitere Basis seines Lebens zu geben.«
So typisch die Grenzenlosigkeit für den deutschen und jüdischen Größenwahn ist – seine besondere Eigenart liegt in dem latenten Hang, jederzeit in selbstzerfleischenden Kleinmut umzuschlagen. »Die Deutschen springen einem entweder an die Gurgel«, urteilte Churchill, »oder sie lecken einem die Füße.« Man kann diese Unausgeglichenheit mit dem Zustand des Manisch-Depressiven vergleichen, der ebenfalls zwischen übersteigertem Selbstgefühl und tiefer Niedergeschlagenheit periodisch hin- und herschwankt. »Der Hang zur Selbstkritik«, stellte Thomas Mann kopfschüttelnd fest, »der bis zum Selbstekel, zur Selbstverfluchung ging, ist kerndeutsch, und ewig unbegreiflich wird bleiben, wie ein so zur Selbsterkenntnis angelegtes Volk zugleich den Gedanken der Weltherrschaft fassen konnte.« Daß dies Streben nach Weltherrschaft nur die Vorderseite einer Medaille war, deren Rückseite Todestrieb hieß, wurde spätestens 1945 klar, als Hitler den wahnwitzigen Befehl gab, sämtliche Versorgungs- und Verkehrseinrichtungen in Deutschland zu zerstören, um dadurch den Untergang des deutschen Volkes herbeizuführen. »Denn das Volk

hat sich als das schwächere erwiesen«, sagte er zu Speer, »und dem stärkeren Ostvolk gehört ausschließlich die Zukunft. Was nach dem Kampf übrigbleibt, sind ohnehin nur die Minderwertigen, denn die Guten sind gefallen.«

Hölderlin bezeichnete die Deutschen als Barbaren, »tief unfähig jeden göttlichen Gefühls, verdorben bis ins Mark, dumpf und harmonielos wie die Scherben eines weggeworfenen Gefäßes«. In Schopenhauers Testament lesen wir: »Sollte ich unvermutet sterben und man in Verlegenheit kommen, was mein politisches Testament sei, so sage ich, daß ich mich schäme, ein Deutscher zu sein und mich darin auch mit all den wahrhaft Großen, die unter dies Volk verschlagen wurden, eins weiß.« Für Nietzsche waren die Deutschen »das zurückgebliebenste Kulturvolk Europas«. Den deutschen Geist erklärte er aus »betrübten Eingeweiden«; diese wiederum führte er auf die deutsche Küche zurück, in der die Mehlspeise zum Briefbeschwerer entartet sei: »Wenn ich mir eine Art Mensch ausdenke, die allen meinen Instinkten zuwiderläuft, so wird immer ein Deutscher daraus.« Die Philosophen der Gegenwart denken darüber nicht anders als die der Vergangenheit. »Wir sind als Deutsche«, schreibt Karl Jaspers in einem Brief an K. H. Bauer, »von Gott in seinem Zorn erschaffen.«

Daß auch der pazifistischen Bewegung in Deutschland ein flagellantischer Zug anhaftet, ist unverkennbar. Fassungslos beobachten unsere Nachbarn, daß die Erfinder des »Untermenschen«, die einst brüllend verkündet hatten, heute gehöre ihnen Deutschland »und morgen die ganze Welt«, in apokalyptischen Vorstellungen schwelgen und ihre Existenzängste zur Nachahmung anpreisen. Manch ausländischer Kommentator stöhnt entgeistert auf: »Das ist ja genau das gleiche wie vorher, nur mit umgekehrtem Vorzeichen!«

Das jüdische Gegenstück zum deutschen Masochismus (bezeichnenderweise ein deutsches Wort) ist der vielzitierte »jüdische Selbsthaß«. In seinem Standardwerk über dieses Phänomen bringt Theodor Lessing, selbst ein Bewunderer der »arischen Siegfriedwelt der Muskelfrohen«, Auszüge aus dem Tagebuch einer deutschen Jüdin: »Wie ein Aussätziger oder Krebskranker sein ekelerregendes Leiden verborgen unter dem Kleide trägt und doch in jedem Augenblick selber darum weiß – so trage ich die Schmach und Schande, die metaphysische Schuld meines Jude-Seins ... Ich habe Augenblicke, da ist mir, als müßte ich mir selbst die Adern aufschneiden, dies Jaucheblut zu verschütten, das meinen Körper schändet wie meinen Geist.«

Schon Rahel Varnhagen hatte ihrem Bruder geschrieben: »Der Jude muß aus uns ausgerottet werden, das ist heilig wahr, und sollte das Leben mitgehen.« Eine bekannte Erscheinung ist der Antisemitismus getaufter Juden – man denke etwa an Jakob Brafman, den Erfinder der »Protokolle der Weisen von Zion«, oder den Anatomen Otto Lubarsch, einen der Initiatoren der »Harzburger Front«: Syphilitische Erkrankungen pflegte er mit Vorliebe an jüdischen Leichen vorzuführen. Für Marx verkörperte das Judentum das kapitalistische, also das böse Prinzip. Sein Gegenspieler Lassalle meinte, zwei Dinge auf der Welt könne er nicht ausstehen, Juden und Literaten; leider habe er das Unglück, beides zu sein.

Einer der Kronzeugen Hitlers für die angebliche jüdische Weltverschwörung war der Wiener Jude Arthur Trebitsch. Wiederholt richtete er Aufrufe an die Regierungen, nur arischen Physikern radioaktive Versuche zu gestatten. Von der Furcht besessen, die Alliance Israélite Universelle trachte ihm mit Giftgas, Strahlen und elektrischem Strom nach dem Leben, baute er sich im Garten seiner Villa ein Glashaus. Um sein Bett zu isolieren, stellte er es auf Glasfüße. Als er 1927 an Tuberkulose starb, geschah es in der Überzeugung, es sei den Juden nun doch gelungen, ihn zu vergiften.

Die Wesensähnlichkeit zwischen deutschem und jüdischem Selbstverständnis hatte ein doppeltes, scheinbar widersprüchliches Ergebnis: Sie stand an der Wiege der jahrhundertelangen deutsch-jüdischen Symbiose, bildete zugleich aber auch einen entscheidenden Anstoß für den Antisemitismus der Nationalsozialisten. Der Widerspruch löst sich auf, wenn man sich die alte Erfahrung ins Gedächtnis ruft, daß die Schärfe des Widerspruchs mit der Nähe der geistigen Verwandtschaft zunimmt. Konrad Lorenz spricht von »intraspezifischer Aggression«, Freud vom »Narzißmus der kleinen Unterschiede«: »Die Intoleranz der Massen«, schreibt er, »äußert sich merkwürdigerweise gegen kleine Unterschiede stärker als gegen fundamentale Differenzen.« Jeder weiß, wie rücksichtslos Familienhändel ausgetragen werden: Die biblische Überlieferung beginnt mit einem Brudermord. Bürgerkriege verlaufen im allgemeinen besonders blutig.

Der naive Volksglaube hat das ambivalente Verhältnis von untereinander Nahestehenden in der Figur des Doppelgängers verdinglicht, die allemal Übles bedeutet. In der germanischen Mythologie verkündete sein Erscheinen nahen Tod. Bis heute hat sich der Aberglaube erhalten, von zwei Kindern einer Familie, die denselben Vornamen tragen, müsse eines sterben. Damit zusammen hängt die verbreitete Spiegelfurcht. In manchen Gegenden läßt man in einen neuen Spiegel zuerst eine Katze blicken, bevor man selbst seinem Ebenbild gegenüberzutreten wagt. In Poes Novelle »William Wilson« tritt am gleichen Tag wie der Erzähler ein Mitschüler in seine Klasse ein, der ihm - abgesehen von einem seltsamen Flüstern - vom Namen bis zur Kleidung vollkommen gleicht. Eine heftige Haßliebe verbindet die beiden. Auf die Dauer ist der Erzähler dem Anblick seines Doppelgängers jedoch nicht gewachsen. Er versucht ihm zu entfliehen; als das mißlingt, sticht er ihn während eines Maskenballs nieder.

Literarische Phantasien? Psychologische Spielereien? Hitler selbst hat die These von der deutsch-jüdischen Wahlverwandtschaft jedenfalls ernst genommen. »Ist Ihnen nicht aufgefallen«, fragt er den Danziger Senatspräsidenten Rauschning, »daß der Jude in allem und jedem das genaue Gegenteil des Deutschen ist und ihm doch wieder so verwandt, wie es nur zwei Brüder sein können?« Mit erstickter Stimme fährt er fort: »Es kann nicht zwei auserwählte Völker geben. Wir sind das Volk Gottes. Besagt das nicht alles?« Hitler ist so erregt, daß ihm die Stimme versagt. Mit verzerrtem Gesicht und knackenden Fingergelenken bricht er das Gespräch ab.

Eike Geisel

Die Fortzeugung der Zwangsgemeinschaft

Anmerkungen zur Aktualität des Ghettos

I.

Präzise Auskünfte sind anstößig. Wer schwarz fährt, zahlt keine Geldstrafe, sondern ein »erhöhtes Beförderungsentgelt«; wenn vorsätzlich getötet wird, dann ist das in bestimmten Fällen kein Mord, sondern »Putativ-Notwehr«; wird denen etwas weggenommen, die nichts haben, dann wird der Sozialetat »verschlankt«. Von den vielen neugeschaffenen Tarnbegriffen hat es einer sogar zum ersten Platz auf einer Hitliste gebracht. 1979 rangierte als »Wort des Jahres« vor den »Alternativen«, der »Nachrüstung« und dem »Ölschock« die Neuschöpfung »Holocaust«. Dieser unvermindert populäre Begriff, seitdem ausgedehnt auf Prüfungsstreß, den möglichen Atomkrieg, einen Verkehrsstau oder den deutschen Wald, ersetzte durch exotische Verfremdung eine andere, weit ältere Tarnformel: die »Endlösung«.

Daneben existiert – und zwar schon lange – eine scheinbar vom Verdacht der Verschleierung völlig unberührte dritte Formel, welche die präzise geschichtliche Auskunft in einen aseptischen Begriff verpackt. Die Ermordung der europäischen Juden durch die Deutschen – eine Feststellung, die Opfer, Täter und Ort des Verbrechens genau bezeichnet, wird in jener dritten Formel zu einem nebelhaften Abstrakten: zur »Vergangenheit«. Mit dieser Bezeichnung wird die Geschichte der Massenvernichtung umschrieben, neutralisiert, von der Gegenwart radikal abgetrennt und aus dem Zusammenhang historischer Zeit, aus Vergangenheit, Gegenwart und Zukunft hinauskatapultiert. Der Begriff »Vergangenheit« meint in der Bundesrepublik nie den Kolonialismus, das Mittelalter, das Römische Imperium oder gar die Steinzeit, also nie eine wirklich vergangene Epoche. Gerade das, was Vergangenheit ist, wird in seine besonderen Einzelformen zerteilt, während die spezifische Differenz zum Allgemeinen, nämlich ein bestimmter Abschnitt, in bloßer Vergangenheit aufgeht. Die öffentliche Rede in der Bundesrepublik wimmelt von diesem Topos, er ist ein unentbehrliches Versatzstück des geschichtslosen Bewußtseins. Kaum war das organisierte Morden damals zu Ende, wurde von der »Vergangenheit« gesprochen; und mittlerweile bezeichnet diese Wendung etwas fast Prähistorisches, außerhalb der wirklichen Welt Liegendes, das es dennoch, weil es beständig Schatten wirft, durch dauernde Beschwörung zu bannen gilt. So hängt auch der häufigen Rede von der »unbewältigten Vergangenheit« etwas von einem magischen Ritual an, als fauler Zauber zwar, aber nicht weniger zwanghaft als die Gespensterfurcht eines primitiven Stammeswesens. Die Heimsuchung durch die TV-Serie »Holocaust«, welcher der *Spiegel* nicht zufällig den Titel »Die Vergangenheit kommt zurück« widmete, war dann auch eine totale, die ganze Nation weinte.

Die Exterritorialisierung des Nationalsozialismus in weite Ferne hat neben einem offen praktischen Zweck auch einen verborgenen Grund, der nicht praktisch werden darf: die Ahnung von der erschreckenden Ähnlichkeit mit jenen, die man zu Monstern und Blutsaugern verbiestert. Denn diese Ahnung, verwandelt in Einsicht und Bewußtheit, wäre der Versuch, jene Katastrophe aufzuhalten, von der Benjamin geschrieben hat, sie sei größer als die vergangene, nämlich jene: daß es weitergeht.

Wären die Nazis grausame Sadisten und die Ghettos und Konzentrationslager der Ort gewesen, an welchem sich blutrünstige Schlächter ausgetobt haben, dann wären, weil die bisherige Geschichte eine immer nur momentan unterbrochene Kette von Untaten war, jene Verbrecher als Verrückte, als Exzeßtäter, als Perverse, als Ausnahmen zu begreifen – wie das in der Regel deutsche Gerichte auch tun. Aber die Nazis waren keine Sadisten. Hannah Arendt hat in ihrem Essay »Organisierte Schuld« den avanciertesten Typus des Verbrechers beschrieben: »Er ist ein Spießer mit allem Anschein der Respektabilität, mit allen Gewohnheiten des guten Familienvaters, der seine Frau nicht betrügt und für seine Kinder eine anständige Zukunft sichern will.« Also jemand, dem man heute bei jedem Behördenbesuch, in jeder Schule, jeder Universität, in jeder Fabrik und in jeder Klinik über den Weg läuft: der kleine Unbekannte. Bei Hannah Arendt hat er einen Namen: »Heinrich Himmler ... hat seine neueste, das gesamte Land umfassende Terrororganisation bewußt auf der Annahme aufgebaut, daß die meisten Menschen nicht Bohemiens, nicht Fanatiker, nicht Abenteurer, nicht Sexualverbrecher und nicht Sadisten sind, sondern in erster Linie ›jobholders‹ und gute Familienväter.«

Es ist gerade die Verbindung von persönlicher Banalität und technischer Rationalität, welche das Vernichtungsprogramm hervorgebracht und im Unterschied zu allen vorangegangenen Grausamkeiten zum Ziel die vollendete Sinnlosigkeit hatte. Innerhalb dieses Systems war das Konzentrationslager der Normalfall und die Vernichtung seiner Insassen nur die logische Konsequenz aus dem Umstand, daß ein Mensch vom Augenblick seiner Verhaftung an schrittweise aufhörte, ein Mensch zu sein, um schließlich als lebendiger Leichnam dem nazistischen »Untermenschen« zu gleichen, der ausgelöscht werden mußte.

Die Ghettos, welche die Nazis in den besetzten Gebieten Osteuropas errichteten, waren eine logistische Behelfsvorrichtung innerhalb des Ausrottungssystems, eine Zwischenstation, in welcher die Grenzen zwischen Tod und Leben fließend wurden, in welcher das Ineinander von Mord und Alltag zu einem schizophrenen Dasein zwang, wo Wahn und Realität bald nicht mehr auseinanderzuhalten waren. H. G. Adler schreibt in »Theresienstadt. Das Antlitz einer Zwangsgemeinschaft« über den Unterschied des Ghettos zum Vernichtungslager: »... alles Private und Persönliche wirkt noch mit, ein schauerlicher Karneval, der fast niemandem zu Bewußtsein kam.«

Von diesem »schauerlichen Karneval«, diesem »dämonischen Zwischenreich«, diesem »Irrenhaus« (Adler) berichtet das Theaterstück Joshua Sobols über das Wilnaer Ghetto. Auch in Wilna ist jene markante Differenz zwischen Leben und Sterben verwischt, ein Umstand, der es uns nicht erlaubt, das Ghetto in exotische Ferne zu schieben, sondern uns zwingt, die gespenstische Nähe zum Alltag der Deutschen, schließlich zum Leben nach der Katastrophe zu sehen und zu beurteilen. Nachdem die SS-Einsatzgruppen Zehntausende Juden massakriert hatten, entwickelte sich im Ghetto unter den Übriggebliebenen und beständig vom Tod Bedrohten ein reges gesellschaftliches Leben. Wilna, das »Jerusalem von Litauen«, wurde zum »Jerusalem der Ghettos«: Es gab Theater, Jugendclubs, Sportvereine, Literaturzirkel, Religionsschulen. An 200 Abenden, so berichtet eine Quelle, waren 70000 Besucher im Theater, und die Bibliothek lieh täglich ungefähr 300 Bücher aus. Die Ghettopolizei veranstaltete Parties und Bälle, Spekulanten und Kriegsgewinnler wurden wohlhabend, indem sie am illusionären Programm »Rettung durch Arbeit« verdienten, und amüsierten sich entsprechend. Das kann nun nicht bedeuten, daß man im Ghetto ein lustiges Leben führen konnte, sondern heißt, daß die Simultaneität von Kultur und Grauen, von Amüsement und Vernichtung uns definitiv der Möglichkeit beraubt, diese Zwangsgemeinschaft im eindeutigen Unterschied zu uns zu bestimmen und zu sagen: das war.

Ob seitdem die Welt nicht in ein einziges Ghetto verwandelt worden ist, über dem als Fluch die fortwährende Möglichkeit kollektiver Selbstvernichtung durch vergleichsweise effiziente Waffen steht, diese Frage läßt sich nicht mehr mit absoluter Gewißheit verneinen. Gewiß ist, daß Ghettos und Konzentrationslager nicht aufgehört haben zu existieren. Gewiß ist auch, daß nirgendwo der Zusammenhang zwischen Apokalypsefurcht und Vergeltungsangst so auf der Hand liegt wie in der Bundesrepublik. In allen Erklärungen der Grünen, Bunten, Alternativen und Friedensbewegten wird deutlich, daß sie die Ahnung, die deutsche Geschichte rechtfertige einen Begriff, der nie zu rechtfertigen ist: den der Rache, auf die Bombe projizieren. Schon jetzt verhalten sich die endlosen Demonstrationszüge der Friedensbewegung wie jene Schafherde, zu der man die mit Terror und Tod bedrohten Juden immer gemacht hatte. Niemand zwingt die Friedensfreunde, keiner wird gefoltert oder erschossen. Ohne Gewalt von oben ist die Friedensbewegung in innige Beziehung zum Staatsapparat getreten und stimmt freiwillig über ihre eigene Erfassung durch jenen ab wie über die Verteilung und Lenkung ihrer Menschenströme. Gewalttätig nur gegen jene, die sich für den inneren Frieden nicht gleichschalten wollen, vollzieht sich die Verpolizeilichung des Protests durch Umarmung. Diese Umarmung ist im Unterschied zu der durch Terror erzwungenen Annäherung der Opfer an ihre Henker für niemanden lebensgefährlich, in ihr erstirbt nur der letzte Rest von Autonomie. Eine Manövriermasse der Macht ist geboren.

II.

In der israelischen Tageszeitung *Al Hamishmar* protestierte eine ehemalige Partisanin heftig gegen Sobols GHETTO. Es frevle, sagte sie, an der jüdischen Geschichte, und es sei verboten, die Juden so zu zeigen. Schiller, zum Beispiel, habe in seinen historischen Dramen die Geschichte für seine Ideen zurechtgebogen, aber solange noch Menschen lebten, die den Vernichtungswahn am eigenen Leib verspürt hätten, müsse man der historischen Wahrheit verpflichtet bleiben. Das klingt plausibel auf dem Hintergrund von wissenschaftlichen Bemühungen in der Bundesrepublik, Hitler zum Allmächtigen der fabrikmäßigen Menschenvernichtung zu stilisieren; die modernen Massenverbrechen sollen nicht Verbrechen auch *von* Massen gewesen

sein. Die Forderung, der historischen Wahrheit verpflichtet zu bleiben, klingt weiterhin plausibel angesichts der Versuche von Politikern, die Geschichte zum Verhandlungsgegenstand ausgerechnet deutscher Juristen werden zu lassen. Die NS-Prozesse schlügen damit auf ihren Gegenstand selbst zurück: ob es ihn überhaupt gegeben habe, soll gerichtlich festgestellt werden. Der institutionalisierte Zweifel deckte sich dann auf verblüffende Weise mit der inkriminierten Parole von der »Auschwitz-Lüge«, dieser so anstößig ausposaunten Schlußfolgerung aus Verhältnissen, die sich so darbieten, als habe es Auschwitz nie gegeben.
Aber bei der historischen Wahrheit zu bleiben meint mehr und anderes als die Tatsachen nicht wegzulügen. Es meint hier die der Massenvernichtung vorausgehende und von ihr nicht abzutrennende moralische Zerstörung, welche die Nazis über die Menschen, über Opfer wie Verfolger, gebracht haben, denn diese Verwüstung hat ihre militärische Niederlage überlebt.
Bei der berechnenden moralischen Zerstörung der Opfer kam es den Nazis darauf an, die Menschen erst abzurichten und dann hinzurichten, sie – dem verdinglichten Denken gemäß – »fertigzumachen«. Die Juden galten zwar nicht als Menschen, aber sie waren immer noch welche und verhielten sich auch so. Dieses Restrisiko bei der gewaltsamen Verwandlung von lebendigen Menschen in tote Materie galt es für die Nazis auszuschalten. Für diesen Zweck wurde ein ausgeklügeltes und durchorganisiertes System geschaffen, welches die verbliebenen Äußerungsformen und Handlungsmöglichkeiten des prominenten Vorsitzenden eines Judenrats wie des unbekannten Lagerkapos unausweichlich unter die Logik des Vernichtungsprozesses zwang und die klare Trennungslinie zwischen Opfer und Verfolger verwischte. In authentischen Reflexionen über die Ghettoerfahrung wird dieses Verschwinden eindeutiger Bestimmungen und Unterscheidungen häufig als wahnhafte Verdoppelung der Macht im Reich der Ohnmacht beschrieben, als Spiegelung: »Die Pyramide, die im Lager die in der Außenwelt stehende Pyramide spiegelt, wirkt vom Judenältesten in einem dicht gesponnenen Instanzengang hinunter bis zum Fundament... und so ist das Unwahrscheinliche erreicht – dieser letzte Jude ist an den ›allmächtigen Führer des Großdeutschen Reiches angeschlossen‹«, notierte H. G. Adler, dessen Einsichten in die totalitäre Liquidierung des traditionellen Menschenbildes so bestürzend wie vergessen sind. In unmittelbarem Zusammenhang mit der Beschreibung der Ghettohierarchie als unwirkliche Karikatur der Wirklichkeit, hält H. G. Adler fest, daß die bestän-

dige Erniedrigung der Opfer auf die Täter zurückfalle: »Der ›Führer‹ spiegelt sich im ›Judenältesten‹, ob sie es wollen oder nicht, und alle einzelnen gefangenen Juden spiegeln sich gleichfalls in den Rollen aller Nichtjuden. Die den Juden zuerkannte Nichtswürdigkeit in diesem System rächte sich durch die Spiegelung an den Nichtjuden, denn es gibt kein Nichts. Die Nichtigkeit dessen, den man als Nichts erachten will, wird das Etwas sein, an dem jener, der etwas sein will, selbst zunichte wird.« Man darf diesen Satz nicht als logische Spielerei mißverstehen: In ihm ist präzise die Logik der Vernichtung benannt, die ohne einzuhalten bis zur Selbstvernichtung fortschreiten muß. Mit anderen Worten: ihre militärische Niederlage hat den Deutschen das Leben gerettet. Die Aktualität dieser Überlegung liegt in dem simplen Umstand begründet, daß die Ermordeten im Bewußtsein der Gegenwart genau dieselbe Rolle spielen wie damals für die Mörder: nämlich keine. Deshalb zeugt sich jene den Opfern zuerkannte Nichtswürdigkeit fort als Spiegelung an einer gedächtnislosen Gesellschaft, über deren Angehörigen die Drohung liegt, auf bloßes und jederzeit widerrufbares Dasein, auf geschichtslose Wesen reduziert zu sein, denen ein kollektives Phantomurteil beschieden sein könnte. So unerträglich für viele Überlebende der Ghettos und Lager die auch im Schauspiel von Sobol dokumentierte Verschiebung der Grenze zwischen Verfolger und Opfer sein mag, so willkommen ist die Darstellung der ambivalenten Rolle des Judenrats für das wachsende historische Entlastungsbedürfnis insbesondere des neudeutschen Patriotismus. Im Nu verwandelt er die vor dem Hintergrund von Folter, Massenexekution und Gaskammern erfolgte Angleichung des Opfers an den Verfolger in eine Gleichung und entledigt sich endlich auch noch der letzten, bloß noch innerlichen Hemmungen: der neue Bundespräsident, dessen erste amtliche Worte dem deutschen Nationalgefühl galten, sprach nicht nur dieselbe Sprache, sondern den alternativen Heimatsuchern auch aus dem Herzen. Sie, die dauernd die Rolle des Opfers mimen, sind, ohne daß sie jemand gezwungen hätte, dem eingebildeten Verfolger, der Macht, die sie umarmt, schon zum Verwechseln ähnlich geworden.

Genau jene exkulpierende Wirkung befürchtet die bereits erwähnte Kritik einer ehemaligen Widerstandskämpferin: »Das Stück von Sobol gießt Öl in ein Feuer, das jetzt überall auf der Welt entfacht wird: Juden sind durch Juden und durch Zusammenarbeit mit den Nazis umgekommen.« Die Befürchtung muß man teilen, aber nicht deren Begründung. An den Ermordeten ist nichts zu retten und nichts mehr wiedergutzumachen; nicht ihrer Klugheit oder ihrer Dummheit wegen, nicht ihrer Integrität oder ihrer Bestechlichkeit wegen, nicht um ihrer Sanftmut oder ihrer Brutalität willen wurden sie umgebracht, sondern weil sie Juden waren; daß ein gelehrter Rabbiner ermordet wurde, das spricht so wenig für das Opfer, wie dagegen, daß es sich um einen Kriminellen gehandelt hat, denn als Opfer sprechen sie beide mit einer Stimme: gegen die Mörder.

So wenig die – auf's Ganze gesehen – Handvoll deutscher Widerstandskämpfer erlaubt, von einem anderen Deutschland zu reden, sondern im Gegenteil verpflichtet, nie die Tatsache aus den Augen zu verlieren, daß die übergroße Mehrheit die Verbrechen wenn nicht unterstützt, so doch gebilligt hat, so wenig können der Warschauer Ghettoaufstand und die jüdischen Partisanen über die vernichtende Wahrheit des nazistischen Systems von Terror und Massenmord hinwegtäuschen: Es ist möglich geworden, Menschen aller menschlichen Eigenschaften zu berauben, um sie schließlich zu einem Ding zu machen. Es hat sich hierbei nicht um die letzten wilden und grausamen Pogrome gehandelt, nicht, wie Hannah Arendt irgendwo geschrieben hat, um das letzte Kapitel des Antisemitismus, sondern um das erste Kapitel moderner Herrschaft, als deren Labor die Ghettos und Lager gedient haben.

Die Herrenmenschen haben sich in diesen Labors jüdische Hilfskräfte gehalten, die das »Schlimmste verhindern wollten«, was unter totalitärer Herrschaft immer nur heißt, schließlich mitzuhelfen, das Schlimmste herbeizuführen. Die Nazis schufen Lebensbedingungen, unter denen das Gewissen der für die Gemeinden wie für die Nazibehörden tätigen jüdischen Funktionäre zusammenbrach, weil das Gewissen für die Entscheidung zwischen Mord und Mord keine Instanz ist, und die Judenräte, deren Ordnungsdienst und andere interne Zwangsmittel wurden schließlich zum notwendigen Werkzeug bei der Vernichtungsplanung und -durchführung, indem sie die Reibungsflächen verminderten, den deutschen Steuerzahler schonten und die Personalprobleme der Nazis linderten. Dafür gewährten ihnen die Nazis, innerhalb der Gemeinde wohltätig wirken zu dürfen, was – als »Selbstverwaltung« bezeichnet – manchmal den Charakter selbstverordneter Euthanasie annahm, wie Raul Hilberg in seiner großen Untersuchung »Die Vernichtung der europäischen Juden« am Beispiel jüdischer Funktionäre in Berlin belegt. »Selbstverwaltung«, ein heute in der Alternativszene beliebter

Begriff für von behördlichem Gutdünken und finanziellem Wohlwollen abhängige Projekte, hat seit jener Zeit notwendig böse Implikationen: wie der moderne sadistische Pädagoge das Kind sich selbst strafen läßt, meint Selbstverwaltung die freiwillige Angleichung an bürokratische Herrschaft. In H. G. Adlers »Antlitz einer Zwangsgemeinschaft« heißt es dazu: »Hitler hatte (die Juden) nicht nur als Ausbund aller Bosheit bezeichnet, er hat sie auch wirklich in das Reich des Bösen getaucht. Die mißhandelten Opfer spricht das nicht von eigener Schuld frei, doch es vergrößert Hitlers und seiner Gesellen Schuld ins Unermeßliche: sie haben die Welt zu einem einzigen Übel verdorben.«

Die um die Wiedergutwerdung der Deutschen Besorgten werden diese Wertung H. G. Adlers, in welcher der Zerfall der traditionellen Begriffe und Normen resümiert wird, in der nämlichen Weise lesen und verstehen wie das Schauspiel Sobols: daß Deutsche wie Juden damals ihre Verbrecher hatten, die unter Befehlsnotstand handelten. Vorhang. Dann reicht die Trümmerfrau aus Berlin der Überlebenden von Majdanek die Hand, denn offenbar war alles nur ein Mißverständnis. Und danach beginnt der Dialog zwischen den Honoratioren: warum Brüssel das den deutschen Bauern angetane Auschwitz sei und Beirut das von den Israelis angerichtete.

So ähnlich sähe das Szenario aus zu einem ungeschriebenen Stück mit dem Titel »Normalisierung«. Ihm zugrunde liegt die so tröstliche wie lebensgefährliche Schlußfolgerung aus der deutschen Geschichte, daß es keines vom realen Menschen mehr verschiedenen Begriffs von ihm bedürfe, denn die Menschen seien alle Verbrecher.

Solche Gewißheit führt an den Ort zurück, dem sie ihre Herkunft verdankt: zum Konzentrationslager. Dort wurde die Behauptung, daß alle Menschen Bestien seien, dadurch plausibel, daß die Nazis sie wahr gemacht haben. Weil ihnen die menschliche Gattung nur als zufällige Form der Natur galt, haben sie mit Erfolg den Versuch unternommen, aus der zufälligen Form wieder Rohstoff zu machen. Die Natur hingegen, so faßt Hannah Arendt an einer Stelle die Erfahrung des Konzentrationslagers zusammen, sei nur insofern »menschlich«, als sie es dem Menschen freistelle, »etwas höchst Unnatürliches, nämlich Mensch zu werden«.

Doch das Unnatürliche war in Deutschland schon immer verpönt.

Henryk M. Broder

Das richtige Stück für das falsche Publikum

Joshua Sobols Schauspiel GHETTO ist ein großartiges Stück Theater. Aufgeführt in Deutschland, wird es zum richtigen Stück für das falsche Publikum. Damit meine ich nicht, daß man es besser vor deutschen Zuschauern nicht aufführen sollte, im Gegenteil. Nur: Die Problematik, die Sobol in historische Dokumentation, Polemik und Unterhaltung verpackt auf die Bühne bringt, läßt sich nicht so wegblenden wie das Licht am Ende der Vorstellung. Das Stück geht weiter, in den Köpfen der Zuschauer, die spätestens im Foyer, beim Verlassen des Theaters, begriffen haben werden, daß die Juden auch einen Anteil an ihr eigenen Vernichtung gehabt haben, daß die Verfolgung keine besseren Menschen aus ihnen gemacht, sondern sie in die Nähe ihrer Verfolger gerückt hat. Und sie werden diese Erkenntnis einem Zeugen verdanken, der nicht von Rechtfertigungswünschen getrieben wird, einem Juden, dem es nicht darum gehen kann, die Täter auf Kosten der Opfer zu entlasten und dessen Wort deswegen besonders glaubwürdig ist.

Auch auf die Gefahr hin, als überheblich zu gelten, wage ich die Behauptung: die deutschen Zuschauer können gar nicht anders, als dieses Stück falsch zu verstehen, nicht weil sie es falsch verstehen wollen (einige vielleicht schon), sondern weil sie sich mit den Fragen, die Sobol stellt, nie beschäftigt haben. Eine politisch-moralische Auseinandersetzung, die in Deutschland unterblieben ist (und die über die Einsicht in die »Unfähigkeit zu trauern« hinausgehen müßte), kann nicht an einem Theaterabend nachgeholt werden. Das Theater mag eine moralische Anstalt sein, eine Abendschule zum Zweck der historischen Nachhilfe ist es keinesfalls.

Und Joshua Sobol ist kein Autor, der zuerst mit formal-ästhetischen Maßstäben beurteilt werden kann. Er ist Israels bekanntester Stücke-Schreiber, der mit jedem Drama neue Kontroversen und gelegentlich auch Skandale provoziert.

Sobols vorletztes Stück hieß »Weiningers Nacht«. Es handelte vom letzten Tag im Leben des jüdischen Antisemiten und Frauenhassers Otto Weininger, der im Alter von 23 Jahren Selbstmord beging. Sobol machte sich darin auf eine zynisch-brutale Weise über alle Werte lustig, die Juden und Israelis lieb und teuer sind; seine »jüdische Seele« hatte nichts Edles, Gutes und Besonnenes an sich, sondern war die Verkörperung eines Psychopathen, der alle und alles haßt, um sich schließlich selbst zu vernichten. Während die Kritik das Stück lobte, sahen national-patriotische Kreise darin einen Akt der »Nestbeschmutzung«.

GHETTO wurde zum 36. Unabhängigkeitstag Israels aufgeführt, eine ironische Geste, die sicher nicht zufällig war und vom Publikum und Kritikern mit Lob überschüttet wurde. Kein Mensch sprach von »Nestbeschmutzung« oder witterte »Vaterlandsverrat«, obwohl Sobols Juden weder heroischen Widerstand leisten noch eine von Solidarität getragene Notgemeinschaft sind. Es gibt unter ihnen Kollaborateure, Mörder und Profiteure. Und wer genau hinhört, wird merken, daß mit GHETTO nicht nur das Ghetto Wilna, sondern auch der Staat Israel gemeint ist, daß die »Hebräisierung des Ghettos«, die als »ein historischer Augenblick« deklariert wird, eine Metapher für die Gründung des Staates Israel ist. Wenn Sobol ausgerechnet einen NS-Beamten sagen läßt: »Die zionistischen Juden in Palästina sind eine neue Sorte von Juden, die kämpfen nicht nur, wenn sie angegriffen werden, denen ist Aggression überhaupt nicht fremd, haben wir es endlich geschafft, euch Juden Aggressionen beizubringen?«, dann sind das richtige Feststellungen, denen die meisten Israelis nur deswegen nicht gleich zustimmen werden, weil sie von einem Nazi stammen. Aber der Nazi hat, besser als die jüdischen Intellektuellen, verstanden, warum die »alte Sorte Juden« gegen ihre Verfolger keine Chance hatte: »Sie dulden und leiden. Aber das ist es ja gerade, was unsere Aggression so aktiviert.«

Und genau diese Sätze sind es, die in Deutschland auf einen unfruchtbaren, weil nicht bearbeiteten Boden fallen. Und wenn sich der Boden wider Erwarten doch als fruchtbar erweisen sollte, dann werden Sobols feine Sortissen ins Unkraut schießen: das Publikum wird, wenn auch leicht verwirrt, sein Verhältnis zu den NS-Opfern noch ein bißchen mehr entspannt haben, die professionellen Kritiker werden ihre »Betroffenheit« äußern und die Vertreter der jüdischen Gemeinden werden gegen die vermeintliche Schmähung des Ansehens der Hingemordeten ihre Stimmen erheben. Dann wird ein Sturm im Fingerhut einsetzen, an dessen Ende sich alle Beteiligten darauf einigen werden, wachsam zu sein und den Anfängen zu wehren. Da Kunst in Deutschland schon immer als die Fortsetzung der Oberrealschule mit anderen Mitteln angesehen wurde, wird man außerdem Sobol dafür verantwortlich machen, daß sein Stück den Besuchern die Augen nicht geöffnet hat und der katharsische Prozeß, der jedem echten Kunsterlebnis folgen muß, ausgeblieben ist. Juden wie Nichtjuden reagieren in dieser Beziehung ziemlich gleich, wenn auch aus verschiedenen Gründen. Ich möchte mich zuerst mit den jüdischen Reaktionen und ihren Ursachen beschäftigen.

Nach einer Diskussion im Club 2 des Österreichischen Fernsehens sprach mich ein älterer Mann auf der Straße an. Was ich in der Sendung gesagt hätte, meinte er, habe ihm gut gefallen, nur eines sei nicht richtig gewesen: »Wir können Begin in Israel kritisieren, aber nicht hier«, fuhr der ältere Mann fort, »wie sieht das aus, wenn wir uns gegenseitig im Ausland schlecht machen...« – Der Mann, stellte sich heraus, war österreichischer Staatsbürger, Jude, in seinem Leben noch nie in Israel gewesen.

Bei einem Seminar mit jüdischen Studenten in der Schweiz wurde ich wegen meiner Israel-Artikel, die in Schweizer und deutschen Zeitungen erschienen waren, kritisiert. Dabei ging es nicht um den Inhalt der Artikel (keiner der jungen Leute hätte die jüdischen Terroristen, über die ich u.a. geschrieben hatte, verteidigt), sondern ausschließlich um die Tatsache, daß sie außerhalb Israels erschienen waren, daß ein Jude, der in Israel lebt und für ausländische Medien schreibt, in eben diesen Medien sein Nicht-Einverständnis mit der Politik der israelischen Regierung verbreitet, statt »sein« Land in den besten Farben darzustellen. Ich versuchte einzuwenden, daß ich kein Propagandist bin, sondern berichte, was ich sehe und meine, daß ich jeder Regierung mißtraue, egal von welcher Partei sie gestellt wird, daß ich nur so lange glaubwürdig bin, wie ich meine Meinung schreibe und keinen Standpunkt »vertrete«, hinter dem taktische Überlegungen stehen, daß mir Leute zuwider sind, die privat eine andere Ansicht äußern, als sie es öffentlich tun... Es nutzte nichts. Das sei alles richtig, wurde mir gesagt, aber ich dürfte Israel nur in Israel kritisieren, alles andere nutze nur den Feinden Israels und spiele ihnen Argumente in die Hände. Ich versuchte es mit einem letzten Einwand: man könne doch Nachrichten nicht wie Reisende an der Grenze aufhalten. Was am Sonntag in der *Ha-aretz* oder in der *Jerusalem Post* steht, kann man am Montag in der *Frankfurter Rundschau* und in der *Neuen Zürcher Zeitung* lesen. Dies sei eben nicht zu ändern, aber alles, was darüber hinausgeht, sollte besser unterbleiben. – Ich gab auf.

Die Einstellung vieler Juden zum Antisemitismus kann mit der Haltung der Abstinenzlervereine zum Alkoholismus verglichen

werden: Man müsse nur für eine Unterbrechung des Nachschubs sorgen, dann werden die Trinker bzw. die Antisemiten »trockengelegt«; eine naivere Vorstellung über die Natur von Sucht-Verhalten und die vielfältigen Möglichkeiten, es zu befriedigen, läßt sich kaum denken. Der Trinker, um die Möglichkeit eines ordentlichen Einkaufs gebracht, wird auf den Schwarzen Markt ausweichen oder sich seinen Fusel selber brauen. Der Antisemit, der zur Entfaltung seiner Obsessionen auf echte Juden nicht angewiesen ist (»Wer Jude ist, bestimme ich!« sagte Goebbels), braucht auch keine echten Argumente, die Klamotte von der jüdischen Weltverschwörung, eine alte Ritualmordgeschichte oder sonst irgendein Blödsinn, an dessen Widerlegung die Aufklärer seit Jahrhunderten arbeiten, tut's zur Not auch.
Juden unterliegen dem Mißverständnis, daß sie sich keine Blöße geben (bzw. zugeben) dürfen, um die antisemitische Aggression nicht noch weiter anzuheizen, daß sie von den Antisemiten verschont werden, wenn sie sich als wertvolle, ja unentbehrliche Träger von Kultur und Zivilisation präsentieren. Deswegen kehren Juden immerzu die positiven Aspekte ihrer Geschichte heraus, betonen, daß sie den Monotheismus in die Welt gebracht haben, daß die Sechs-Tage-Woche eine jüdische Erfindung und selbst der Begründer des Christentums ein Jude ist. Deswegen werden dauernd die jüdischen Nobelpreisträger, Denker, Forscher, Erfinder, Künstler und Wohltäter aufgezählt, deswegen wird bis zum Erbrechen der »jüdische Beitrag zur deutschen Kultur« vorgeführt, als würde sich das Existenzrecht der Juden von der Anzahl der von jüdischen Bastlern beim Patentamt eingereichten Erfindungen herleiten. Juden wollen ums Verrecken gute Menschen sein, und wenn Juden sich mal so verhalten wie die israelische Regierung es unter Begin und Sharon getan hat, also wie ein wildgewordener Haufen größenwahnsinniger Politgangster, dann kann nicht sein, was nicht sein darf. Statt darauf hinzuweisen, daß nach 2000 Jahren fruchtlosen Pazifismus, der sie vor keiner Katastrophe bewahrt hat, die Juden das Recht haben, genauso die Sau rauszulassen, wie es alle Völker schon immer getan haben, ohne dabei an Gewissensbissen zu leiden, meinen viele, wenn sie nur fest genug zusammenhalten, werden sie die Antisemiten dadurch beeindrucken, vielleicht sogar einschüchtern können und alles, was dem positiven Selbstbild zuwiderläuft (Libanon z.B.) läßt sich dann ignorieren oder zumindest herunterspielen. Ich weiß, welche peinlichen Eiertänze die jüdischen Zeitungen vor allem in Deutschland und in der Schweiz aufführten, um einerseits nicht

als Propaganda-Arm der Begin-Regierung zu gelten, andererseits aber auch nicht den Eindruck zu erwecken, als würden sie die israelische Politik verurteilen. Der Ritt über den Bodensee war dagegen ein Kunststück für Anfänger.

Aber man muß nicht gleich den Libanon-Krieg oder andere Desaster der israelischen Politik als Beispiel heranziehen, um zu zeigen, wie schwer sich Juden mit den Beweisen ihrer Normalität tun. Den meisten Juden in Deutschland ist es schrecklich peinlich, daß die Frankfurter Unterwelt stark verjudet ist, dies, meinen sie, fördere den Antisemitismus. Soviel ich weiß, gelten auch in der Unterwelt die Gesetze des freien Marktes: der Stärkere setzt sich durch. Mir sind die Unterwelt-Typen auch zuwider, aber ich bin sehr für das Recht der Juden, sich in diesem Bereich der Wirtschaft betätigen zu können, so wie sie das Recht haben, Nobelpreisträger, Mäzene und Märtyrer zu stellen. Und das schließt ein: Kollaborateure, Profiteure und Ghetto-Ratten, die sich am Unglück anderer mästen.

Die größte Leistung des Antisemitismus liegt nicht in der Dämonisierung der Juden, sondern in dem Umstand, daß Juden selbst meinen, sich dafür, daß sie Juden sind, rechtfertigen zu müssen. Von Woody Allen stammt der ernst gemeinte Kalauer: »I am Jewish - but I can explain it.« Das Pendant zum jüdischen Rechtfertigungszwang ist die bei vielen »Goyim« vorhandene Neigung, sich der Juden als Alibi zu bedienen, um eigene, offenbar doch als anrüchig empfundene Haltungen koscher zu machen. Auf den wiederholt und zu Recht erhobenen Vorwurf, er sei ein Antisemit, reagierte der frühere *Konkret*-Verleger, Klaus Rainer Röhl, indem er eine Liste seiner jüdischen Freunde und Autoren abdruckte. Einen überzeugenderen Beweis seiner verdrängten Ressentiments hätte er kaum liefern können.

Nach einem Vortrag, den ich in Haifa vor alten deutschen Juden gehalten habe, stand ein etwa 50 Jahre alter Mann auf, stellte sich als ein Besucher aus der Bundesrepublik vor und wandte sich mit einer Bitte an mich: Er sei ein Antizionist, lehne die Politik der israelischen Regierung ebenso ab, wie er dem Staat Israel (da auf geraubtem Boden aufgebaut) das Recht auf eine souveräne Existenz bestreite. Von mir möchte er, bitte schön, bestätigt haben, daß er sehr wohl Antizionist sein könne, ohne ein Antisemit zu sein...

Ich fand das Ansinnen dieses Antizionisten reichlich frivol, verweigerte ihm die Absolution und erklärte dem angesichts von soviel deutscher Chuzpe staunenden Publikum, warum dieser

Antizionismus eine zeitgenössische Ausgabe des klassischen Antisemitismus ist, der unter seinem alten Firmennamen aufzutreten sich nicht traut. Worauf der Gast aus der Bundesrepublik meinte, er kenne auch Juden, die Antizionisten seien, Erich Fried und Isaak Deutscher zum Beispiel.

Wer sich selber die Hände bzw. die Tasten nicht schmutzig machen will oder seiner eigenen Glaubwürdigkeit nachhelfen muß, der wird sich in dem Milieu Hiwis und Zeugen suchen, das ihm eigentlich zuwider ist. Nichts macht z.B. der antikommunistischen Presse mehr Spaß, als Kommunisten mit abfälligen Sätzen über den Kommunismus zu zitieren, Renegaten stehen hoch im Kurs.

Das Spiel funktioniert auch beim deutsch-jüdischen Catch-As-Catch-Can. Die National-Zeitung hat ein oder zwei Hofjuden, die in ihren Spalten verkünden, daß die Nazis nichts Böses mit den Juden vorhatten und auch im bürgerlichen und linken Umkreis gibt es etwas Ähnliches: Juden, die außer der Tatsache, daß sie von einer jüdischen Mutter geboren wurden, weder mit dem Judentum noch mit Israel etwas zu tun haben und die sich unter den furchtbarsten Verrenkungen, meist dazu noch ungefragt und ungebeten, immerzu vom Staate Israel und vom Zionismus distanzieren, als seien sie für die Rede verantwortlich, die Herzl beim Ersten Zionistischen Kongreß gehalten hat. Der Wiener Philosoph Günter Anders trat aus Protest gegen den Libanon-Krieg aus der jüdischen Gemeinde aus und erklärte zur Begründung dieses Schrittes, das israelische Volk folge Begin heute so bedingungslos, wie das deutsche Volk seinerzeit Hitler gefolgt sei – ein Statement, dessen Absurdität auch mit dem hohen Alter von Günter Anders und den damit verbundenen Erinnerungs- und Wahrnehmungsstörungen nicht entschuldigt werden kann.

Noch einen Schritt weiter ging Anders' Wiener Freund, der Musikologe Hans Weigel. Von einem inneren Zwang getrieben (»Ich muß mich zu Wort melden«), veröffentlichte er im Juni 1982 in einer österreichischen Tageszeitung einen Artikel, der mit diesen Sätzen anfängt: »Zwar bin ich Österreicher und fühle mich als Österreicher, ohne religiöses Bekenntnis, ich bin 1932 aus der Israelitischen Religionsgemeinschaft ausgetreten, aber ich war ›rassisch verfolgt‹, ich werde dazugerechnet, ich war Emigrant. Daher muß ich sagen, daß für mich mit dem Juni 1982 der Staat Israel aufgehört hat, zu den gesitteten Völkern zu zählen... Es gibt für Israel keine Zehn Gebote mehr, denn das Gebot ›Du sollst nicht töten‹ hat es in diesen Tagen verletzt...«

Hans Weigel, der schon 1932 die jüdische Glaubensgemeinschaft verlassen und dem das dennoch nichts genutzt hat, ist von niemand gebeten worden, sich zu Wort zu melden. Aber der Ruf des Blutes – schließlich wurde er aus »rassischen Gründen« verfolgt – scheint so mächtig, daß er seinen österreichischen Mitbürgern versichern muß, er habe mit jenen, aus deren Gemeinschaft er vor 50 Jahren ausgetreten ist, nichts, wirklich nichts zu tun. Dieser Drang sich zu distanzieren, ist so übermächtig, daß Weigel nicht mal von dem Gedanken gestreift wird, ob es außer Liechtenstein, San Marino und dem Königreich Tonga in der Südsee noch einen Staat auf dieser Erde gibt, der das Gebot »Du sollst nicht töten« nicht verletzt und deswegen das Recht nicht verwirkt hat, zu den gesitteten Völkern gezählt werden zu können. (Daß Weigel Volk und Staat als Synonyme benutzt, will ich ihm freundlich nachsehen.) Zum Schluß des Artikels bittet Weigel seine Mitbürger untertänigst um einen Gefallen: »Trennen Sie alles Jüdische von allem, was mit dem Staat Israel zusammenhängt. Lassen Sie Baruch Spinoza und Ernst Bloch, Arthur Schnitzler und Alfred Polgar, Felix Mendelssohn-Bartholdy und Leonard Bernstein nicht entgelten, daß Begin ein mieser Faschist ist...« Womit Hans Weigel sagen will: Lassen Sie es Hans Weigel nicht entgelten, daß er als Jude auf die Welt gekommen ist. Fünfzig Jahre nach seinem Austritt aus der jüdischen Gemeinschaft hat Weigel immer noch eine panische Angst, daß er auf der Stelle totgeschlagen wird, weil er »dazugezählt« und für die Taten anderer Juden verantwortlich gemacht wird.

Der Klassenbeste im Sich-Distanzieren freilich ist Erich Fried. Kein Palästina-Abend der Evangelischen Studentengemeinde, kein PLO-Basar des MSB Spartakus, zu dem Erich Fried nicht aus London angeflogen käme, um den rassistischen Zionismus zu verdammen und die sozialistisch-revolutionären Kräfte in der PLO hochleben zu lassen. Eines von Frieds bekannten Gedichten heißt »Höre Israel« (Schma Israel – Höre Israel – sind die ersten Worte eines jüdischen Gebetes), darin drückt er sein Verlangen danach aus, ein Verfolgter zu sein (»Als wir verfolgt wurden / war ich einer von Euch / wie kann ich das bleiben / wenn Ihr Verfolger werdet«); nach dem Massaker von Sabra und Schattila verfaßte Fried flugs noch 'n Gedicht, und schon vorher, am 3. Juli 1982, nahm er an einer großen Palästina-Kundgebung in Bonn teil. Fried, der von London aus den Nahen Osten übersieht, als wärs ein Teil von Hampstead, und dem zu den Massakern von Tel Zataar, Hama und Zahle (alle unter syrischer Federführung) nicht mal ein reimloser Zweizeiler eingefallen war, hielt in Bonn eine lange Rede, in die er alles hineinpackte, was er bis dahin über den Zionismus gesagt hatte. »Begin ist ein israelischer Heydrich, das wissen wir!« rief er aus, um wenig später eine andere Parallele anzubieten, nämlich »ein altes Lied, das mir immer durch Mark und Bein gegangen ist«, jenes berühmte Lied, dessen Refrain lautet: »Wir werden weiter marschieren, wenn alles in Scherben fällt, denn heute gehört uns Deutschland und morgen die ganze Welt.« Im Anschluß an dieses Zitat, das Fried mit ruhig-festem Ton vortrug, sagte er: »Diesselbe Rezept hat sich Begins zionistisches Israel zueigen gemacht...« – Das Publikum war begeistert. So fein und so unbefangen hätte das keiner außer ihm sagen können. Ein Jude, ein Verfolgter gar, als antizionistischer Kronzeuge, Zeugnis ablegend von der geistigen Verwandtschaft der Nazis und der Zionisten.

Ähnlich den Judenräten, die stellvertretend für ihre deutschen Auftraggeber die Drecksarbeit machten, übernahm Fried den delikaten Teil der Veranstaltung, nämlich Israel als ein zwangsläufig und naturnotwendig faschistisches Gebilde zu denunzieren (»... ist es wichtig zu verstehen, daß Begin und seine mörderischen Komplizen nur die Krönung dessen sind, was der Zionismus in Wirklichkeit ist und geworden ist – von Theodor Herzl angefangen, über Ben Gurion, Golda Meir und so weiter...«).

Die Konsequenzen aus dieser Einsicht – wenn der Zionismus so ist, wie er ist, dann nutzt kein Wechsel der Politik oder der Regierung etwas – mußten nicht explizit ausgesprochen werden. Es reichte, Israel als das Monster zu beschreiben, das für die Palästinenser, für die arabischen Staaten, für den Frieden im Nahen Osten und für den Weltfrieden eine tödliche Gefahr darstellt, um den Zuhörern zwischenzeilig eine Botschaft zu suggerieren, die der Stürmer früher ganz offen aussprach: »Ohne eine Lösung der Judenfrage, keine Erlösung der Menschheit«. Nur war es diesmal die Palästina-Frage, die von Bonn aus ganz dringend gelöst werden mußte.

Bei Erich Fried handelt es sich um einen ganz besonderen Fall von lyrischem Wiederholungszwang. Ich bin sicher, daß er ein verkappter Zionist ist, ein bitter enttäuschter dazu. Wie sonst kann man erklären, daß er sich in seinen Gedichten immer wieder mit dem Zionismus und mit Israel beschäftigt, daß er keine Gelegenheit ausläßt, sich von Sachen und Ereignissen zu distanzieren, für die er nichts kann, für die ihn niemand verantwortlich macht. Es sieht aus, als fühlte er sich auf eine seltsam masochistische Weise vom Zionismus angezogen und als könnte er diese Anziehungskraft nur mit einer gewaltigen Anstrengung, die ständig wiederholt werden muß, brechen, ähnlich den zölibatären Sittenaposteln, die mit Wonne gegen sexuelle Ausschweifungen wettern, von denen sie eigentlich keine Ahnung haben können.

Ich finde solche flagellantischen Übungen, wie sie von Anders, Weigel, Fried (und vielen anderen) vorgeführt werden, ebenso widerlich wie den Solidarisierungszwang der offiziellen jüdischen Repräsentanten, die sich mit allem, was die Regierung in Jerusalem tut oder unterläßt, unbesehen einverstanden erklären (aus sicherer Entfernung von mehreren tausend Kilometern). Beide Haltungen entspringen demselben Bedürfnis, dem Wunsch nach Zugehörigkeit. Die einen wollen gute Juden sein und dies ist, nach der Vernichtung der jüdischen Kultur in Europa, nur möglich über eine Identifikation mit Israel; die anderen gute linke Genossen und Freunde aller Unterdrückten und Entrechteten. Sie müssen sich den Zugang zum fortschrittlichen Lager (das sich nicht zufällig selbst so nennt: Lager) mit ideologischer Kapo-Arbeit erkaufen, ob sie nun Khomeini und Gaddafi preisen oder Begin als Nazi entlarven, wie es die jeweils korrekte Linie verlangt.

(Heinrich Heine dachte, er könnte das Entree-Billett zur abendländischen, christlichen Kultur noch mit der Taufe erwerben. Er hatte es leichter.)

Dies ist, um zum Anfangspunkt zurückzukommen, der Hintergrund, vor dem ein Stück wie Sobols GHETTO gesehen werden muß. Die einen werden es aus denselben Gründen ablehnen, aus denen die anderen ihm zustimmen werden. Angesichts der Umstände und der Geschichte, die wie ein Kadaver im Tiefkühlfach lagert, um beim gelegentlichen Öffnen der Tür ihren Verwesungsgeruch zu verbreiten, kann es eine »unschuldige« Rezeption dermaßen präokkupierter Stücke nicht geben.

Im Falle von Sobols GHETTO kommt noch etwas hinzu, das zum weiteren Umfeld des Stückes gehört und bedacht werden muß. Der Konflikt zwischen Gens, dem pragmatischen Revisionisten, der sich auf eine Kollaboration mit den Nazis einläßt, um durch Servilität deren Wohlwollen zu erreichen, der Alte und Kranke ausliefert, um – vielleicht! – ein paar Jüngere zu retten, der schuldig wird, weil er Schlimmeres verhüten möchte, der Konflikt zwischen ihm und Kruk, dem moralisch integren Sozialisten, der zu seinen Prinzipien steht und sich seine Hände nicht schmutzig macht, dem es zuerst um »unsere Sehnsucht nach dem Geistigen, nach dem Guten und Schönen« geht, eine Sehnsucht, die auch im

Ghetto bewahrt werden muß, dieser Konflikt wurde nach dem Kriege unter Juden mit aller Härte ausgetragen, und zwar nicht auf der Bühne. Es fanden Prozesse gegen jüdische Kapos statt, die, wie Gens, sich damit verteidigten, unter den damaligen Umständen sei eine Kollaboration mit den Nazis nicht Verrat, sondern ein Gebot der Not gewesen. Die tragische Rolle der Judenräte wurde – und wird immer noch – diskutiert, nicht in apologetischer Absicht (»Befehlsnotstand«), sondern in qualvoller Selbsterforschung: Was haben wir getan, was wir nicht hätten tun dürfen? Was haben wir unterlassen, was wir hätten tun müssen? Und es gab Feme-Kommandos, die mit ehemaligen Kapos und »Kollaborateuren« kurzen Prozeß machten. Der bekannteste Fall von solcher Art Selbstjustiz ereignete sich im März 1957, als in Tel Aviv auf offener Straße Rudolf Kasztner erschossen wurde. Kasztner war einer der prominenten Führer der ungarischen Juden gewesen und hatte mit Vertretern des Reichssicherheitshauptamtes (u.a. Adolf Eichmann) über den Tausch von Juden gegen Waren verhandelt, die Deutschland für die Kriegführung brauchte, ein Geschäft, das nicht zustande kam, weil niemand für die Rettung von einigen hunderttausend Juden ein paar tausend Lastwagen hergeben wollte. Immerhin gelang es Kasztner im August und im Dezember 1944 in zwei Transporten insgesamt 1686 meist ungarische Juden aus Bergen-Belsen herauszuholen und sie in die Schweiz zu bringen. Dabei tat Kasztner etwas, was jeder andere an seiner Stelle auch getan hätte: er brachte seine Angehörigen in den Transporten unter. Kasztners Ermordung (der eine Verleumdungskampagne vorausgegangen war) war weder eine Heldentat noch ein Akt ausgleichender Gerechtigkeit. Sie war ein Fanal, sinnlos und wahrscheinlich am falschen Objekt vollzogen, aber immerhin Ausdruck einer verständlichen Emotion: des Verlangens nach Vergeltung, meinetwegen – Rache. Vielleicht waren die Angehörigen des Täters in Bergen-Belsen umgekommen, weil *sie* von Kasztner nicht herausgeholt worden waren, vielleicht konnte der Mörder nicht mit dem Gedanken leben, daß da einer neben ihm stand, der mit den Nazi-Größen verhandelt und mit ihnen formelle Höflichkeiten ausgetauscht hatte, während zur gleichen Zeit die Verbrennungsöfen qualmten. Wir wissen es nicht, aber wir können als sicher annehmen, daß es Leiden am Unrecht war, das den Täter Unrecht begehen ließ.

Soviel ich weiß, hat es einen vergleichbaren Fall in Deutschland nicht gegeben. Vergessen wir für einen Moment die nicht-deutschen Kriegsopfer, die Polen, Juden, Russen, Zigeuner usw. Dies

waren »Untermenschen«, deren Schicksal den deutschen Kleinbürger nicht um den ruhigen Schlaf bringen muß. Aber er könnte sich wenigstens darüber aufregen, was die Nazis ihm und seinen Nächsten getan haben. In den Jahren 1937 bis 1944 wurden vom Volksgerichtshof über fünftausend Todesurteile verhängt. Welche »Verbrechen« zur Anklage, Urteil und Justizmord führten, ist inzwischen bekannt. Die zahlreichen Sondergerichte, die bereits 1933 eingerichtet worden waren und die aufgrund der Reichstagsbrandverordnung und des Heimtückegesetzes urteilten, verhängten ebenfalls einige tausend Todesurteile. Die Zahl der Todesurteile, die von deutschen Kriegsgerichten verhängt wurden, wird auf zwölf- bis fünfzehntausend geschätzt. Zwanzig- bis dreißigtausend Deutsche sind also dem legalen Terror der Sonder- und Kriegsgerichtsbarkeit zum Opfer gefallen, die in den KZs ermordeten Politischen und Homosexuellen und die Euthanasie-Opfer nicht mitgezählt. Als Rolf Hochhuth vor einigen Jahren den Fall des Matrosen Gröger ausgrub, der vom Kriegsgerichtsrat und späteren Ministerpräsidenten Filbinger zum Tode verurteilt worden war, machte sich ungläubiges Staunen in der Öffentlichkeit breit, als zusätzlich bekannt wurde, daß dies kein Einzelfall, sondern einer von Tausenden war! Filbinger, der sich an das von ihm gefällte Todesurteil, dessen Vollstreckung er zudem selber geleitet hatte, nicht erinnern konnte (»Ich habe mein Gedächtnis zermartert...«), schien von derselben Erinnerungslosigkeit befallen wie das ganze deutsche Volk, weswegen er auch keinen Grund sah, von sich aus zurückzutreten und auch nach seinem endlich erfolgten Rücktritt ein »pathologisch gutes Gewissen« (Erhard Eppler) an den Tag legte.
Was ich nicht verstehe: zigtausend legal Ermordete haben Väter, Mütter, Söhne, Töchter, Frauen und Männer gehabt, die unmöglich alle auf seiten des mordenden Regimes gestanden haben können. Einige zehntausend Menschen müssen ein ehrenwertes und vitales Motiv gehabt haben, es dem Richter oder dem Staatsanwalt oder dem Blockwart, der ein Denunziant gewesen war, für den Tod des Nächsten heimzuzahlen. Und die Schuldigen waren ja nicht vom Erdboden verschwunden. Der Richter, der am örtlichen Sondergericht gesessen hatte, saß nach dem Krieg am selben Platz und sprach weiter Recht. Der Staatsanwalt, der für das Hören von BBC die Todesstrafe für angemessen hielt, stellte auch nach 1945 weiter Strafanträge. Und die zahllosen Blockwarte, Orts- und Gauleiter blieben in der Nachbarschaft wohnen. Sie waren auch ohne Uniformen zu finden und zu identifizieren gewesen. Sie

haben sich nicht verstecken müssen, so sicher waren sie, daß ihnen niemand etwas antun würde. Warum? Diese Frage ist bis heute in Deutschland nicht beantwortet worden.
Sobols Ghetto war in Wilna. Das deutsche Ghetto reichte von Flensburg bis Berchtesgaden, von Aachen bis Königsberg. Die Frage ist nicht: Wie konnten die Judenräte den Deutschen Hilfsdienste leisten, sondern: Warum haben die Deutschen auch nach dem Ende des Krieges immer noch Respekt vor ihren Unterdrükkern gehabt, warum haben sie es ihnen nicht heimgezahlt?
Gibt es in Deutschland ein Theaterstück zu diesem Thema? Ich würde es mir gern auf einer israelischen Bühne ansehen.

Zwischen Moralisieren und Faszination: Deutsche Theaterkritik 1984

Israel ist weit. Über die Uraufführung von GHETTO in Haifa im April 1984 war in bundesdeutschen Presseorganen nichts zu lesen. Es blieb eine Sache Israels.
Mit der Europäischen Erstaufführung des Stücks in Berlin, kaum drei Monate später, war die deutsche Theaterkritik gefordert. Die folgenden vier Texte sind gekürzte Fassungen aus der Flut jener Kritiken, die auch ein Stück deutsch-jüdisches Verhältnis des Jahres 1984 zum Ausdruck bringen.

Mords-Musical

Eine Vier-Sterne-Inszenierung über die Todgeweihten mit dem gelben Judenstern. So viel Glitzerglanz über der gelackten Aufführung eines Ghetto-Stücks, das eher an »armes Theater« denken läßt, das kann nicht gutgehen.
Wozu der Aufwand? Nur um das Elend nachzuspielen, den Gewissenskampf verfolgter Juden im Ghetto zwischen totalem Protest, der den Tod einkalkuliert (den eigenen, aber auch den der Mitgefangenen) oder dem Mitmachen, »um Schlimmeres zu verhüten«, dadurch zwar mitschuldig zu werden, aber - vielleicht - ein paar Menschen zu retten?
Weil von den 76000 Juden Wilnas vor drei Wochen 50000 abgeschlachtet wurden, kleben Kruk und seine an die Revolution glaubenden »Bundisten« Plakate: »Auf dem Friedhof spielt man kein Theater«.
Gens ist anderer Ansicht. Überzeugt vom Untergang des Nazireichs, will er den geistigen Sieg des jüdischen Volkes sichern. Deshalb führt er 1942/43 Hebräischunterricht an den Schulen im Ghetto ein und läßt Theater spielen.
»Ihr mit eurer scheinheiligen Moral!«, klagt der Mitmacher Gens den Verweigerer Kruk an. »Ihr wollt euch nicht die Finger schmutzig machen! Und falls ihr überlebt, dann könnt ihr sagen: Wir haben ein reines Gewissen, während ich ... mit Dreck besudelt sein werde ... Damit ein paar Juden gerettet wurden, mußte ich andere mit eigenen Händen dem Tod ausliefern ... Ich konnte mir ein reines Gewissen nicht leisten.«
In solchen Augenblicken hat (für mich) die Aufführung ihre

Höhepunkte, nicht in den (bejubelten) Tanz- und Varietéeinlagen zirkusreifer Akrobatik (Messerwerfer, Feuerkünstler, Bodenturner, Steptänzer).
Sobol, ein Konfektionär der Bühne, der in Israel schon fünfzehn Stücke zur Uraufführung gebracht hat, zielt aber nicht auf das Denkspiel - den ewigen Streit zwischen Pragmatikern und Ideologen -, sondern auf die weniger den Kopf als Gemüt und Schaulust ansprechende Nummernrevue.
Und da bleibt uns nichts erspart: der brutale, aber Musik, ja Jazz liebende SS-Offizier; die scheue Sängerin, die sich zum Sozialismus bekehrt und Partisanin wird; ein germanischer Rasseforscher, der sich im Sarg ins Ghetto schmuggeln läßt; ein Raubmord, Gerichtsverhandlung und drei Gehenkte; jiddische Folklore, Gershwins »Swanee« und Lucienne Boyers Chanson »Parlez-moi d'amour«, alte jüdische Tanzreigen und eine Unterhosen-»Orgie«. Die Mischung ist so bunt, daß die traurig düstere Fabel dahinter fast verschwindet.
Dieselben Oberen der jüdischen Gemeinde, die Fassbinders »reichen Jud«, weil er »antisemitisch« sei, nicht auf der Bühne sehen wollen, jubeln dem Ghettokapitalisten Weißkopf zu, wenn er nur daherkasperlt und lieb jüdelt. So belastet ist jede Auseinandersetzung über Juden und Deutsche von falscher Rücksicht, Schuldgefühlen, Ängsten, daß ein ruhiges, (auf-)klärendes Gespräch nicht zustande kommen will - so wenig wie eine »Theaterkritik«.
Was immer man gegen Sobol sagen mag: Er erspart seinen Mitbürgern in Israel nicht die Diskussion über eigene Schuld durch Kollaboration an der Vernichtung der Juden in Europa. Daß ein deutsches Publikum über das im Tangorhythmus daherkommende Musical vom Massenmord aus dem Häuschen gerät, treibt den kritischen Zuschauer schon sehr nachdenklich aus dem Theater.

Rolf Michaelis
Die Zeit

Keiner stirbt für sich allein

Wenn nicht mehr genug Medikamente für alle da sind, soll man dann die Alten, die Unproduktiven, die Wertlosen sterben lassen, damit die Jungen, Produktiven, Wertvollen länger leben? Fünf wichtige Männer stellen sich diese Frage: Ärzte, Richter, Geistliche. Aber es sind nicht, wie zu vermuten wäre, Mitglieder einer

nationalsozialistischen Euthanasiekommission. Sie fragen nicht auf deutsch, sie reden jiddisch. Es sind jüdische Amtsträger des Ghettos im litauischen Wilna, welches von Juden selbstverwaltet, von der SS aber beherrscht und überwacht wird.
Soll man tausend Juden liquidieren, damit mehr als tausend Platz haben? Soll man das jeweils dritte Kind einer Familie in die Gasöfen schicken, damit wenigstens zwei bei Vater und Mutter bleiben können? Der sich diese Frage stellt, trägt keinen schwarzen Totenkopfdreß germanischen Schnitts, sondern die einer Admiralskluft ähnelnde Uniform des jüdischen Ghetto-Kommandanten.
Alle diese Fragen werden »positiv« beantwortet. Man entscheidet sich für die Euthanasie, für die Liquidierung der Tausend, für die Kinderselektion. Mit böse durch die Luft sausendem Stöckchen steht der Ghetto-Chef Jacob Gens vor einer blutigroten Sonnenscheibe und zählt den Zwei-mal-zwei-Reim des Todes auf: »Vater, Mutter, Kind, Kind. Schluß.«
Meint ein SS-Mann ganz verwundert: »Schauen wir Euch Juden in die Gesichter, dann blicken wir in einen Zerrspiegel. Es starren uns unsere Karikaturen an.« Das ganze Ghetto ist ein solcher Zerrspiegel: Die Verfolgten und Geknechteten haben die Methoden ihrer Verfolger und Henker übernommen. Nur die Motive sind grundverschieden.
Die Nazis haben ausschließlich ein Ausrottungsmotiv. Dessen Zweck ist der Tod von Millionen, welcher jedes Mittel »heiligt«. Die Juden im Wilnaer Ghetto haben ausschließlich ein Überlebensmotiv. Dessen Zweck ist das Hinausschieben des Todes von ein paar Tausend Menschen um ein paar Tage, Monate, vielleicht um ein paar Jahre. Dieser Zweck macht alle Mittel so tragisch und so grotesk.
Vielleicht könnte GHETTO eine bittere, wiewohl akademisch thesenhafte Tragödie sein, in welcher in langen Anklage- und Rechtfertigungstiraden über jüdische Mitschuld und jüdische Anpassungs- oder Widerstandspolitik diskutiert würde: Hier der zionistische Mitmacher und Nazi-Kollaborateur Jacob Gens, der sich »ein reines Gewissen nicht leisten« kann, dort der antizionistische jüdische Sozialist Kruk, ein Bibliothekar, der nichts weiter tun kann, als alles aufzuschreiben, und wenigstens sein Fühlen und Denken nicht den Nazis ausliefern möchte. Und vielleicht beleuchtet GHETTO auch einen aktuellen israelischen innenpolitischen Konflikt, angeheizt durch die Vorstöße in den Libanon, durch die Massaker von Schatilla und Sabra.

Daß alles, was in Sobols Stück passiert, haarklein in der Wirklichkeit von Wilna bis zur Liquidation des Ghettos im Jahre 1943 passiert ist, machte dieses Stück, wenn es denn eine Tragödie wäre, um so tragischer, weil authentischer. Aber es wäre eine dokumentarische Tragik, schrecklich genug noch zwar, aber es bluteten, litten, stürben eher Papiere, biographische Hülsen, Lebensläufe und Akten statt Menschen.
Der kluge Joshua Sobol weiß dies. Deshalb hat er aus seiner Tragödie eine Revue gemacht. Er nimmt die Tatsache, daß im Ghetto bis zum Tag der Liquidation wie verrückt Theater gespielt und Kabarett gemacht wurde, zum Vorwand, alle seine Figuren zu maskieren, sie aus der Wirklichkeit des Ghettos und des Krieges unaufhörlich in die Illusion von Liedern, Szenen und Musik zu jagen, durch Orgien taumeln zu lassen.
Sie gehen durch Wände, kommen aus Stoffballen hervor, fallen vom Himmel, wachsen aus der Erde. Und jede Diskussion um Schuld und Widerstand und Mitmachen und schmutzige Hände wird zum Teil einer frivol-tollen, todtraurigen Choreographie. Der Überlebenswille im Ghetto kennt nur noch ein Mittel – den Totentanz. So bekommt dieses Stück eine kalte, glitzernde Sentimentalität. Es hat und weckt Gefühle, die daher rühren, daß man den doppelten Boden unter den Füßen verliert. GHETTO ist von seinem Autor glänzend vor-inszeniert, ungemein theatralisch vor-geschrieben, schwindelerregend: die Schmonzette als Tragödie, das Pathos als Operette, das Kabarett als Todesbericht.
Wenn da zu süßleidiger Musik die Juden ausbrechen in orgiastische Songs wie »Wir leben ewig« oder »In Verliesen, in den Kellern geht die Freiheit in den Tod« und Kittel kräht: »Das gefällt mir!«, dann ist zugleich der Gipfel der Frivolität, aber auch der Wahrheit erreicht. Was hier allein noch zählt, sind letzte Momente, schöne, lebenssüchtige, alles wollende Momente. Noch einmal singen, noch einmal beim Gelage in Weißkopfs Haus mit Prostituierten zu Gange sein, noch einmal in alte Kleider schlüpfen, Ghetto-Satiren aufführen, noch einmal wie Chaja den Tod besingen – und dann sterben. Demnach wäre das alles Kitsch. Aber exakt dieser Kitsch kann und darf auch die Maske der Verzweiflung sein. Diese letzte, lächerliche Lebensmaskerade ist ein wenn auch vergebliches Gegengift gegen die Wahrheit des Todes, die eh jeder kennt. Keiner stirbt für sich allein: Jeder hat noch zwei, drei Lügen mitzunehmen. Die machen's ihm leichter. Ungelogen hätte es auch nicht geholfen.
Vor dem Ende, dem Tod im Ghetto aber gibt es Johannisbeer-

marmelade und Weißbrot. Erst dann läßt Kittel seine Schmeißer sprechen. Die Marmelade haben sie sich verdient, weil sie den SS-Mann ein letztes Mal mit einem Theaterstück unterhalten haben. Darin spielen nur Kleidungsstücke ohne Füße, ohne Köpfe, ohne Hände mit. Gespenster. Auf dem Theater lachen die sich tot. Und nachher sind sie's wirklich.
Vielleicht ist auch das eine falsche Szene. Vielleicht ist auch das Kitsch. Aber sie zeigt etwas Richtiges vor: die Ungeheuerlichkeit und zugleich die ungeheure Banalität, ja Geschäftsmäßigkeit des jüdischen Sterbens in Nazizeiten. Nicht die Szene also wäre frivol, sondern der Vorgang, den sie darstellt. Der Tod ist deswegen nicht weniger furchtbar, wenn er sich Operettenkostüme ausleiht. Singt Herr Weißkopf, bevor es ihn erwischt: »Singe mir mal a Liedele, müssen wir ins Gas.« So war es. Nicht zu begreifen. Vielleicht zu besingen.

Gerhard Stadelmaier
Stuttgarter Zeitung

Die Schönen, die Schrecklichen und ihre Bestie

Lauter Gegensatzpaare: der Zionist Jacob Gens, ehemaliger litauischer Offizier, von den Nazis zum Chef des Wilnaer Ghettos gemacht und damit zu einem, der für diese die Dreckarbeit übernimmt, um das Schreckliche nicht noch schrecklicher werden zu lassen. Und der »seine« Juden zu einem Nationalgefühl erziehen, ihre Herzen standhaft machen will gegen Abstumpfung, Fatalismus, die graue Lust der Selbstaufgabe: Sie sollen für sich und vor allem für die Mitgefangenen Theater spielen und Musik, den Peinigern wenigstens ihre kulturelle Kraft entgegensetzen. (Sie haben es in der Tat bis zur letzten Stunde vor ihrer Liquidierung getan.)
Dagegen der intellektuelle Sozialist und Antizionist Hermann Kruk, der als tagebuchschreibender, gegenüber allen solchen flackernden Rettungsversuchen passiv Resistenz übender Beobachter sich (anfangs) nur verächtlich schüttelt bei solchem »unehrlichen Widerstand durch Kunst«; er spricht vom »sich verbietenden Tanz auf Friedhöfen«. Im übrigen hat er, was Gens ihm vorwirft, bei der gewaltsamen Vertreibung der Juden aus ihren angestammten Häusern deren im Dreck liegende Bücher eingesammelt und gleich am nächsten Tag mit ihnen eine Bibliothek eröffnet, während Gens sich um die *Menschen* kümmerte. Wenn

die Nazimörder 1000 Leute zum Abschlachten verlangen, gibt der Verwalter des Todes sie ihnen, damit sie sich nicht 5000 *nehmen.* Als er auch noch Chef des kleinen Nachbar-Ghettos wird und gleich zu seinem »Einstand« 2000 »unproduktive« Juden selektieren soll, handelt er dem SS-Bonzen einen Kompromiß ab: Dürfen es nicht vielleicht nur die über 70jährigen und »nur« 500 bis 700 von ihnen sein, schlägt er vor. »600«, sagt der Mörder, »und die Sache ist gebongt.« Ein grausiges Geschäft. Gens sieht es als seine Pflicht an, sich schuldig zu machen - so wenig wie möglich, aber so weit wie notwendig. Damit andere, solche wie Kruk, sich den Hochmut eines reinen Gewissens gönnen können, sich keine schmutzigen Hände machen müssen. Der Autor hat seinen Sartre sorgfältig gelesen ...

Das gleiche Problem, eine qualvoll existentielle Entscheidung für das Böse um des - relativ - Guten willen, taucht auch auf einer anderen Ebene auf: Das kostbare, heimlich gehütete Insulin reicht für die 50 Zuckerkranken des Ghettos noch ungefähr drei Monate. Nachschub aussichtslos. Muß ich es nicht, so fragt der junge verzweifelte Arzt einen Richter, einen Rabbi, einen älteren Kollegen, den ohnehin schon hoffnungslos Geschwächten entziehen, um die kräftigeren und »lebenswerteren« wenigstens ein Jahr durchzubringen? Oder noch schärfer selektieren? Tote und Lebende ins exakte Kalkül eines Dreisatzes eingebracht - vor dieser unmöglichen Rechnung flüchten die moralischen Autoritäten gesträubten Haares; selbst der um guten Rat kaum je verlegene Talmud trägt zur Erleuchtung zwischen zweierlei Entsetzlichkeiten nur Dürres bei.

Ein weiterer, indes für den »Betroffenen« nur scheinbar unlösbarer Zwiespalt findet sich in der Brust des jungen SS-Offiziers Kittel, Kommandant des Ghettos: Seine Brutalität und Gemeinheit wird immer wieder aufgeweicht durch seinen Kunstsinn. Und so sehen wir den tief abgründigen Herrn Kittel, der meist wie ein böser Geist, ein blond wehendes Fegefeuer ins monströs weitläufige Bühnenbild (es ist das einer mit farbigen Klamotten von Ermordeten vollgestopften Fabrikhalle) stürzt, fast immer mit zwei Kisten auf Achse: In einer ist seine »Schmeißer«, das MG, in der anderen sein Saxophon. Wenn er das eine nicht gerade drohend im Anschlag hat, bläst er gern auf dem anderen, vorzugsweise übrigens Gershwin und überhaupt den verbotenen Jazz. Er fördert die begabte Künstlergruppe, läßt sich - eine phantastische Möglichkeit, Gedachtes theatralisch dingfest zu machen - geradezu aufrührerische Frechheiten gefallen von einer Bauchredner-

puppe, sozusagen der zweiten, der wahr sprechenden Zunge des Schauspielleiters Srulik.
Kittel verehrt die unantastbar stolze Sängerin Chaja wegen ihrer lieblichen und herzbewegenden Sangeskunst mit einem eigentümlich wütenden Trotz; er erzählt seinen lieben Juden, zitternd vor nervöser Erregung, wie er ihre »vibrierende Aktivität«, ihren »tapfer-tragischen Humor«, vor allem ihre »wahnsinnige geistige Beweglichkeit« zu schätzen weiß, ja geradezu bewundert. Und er rundet dieses überschäumend erlesene Charakterbild des von ihm und den Seinen zur Vernichtung vorgesehenen Volkes auch noch mit einer emphatischen Prophetie ab, dahingehend, daß man nur abwarten solle, »was aus dieser Verbrüderung von deutscher Seele und jüdischem Geist noch alles Großes entstehen werde« – eine Vision, die allerdings dann doch schon daran scheitert, daß er, dieser hysterische Mord-Troubadour, am Ende die, denen er so herzlich zugetan, allesamt, übrigens einschließlich des Kollaborateurs Gens, mit mehreren MG-Salven von hinten abknallt. Nur so aus Spaß, als sie sich gerade über einen märchenhaft riesigen, von ihm gespendeten Marmeladetopf beugen: Die Liquidation war noch gar nicht vorgesehen. Kurz: er benimmt sich – bis auf dieses Ende für einen Lagerkommandanten und Judenmörder recht ungewöhnlich, mehr als exzentrisch.
Joshua Sobol versagt sich die bei solchen Stoffen sonst üblichen martialisch stiefelschlagenden SS-Auftritte. Es gibt nur zwei Nazis im Stück – und die werden, nur durch eine Brille voneinander unterschieden, vom selben Schauspieler gespielt. Der zweite ist nun gar ein Gelehrter der Judaistik, gerade mit dem Erlernen des Aramäischen beschäftigt. Von der »niederen Feilscherei« zwischen seinem arischen Ebenbild und den jüdischen Funktionären noch weit mehr abgestoßen als der sensible Herr Kruk, findet er sich mit diesem von Zeit zu Zeit, zum Beispiel aus einem Sarg herauskletternd, zu theologisch-politisch-wissenschaftlichen Streitgesprächen ein. Auch er, kaum verwundert's noch, ein feinsinniger Bewunderer des auserwählten Volkes.
Ich selbst hege gemischte Gefühle gegenüber dem nahezu ekstatischen Premierenbeifall, muß zugeben, daß ich zuweilen fasziniert, betroffen, dann wieder verstört, abgestoßen und ratlos in meinem Sessel hing. Daß Sobol diese – im Kern, was Personen und Ablauf betrifft, authentische – Station auf dem Todesweg seines Volkes als Musical dekoriert, daß die Opfer sozusagen im perfekten, schaurig-schön choreographierten Step- oder Tangoschritt der dreißiger Jahre mit den der Zeit entsprechenden süßlichen

Musiken in den Untergang tanzen – ist das nun leichtfertig, zynisch auf ausländische Publikumsgunst zielend, ist es roh oder mutig? Wir können einem Israeli bei dem, was er glaubt, seinen Landsleuten anbieten zu dürfen, wohl kaum »peinlichen Schick« ankreiden – vielleicht aber doch einer deutschen Inszenierung die satanische Eleganz.
Was *wir* uns freilich angesichts eines sich immer frecher hervorwagenden neuen oder alten Antisemitismus wenn überhaupt, dann höchstens mit entsprechend sorgfältigem Kontext »trauen« dürfen, das ist hier unbefangen ins Spiel gebracht: daß Macht, selbst solch schäbige, von den Peinigern nur demütigend an sie ausgeliehene, auch die Opfer süchtig macht, wenn nicht böse. Wir verlangen von den Juden seit eh und je, daß sie sich uns durch unentwegt selbstloses Handeln, durch Makellosigkeit des Charakters, der Lebensführung, der Gesinnung angenehm machen. Immerzu müssen sie besser, vollkommener sein als alle anderen. Die Juden selbst gestatten sich mittlerweile indes selbstbewußt ihre Bösewichter (in dem Stück gibt es sogar jüdische Raubmörder); sie gönnen sich nun endlich, so auserwählt zum Leiden auch immer, die Wonnen der Trivialität.
Allein das eigentlich Mutige, Aufregende, auch Irritierende ist die eigentümliche irrationale Symbiose (wie es Kruk einmal nennt) zwischen Opfern und ihren Mördern eine wahnsinnige gegenseitige Haßliebe.
Dieses Stück zeigt Wirklichkeit nicht mit den fetten Signets des gehobenen Fernseh-»Realismus«. Sobol will nicht allwissend sein; auch wohl nicht unbedingt »geschmackvoll«, will »Les belles et la bête« als eine *neue* Geschichte schreiben.

Karena Niehoff
Süddeutsche Zeitung

Judenmord, Tangoschritt

Wie weit dürfen Menschen bei ihrer Selbstverteidigung gehen? Wann verlieren die Opfer ihre moralische Überlegenheit? Wann werden sie ihren Verfolgern so ähnlich, daß sie sich selbst aufgeben? Solche Fragen stellt das Theatergebilde GHETTO in fast jeder Szene; es springt von einer Grenzsituation in die andere.
Im Ghetto der litauischen Hauptstadt haben die Deutschen im Zweiten Weltkrieg (ähnlich wie in vielen anderen Städten) eine Art Selbstverwaltung eingerichtet mit Judenrat, Arbeitsbrigaden,

jüdischen Gerichten und einer jüdischen Polizei. Juden, die ihre Landsleute vor Deportation und Ermordung retten wollen, müssen mit den Deutschen zusammenarbeiten. Wie eng darf, wie eng muß diese Zusammenarbeit sein? Gewissenskonflikte und todbringende Entscheidungen sind unvermeidlich.
Diese Konflikte, die in einem existentialistischen Schauspiel ausgetragen werden könnten, unterwirft Joshua Sobol radikal der Dramaturgie des Musicals. Er läßt im Ghetto eine Theatergruppe gründen, sie tanzt und singt, den gelben Stern auf dem Rücken und Todesangst im Herzen. Der Autor nutzt die Unterhaltungswerte dieses leichtsinnigen Genres, ohne den tödlichen Ernst seines Themas aus den Augen zu verlieren. Seine Schmerzensschreie übertönt er mit outrierten Schlagern. Seine Zusammenbrüche fängt er auf im Tangoschritt. Wo Tränen zu wenig wären, will er das Gelächter.
Bei diesem heikelsten aller Balanceakte ist in der Berliner Freien Volksbühne das von Peter Zadek geleitete Ensemble zu bewundern. Die Schauspieler schrecken vor keinem Extrem zurück, doch lassen sie spüren, wenn sie spielen - frech und sentimental, grell und ordinär -, daß die Schauspieler im Ghetto um ihr Leben spielen.
Die Themen seiner Theaterstücke entnimmt Joshua Sobol der jüdischen Geschichte und der israelischen Gegenwart: die Zerstörung Jerusalems durch die Römer und die unheilvolle Rolle eines fanatischen Nationalismus; die kritischen Tage unmittelbar vor der Gründung Israels; die Auseinandersetzung mit Mythen und Wertbegriffen des frühen Zionismus; das von Sobol satirisch angegriffene religiöse Establishment in Israel; die Auflösung heroischer Begriffe in der Realität des Krieges.
Nichts beschäftigt Joshua Sobol so intensiv wie die Frage, was das ist, ein Jude. In seinem Theaterstück »Weiningers Nacht« ergibt sich aus alptraumhaften Rückblenden ein fiebriges Bild des jüdischen Denkers Otto Weininger, der »den Juden« noch tiefer verachtete als »das Weib«: eine dramatische Analyse des jüdischen Antisemitismus in Karl Luegers Wien, des jüdischen Selbsthasses überhaupt. Kein Eisen ist für Joshua Sobols Schreibhand zu heiß.
Das Ghetto-Theater wird auf Johannes Grützkes neoexpressionistischer Bühne eingerichtet von Jacob Gens, dem Chef der jüdischen Polizei, denn er hält es für ein Mittel, die Juden an ihre schöpferische Kraft, an ihre Kultur und an die Notwendigkeit ihrer Solidarität zu erinnern. Skeptisch steht ihm der Sozialist

Hermann Kruk gegenüber, der Leiter der Arbeiterorganisation, der einzigen jüdischen Organisation im Ghetto, die demokratisch gewählt worden ist. Kruk will das Theater boykottieren: »Auf dem Friedhof spielt man kein Theater«. - vor drei Wochen sind in Wilna fünfzigtausend Juden ermordet worden.
Der Sozialist Kruk und der Revisionist Gens vertreten zwei entgegengesetzte moralische Überzeugungen. Gens kommt es auch darauf an, daß die Juden nicht deportiert werden, solange sie zur Theatergruppe gehören. Er hält seine Position für moralisch so stark, daß er die Arbeiterorganisation auflöst und seinem Gegner Kruk mit der Deportation in ein Todeslager droht.
Im Ghetto gibt es schlimmere Konflikte als den Streit um das Theater. So gründet der Textilfabrikant Weißkopf eine Wäscherei und Näherei für deutsche Uniformen, er träumt von einem Fünfjahresplan mit Göring und denkt schließlich so strikt als erfolgreicher Unternehmer, daß er für die Deutschen mit möglichst wenig Arbeitern möglichst viel arbeiten möchte, statt möglichst viele Kranke und Krüppel zu beschäftigen.
Die entsetzlichste Entscheidung muß Gens treffen. Ihm wird auch das Ghetto Oschmany unterstellt mit dem Befehl, daß er zweitausend Juden, die Hälfte der Ghetto-Bewohner, durch die jüdische Polizei töten läßt. Gens handelt die Zahl herunter, und schließlich läßt er vierhundert alte und kranke Juden töten. Es entspricht Jean-Paul Sartres politischer Philosophie der schmutzigen Hände, wenn er sagt, daß er sich ein reines Gewissen nicht leisten kann: »Damit ein paar Juden gerettet wurden, war ich gezwungen, andere mit meinen eigenen Händen dem Tod auszuliefern. Mir blieb nichts anderes übrig, als in den Dreck zu fassen.«
Zwischen diesen und vielen anderen Szenen, die für den geistigen und körperlichen Widerstand der Juden eine Zusammenarbeit mit den Deutschen in Kauf nehmen und verteidigen, wird von der Theatergruppe gesungen und getanzt. Ein Bauchredner setzt sein Leben aufs Spiel, wenn er mit seiner Puppe auf Befehl »Chuzpe« demonstriert. Er läßt die Puppe die ungeheuerlichsten Wahrheiten dreist aussprechen und versucht scheinbar, sie davon abzuhalten. Indem er seine Puppe beschimpft, gibt er ihr recht.
Gens ist imstande, drei jüdische Schwarzhändler wegen Mordes zum Tode verurteilen und durch jüdische Polizisten aufhängen zu lassen und anschließend mit der Theatertruppe ein großes Fest zu feiern. Weißkopf hat das Büfett - mit Hilfe der gerade gehängten Schwarzhändler - organisiert. All dies ist nur möglich, weil Kittel, der SS-Offizier, die Juden bewundert: ihre Lebenskraft, ihre Tat-

kraft, ihre Einfälle, ihren Witz. Kittel verwandelt sich zeitweilig in einen Dr. Paul »vom Einsatzstab Rosenberg«, der die Kultur der Juden, bevor sie ermordet werden, studieren und dokumentieren will. Befriedigt lacht er über die Juden, die es im Ghetto, vor allem aber in Palästina gelernt haben, mit der Macht umzugehen: »Das sind unsere verzerrten Karikaturen.«

Kittel führt zwei schwarze Koffer mit sich. In dem einen befindet sich ein Saxophon, denn er liebt den Jazz; in dem anderen ist eine Maschinenpistole, denn er liebt das Spiel mit dem Tod. Man weiß nie, wer er in der nächsten Sekunde sein wird, der Saxophonist oder der Mörder. Er ist kein Dämon; nur ein fischäugiger Schnösel, berauscht von seiner Macht. Er ist ein fröhliches Monstrum, er grinst den Tod herbei: Nichts an ihm ist so furchtbar wie seine gute Laune. In der entsetzlichsten aller Revue-Nummern singen und tanzen die Kleider der Ghetto-Theatergruppe. Sie berichten, wie sie gebrüht, geschlagen, mit Gas erstickt und zerstückelt worden sind. Als Stellvertreter der gemordeten Juden umarmen sich die Kleider und tanzen Tango. Als die Köpfe der Schauspieler endlich aus den Kleidern kriechen, rühmt SS-Offizier Kittel ihre theatralischen Einfälle und erschießt sie mit seiner Maschinenpistole.

Es ist ein zerschmetternder, zerfetzender, ein erstickender Schluß. Mit ihm ermordet wird auch alles, was man unter Theater versteht – so sieht es jedenfalls einen Augenblick lang aus. Doch dann läßt Zadek den Klarinetten-Virtuosen Giora Feidman noch einmal auftreten. Wie er zu Beginn der Aufführung das »Ghetto« in der Erinnerung eines Überlebenden tief aus der Vergangenheit heraufgeholt hat, so führt er das Stück jetzt musikalisch in die Vergangenheit zurück. Seine Klarinette schafft Distanz, und die Distanz macht den Beifall möglich. Es sind Ovationen, auch sie rücken die entsetzlichen Vorgänge rasch ab in die Entfernung einer kunstvollen Vorführung, eines doch auch ästhetischen Vergnügens. Es ist der Triumph des Theaters, das schamlos ist seit Anbeginn: Jetzt macht es das Ghetto zu einer seiner Provinzen.

Georg Hensel
Frankfurter Allgemeine Zeitung

Antisemitismus als Reiz?

Antworten von Peter Zadek aus einem Gespräch mit Arie Zinger

Zeitgeschichte auf der Bühne, ein präzises Thema: das jüdische Ghetto Wilna während des Zweiten Weltkriegs unter Nazi-Herrschaft. Ist das Thema für den Nicht-Israeli, aber jüdischen Emigranten Zadek viel authentischer?

Das Stück ist natürlich aus der Sicht des Israeli geschrieben, der sich heute seiner Zeit stellt. Und er sieht heute Parallelen zu der Zeit von damals in Relation zu dem, was heute in Israel los ist. Allerdings: der Giora Feidman, unser Klarinettist in der Berliner Inszenierung, der ja in den USA lebt, den stört immer das Ende des Stücks, wie der Kittel alle umbringt. Er meint, heute müßte man doch zeigen, daß sie gar nicht umgebracht worden sind. Und es ist ja eines der Argumente im Stück, wenn der Gens sagt, »wir müssen zusehen, wie sie unsere Körper umbringen, aber unseren Geist, unsere Kultur werden sie nicht umbringen«. Und das ist dann auch die Erklärung dafür, daß er Geschäfte mit den Deutschen macht, um das durchzubringen, was durchzubringen möglich ist durch diese kritische Zeit. Und das, was durchgebracht worden ist, ist Israel, ohne Hitler hätte es Israel nicht gegeben. Das finde ich eigentlich das spannendste Argument, das mich ganz zentral interessiert, obwohl es natürlich nie ausgesprochen wird, aber das Bild, das am Ende zurückbleibt, ist: ohne Deutschland hätte es kein Israel gegeben. Der Eichmann fand die Zionisten toll, nachdem er in den dreißiger Jahren im Auftrag der Nazis eine Tour durch Israel gemacht hatte. Mit Begeisterung für die Zionisten kam er zurück. Und so ist ja auch klar, daß es sich um eine nationalsozialistische Haltung zum Leben handelt, um eine nationalsozialistische Gesellschaft in einem ganz anderen Sinne.

Man kann ja die Ghettos Wilna, Warschau, Venedig und so weiter historisch begreifen, ja man kann auch das ganze Land Israel als Ghetto beschreiben, weil es sehr darauf erpicht ist, ein Ein-Nationen-Land zu sein, also ein Land nur für Juden. Ghetto als historisches Faktum?

Ich glaube, es ist weniger das Historische. Mich fasziniert eine andere Ebene: es ist so etwas wie ein Familiengefühl. Ich empfinde wie jeder Vertriebene für die Juden. Ich glaube, es sind die

Diaspora-Juden, die das stärkste Familiengefühl entwickelt haben, und zwar durch die Tatsache, daß sie permanent herumgetrieben worden sind. Das ist normal, da kann sich keine Gruppe eng zusammentun, wenn man andauernd in der Fremde ist. Ich fühle mich immer in der Fremde, ja, wo immer ich bin. Und als ich GHETTO gelesen habe, da war bei mir eine Reaktion, als ob ich plötzlich einen Brief von zu Hause gelesen hätte, als ob mir irgendein Verwandter einen privaten Brief geschrieben hätte. Am selben Tag habe ich mich um die Rechte gekümmert, und innerhalb einer Woche hatte ich eine Produktion auf die Beine gestellt. Und das ist bei mir sehr ungewöhnlich, weil ich die Inszenierung, die ich mache, manchmal schon zehn Jahre im Kopf habe, bevor ich eine Entscheidung treffe. Bei GHETTO war es kurios, das habe ich gelesen, als hätte ich es selber geschrieben – obwohl ich noch nie in Israel war, noch nicht einmal wußte, was die Bundisten sind, war mit alles so familiär, besonders de Geschichte von Gens. Das ist für mich die Identifikationsfigur, nicht als Zionist oder Revisionist, sondern seine Art, Kompromisse zu schließen und der dahinterliegende Zwang dazu. Diese Sorte von Ironie, mit der er zunächst überlebt, diese Mischung von Ehrlichkeit, Lüge und Offenheit, gleichsam einem Familienvater, der meint, Verantwortung tragen zu können und zu müssen – das sind Dinge, die mich ganz an ein Zuhause erinnern. Und daß er dann als Feind diesen brillanten und witzigen und erotischen jungen Nazi zur Seite hat, der sein Sohn sein könnte, der in jeder Hinsicht ein permanenter erotischer Kitzel für ihn ist, diese Situation ist für mich eigentlich zentral, sie hat mich so angemacht.

Woher kommt das politische Interesse an einer Inszenierung von GHETTO heute – 1984?

Es hat etwas mit der Geschichte Israels zu tun, wie ich sie in den letzten zehn Jahren mitgekriegt habe. Da war das Gefühl der Spannung zum Beispiel zwischen Deutschland und Israel und die Figur dieses mir eigentlich sehr unsympathischen Menachem Begin als Held Israels. Das habe ich zwar sehr kritisch gesehen, aber doch irgendwie verstanden, dieses Rachegefühl, das der ganzen Geschichte zugrunde liegt. Ich finde, daß Rache eine richtige und absolut vertretbare Empfindung ist, wie Liebe oder Freundschaft. Es ist natürlich nur die Frage, wie sich diese Rache auswirkt. In der Figur von Begin, wie der sich äußert, und in seiner ganzen Ausstrahlung habe ich das eigentlich als etwas sehr Gutes empfunden. Er hat an Deutlichkeit nichts ausgelassen, an Provokation für die Außenwelt, und er hat kein Blatt vor den Mund genommen. Er hat sich nicht geschämt für seine Rache. Israel wurde zur absoluten Provokation, besonders für die schwabblige Linke in der ganzen Welt und besonders auch für die Sowjetunion, das finde ich eigentlich sehr wesentlich.

Ist GHETTO auch so etwas wie ein Racheakt gegen das Wirtschaftswunder, gegen den kulturellen Überfluß deutscher Abonnenten, also gegen die bundesdeutsche Gesellschaft?

Das war die Fallada-Inszenierung *Jeder stirbt für sich allein* eigentlich eher, das war sehr boshaft, hat sehr genau getroffen. Bei GHETTO ist das anders. Alle Figuren haben eine große Liebenswürdigkeit. So ist das Stück weniger zentral eine Provokation, obwohl es gewiß auch Leute provozieren wird. Das geschieht dann aber aus der Qualität des Stückes heraus, und da sind Sobol und ich uns – was Kunst oder Theater anbetrifft – sehr einig: Wir kommentieren nicht so gern, und bei Sobol sind die Szenen immer identisch mit ihrem Inhalt. Er läßt alles direkt sagen, er läßt Situationen wie zwischen Gens und seinem Gegner, dem Bundisten Kruk, oder zwischen dem Nazi und dem Mädchen einfach stattfinden, er kommentiert sie nicht. Das ist eine Dramaturgie, die eigentlich vom Angelsächsischen her kommt, nicht vom Deutschen. Ohne albern sein zu wollen: das ist Shakespeare-Dramaturgie, nicht Brecht-Dramaturgie, obwohl ich mir gut vorstellen kann, daß ein anderer das Stück schnell in eine Brecht-Dramaturgie bringen kann.

Das Problem zwischen Kruk und Gens ist ja das Problem zwischen Bundisten, also Sozialisten einerseits und zionistischen Revisionisten und Nationalisten andererseits.

Der Kruk ist für mich ganz typisch der Diaspora-Intellektuelle, wie auch der SS-Offizier über ihn sagt: »Du bist einer der altmodischen Juden, die leiden gerne.« Der Gens ist ganz anders, der ist sogar bereit, viele andere zum Leiden zu bringen, bevor er selber leidet. Er macht kein Heiligtum aus dem Leiden. Aber ich habe dazu dennoch eine sehr gespaltene Beziehung, denn dies hat auch etwas mit dem Diaspora-Leben zu tun, mit Ghetto, mit Vertriebensein, mit Kofferpacken, andauernd kämpfen müssen. Das ist natürlich meine Welt, ich bin der absolute Diaspora-Jude, und ich genieße das auch sehr. Ich habe ja Glück gehabt, weil ich persönlich in der Diaspora kaum gelitten habe im Vergleich zu den anderen Juden, die die letzten fünfzig Jahre erlebt haben. Ich bin an den richtigen Ort vertrieben worden, nach England, und dann kam ich doch nach Deutschland zurück, habe arbeiten können, meine Karriere gemacht und habe den Antisemitismus eigentlich eher als Reiz empfunden.

Antisemitismus als Reiz?

Als ich mit der Arbeit anfing, hatte ich ein bißchen Angst. Bald merkte ich, daß mich die Auseinandersetzung produktiv machte, um so mehr habe ich dies als Reiz empfunden und auch wahrgenommen. Es gibt auch eine andere Art von Antisemitismus, zum Beispiel im Englischen, der mich völlig frustriert. Die englische Art des Antisemitismus ist nämlich die Indifferenz. Bei den Deutschen produziert das Jüdische eine starke Aggressivität, und dabei gibt es eine Gegenwirkung, da passiert etwas sehr Aufregendes zwischen den beiden. Darüber geht es ja in dem Stück, die ganze Beziehung zwischen Kittel und Gens. In anderen Ländern passiert dies überhaupt nicht, nirgendwo. Es ist ein starkes erotisches Phänomen. Es entsteht sofort eine ganz, ganz starke erotische Situation. Es ist genau diese deutsche Erotik, die auf eine jüdische Erotik stößt und sich sofort in ein Liebe-Haß-Verhältnis verkehrt. Die Engländer sind genauso antisemitisch wie die Deutschen, nur eben anders, das heißt, sie interessieren sich eigentlich nicht für die Juden. Es ist eine Ablehnung, die nicht besonders aggressiv ist, die Art von Ablehnung, wie die Engländer alles ablehnen. Sie ignorieren es.

Es gibt einen Leserbrief von Peter Zadek im Zusammenhang mit dem Kohl-Besuch in Israel. Ist es wirklich ernst gemeint, wenn darin den Deutschen jeder moralische Anspruch im Verhältnis zum jüdischen Volk nach dem Zweiten Weltkrieg abgesprochen wird?

Ja, ich meine die offizielle Meinung des deutschen Staates über Israel. Dieser moralische Anspruch funktioniert historisch einfach nicht. Einem einzelnen Deutschen, sagen wir einmal einem linken deutschen Studenten, würde ich niemals das Recht absprechen, ein moralisches Urteil über die Massaker in Beirut zu fällen. Aber ich würde in der Tat Herrn Kohl als Vertreter des deutschen Staates geschichtlich das Recht absprechen, und dann noch in Begleitung eines berühmten alten Nazis. Da fühle ich mich plötzlich stark nationalistisch. Ich habe mich natürlich nicht nur über das moralische Urteil aufgeregt, ich habe mich über seine Antwort auf den Vorwurf, daß die Deutschen nach Saudi-Arabien Waffen liefern und daß man wieder deutsche Gewehre auf Juden richten würde, aufgeregt. Weil die Antwort von Kohl nicht die ehrliche Antwort war, die ganz simpel gewesen wäre, wenn er gesagt hätte, das seien einfach politische Notwendigkeiten, es täte ihm furchtbar leid, er müsse auch Kompromisse schließen und sei schließlich Politiker und nicht Moralist. Auf diese Antwort hätte ich sofort gesagt »toll, prima«, damit kann ich diskutieren. Aber zu sagen, Deutsche müßten zu beiden Seiten fair sein, das ist auch nach vierzig Jahren nicht ihr Recht.

Und das Ende von GHETTO – Ist das so richtig?

Ich finde den Schluß nicht ganz richtig, zwar moralisch richtig, aber für mich muß das Verhältnis von Deutschen und Juden nicht immer dazu führen, daß die Juden erschossen werden. Das war 1943 so, das Ghetto wurde von den Deutschen liquidiert. Den deutschen Zuschauer wird das Stück erstmal in die übliche Schlechte-Gewissen-Situation bringen, wie jedes Stück, das mit dem Holocaust zu tun hatte seit dem Holocaust. Am Anfang war es ANNE FRANK, da konnte ich ohne Schlips zuerst gar nicht rein und da durfte oder wollte man danach nicht applaudieren. Und ich fand eben das Aufregende beim GHETTO-Stück, daß die Frage nach der Vergangenheitsbewältigung überhaupt nicht auftaucht. Es wird dem Zuschauer eine ganz andere Sicht des deutsch-jüdischen Verhältnisses präsentiert.

Textnachweis

Abraham Sutzkewer ‹Exekution 1942›. Aus: Joseph Wulf, »Yiddish-Gedichte aus den Ghettos 1939–1945«, arani-Verlag, Berlin 1964, S. 41

»Das Leben aber überwindet alles« – Auszüge aus dem Tagebuch des Hermann Kruk (1941–1943). Aus: Hermann Kruk, »Diary of the Vilna Ghetto.« In: YIVO Annual of Jewish Social Science. Vol. 13, New York 1965.

‹Schtiler, schtiler›, ‹Sog nit kejnmol›, ‹Schtil, die Nacht is ojssgeschternt›, ‹Mir lebn ejbig›. Aus: Hai & Topsy Frankl, »Jiddische Lieder«, Fischer Taschenbuch Verlag, Frakfurt am Main 1981, S. 202–214.

‹Ghetto-Chef Gens – Retter oder falscher Messias?›. Aus: Yitzhak Arad, »Ghetto in Flames«, Yad Vashem, Jerusalem 1980.

Jean-François Steiner ‹Linker oder rechter Weg?›. Aus: Jean-François Steiner, »Treblinka«. Librairie Arthème Fayard, Paris 1966, Stalling Verlag, Oldenburg 1966, S. 15–19.

Kenneth Tynan ‹Notiz zur ANNE FRANK›. Aus: Kenneth Tynan, »Curtains«, London 1961, S. 350–451.

Bruno Bettelheim ‹Notiz zur ANNE FRANK›. Aus: Bruno Bettelheim, »Erziehung zum Überleben«, Deutsche Verlags-Anstalt, Stuttgart 1978. S. 253–254, 256–258.

Gershom Scholem ‹Wider den Mythos vom deutsch-jüdischen Gespräch›. Aus: Gershom Scholem, »Judaica 2. Essays«. Suhrkamp Verlag, Frankfurt am Main 1970, S. 7–11.

Boaz Evron ‹Das Spiegelbild des Schreckens›. Aus: *Yediot Aharonot* vom 20. Mai 1984

Rolf Michaelis ‹Mords-Musical›. Aus: *Die Zeit* vom 20. Juli 1984 (Auszug)

Gerhard Stadelmaier ‹Keiner stirbt für sich allein›. Aus: *Stuttgarter Zeitung* vom 14. Juli 1984 (gekürzt)

Karena Niehoff ‹Die Schönen, die Schrecklichen und ihre Bestie›. Aus: *Süddeutsche Zeitung* vom 14./15. Juli 1984 (gekürzt)

Georg Hensel ‹Judenmord, Tangoschritt›. aus: *Frankfurter Allgemeine Zeitung* vom 14. Juli 1984 (gekürzt)

Der Verlag dankt den Rechteinhabern für die erteilten Abdruckgenehmigungen.

Abbildungsnachweis

Die faksimilierten Dokumente aus dem Ghetto Wilna sind aus: »Jerusalem of Lithuania« Illustrated and documented by Leyzer Ran, edited by »Vilna Album committee«, New Jersey 1974

Foto S. 9 aus: Wilno – Pietnaście Widoków, Wilna 1922

Fotos der Berliner Inszenierung: S. 145–164 Roswitha Hecke; S. 165–176 Gisela Scheidler

Zeichnungen S. 25, 48, 49, 62, 63, 182, 183, 184, 200, 201, 230, 231, 240 Johannes Grützke.

CIP-Kurztitelaufnahme der Deutschen Bibliothek

Sobol, Joshua:
Ghetto: Schauspiel in 3 Akten; mit Dokumenten
u. Beitr. zur zeitgeschichtl. Auseinandersetzung
sowie Zeichn. von Johannes Grützke /
Joshua Sobol. Hrsg. von Harro Schweizer. –
Berlin: Quadriga-Verlag Severin, 1984
ISBN 3-88679-120-3

Umschlagszeichnung: Johannes Grützke
Satz: Mohndruck, Gütersloh
ISBN: 3-88679-120-3
Printed in Germany